舟楫往來通南北

中國大運河

舟楫往來通南北

中國大運河

鄒逸麟 著

中和出版
OPEN PAGE

鄒逸麟（1935－2020）

復旦大學首席教授、博士生導師。

1935 年 8 月生於上海。祖籍浙江寧波。1956 年畢業於山東大學歷史系。1957 年隨譚其驤教授參加《中國歷史地圖集》編繪工作。1988 年被國務院授予國家級有突出貢獻的中青年專家稱號。1991 年獲國務院頒發的政府特殊津貼。曾任復旦大學歷史地理所所長、歷史學博士後流動站站長，中國地理學會歷史地理專業委員會主任，國務院學位委員會第三、四屆歷史學科評議組成員，上海市史志學會會長，上海市文史研究館館員，第八、九、十屆全國政協委員。

《中國運河志》總主編；《辭海》（第七版）副主編；著有《中國歷史地理概述》《千古黃河》《椿廬史地論稿》《椿廬史地論稿續編》，主編《黃淮海平原歷史地理》《中國歷史人文地理》《中國歷史自然地理》等。

目　錄

引　言

　　"運河"（canal）一詞，在國際上通行的含義是"為改良與擴充天然水路而建造的水道。一般是用以促進運輸，但早期卻是為許多特殊目的所設，如排除水澤區的水、灌溉耕種的土地、促進經濟發展及改進交通等"[①]。如果將灌溉、排水也算在運河的功能之內的話，那麼運河在中國南方河姆渡文化和良渚文化時期就已經出現，只是沒有文字記載而已。

　　作為以航運為主要功能的人工水道——運河，中國與埃及、巴比倫等是世界上少數幾個開發運河最早的國家。公元前 7 世紀，亞述人就在兩河流域開鑿了一條長八十千米的運河。公元前 5 世紀波斯鑿通了尼羅河至紅海的運河[②]。此後，除了中國，世界上少有著名的運河出現。17 世紀以後，法國、英國、中歐、俄國才紛紛有了較呈規模的運河出現。19 世紀世界上出現了舉世聞名的三大運河：基爾運河、蘇伊士運河和巴拿馬運河。這些運河在世界航運發展史上具有重大的作用。但是如以運河延伸路線之長，維持時間之久，工程之偉大和艱巨而言，中國在世界上則是獨一無二的。

[①]　《大美百科全書》編輯部：《大美百科全書》，外文出版社 1994 年版。

[②]　大不列顛百科全書公司：《簡明不列顛百科全書》"運河和內陸水道"條，中國大百科全書出版社 2005 年版，第 321 頁。

以運河的延伸長度而言，在公元前 3 世紀的秦代，當時的運河已經溝通了黃河、淮河、長江、錢塘江、珠江五大水系。公元 3 世紀的曹魏時代，運河的北端已向北延伸至今河北省北部的灤河下游，也就是中國東部地區地理條件決定運河可能開鑿的最北端。到了公元 7 世紀的隋唐時代，溝通海河、黃河、淮河、長江、錢塘江、珠江等東部地區六大水系的運河系統基本完成。當時北抵北京，西達西安，南至杭州的南北大運河全長約兩千三百千米。到了元明清時代形成的京杭大運河，從北京至杭州，全長兩千餘千米，如果將浙東運河也計在內，則又要加上一百二十餘千米，無疑為世界之最。

以運河維持時間之久而言，公元前 5 世紀開鑿的邗溝運河，直至今天仍然是江淮之間的水運幹道，歷時兩千五百多年。公元前秦始皇時代開鑿的溝通湘、灕二水的靈渠，至今仍有航運、灌溉之利。今天鎮江至杭州的江南運河，最早形成於秦代，更是當今長江三角洲地區重要水運航路。較晚的形成於 13 世紀的山東運河，在今天濟寧以南的魯南運河段，仍然擔負着蘇、魯之間重要水運任務。歷史上人工運河的航運功能維持如此之久，這在世界範圍內也是絕無僅有的。

以運河工程之偉大和艱巨而言，自秦漢以來，歷代王朝為了修建各段運河曾動員數以千萬計的勞力，在自然條件極不理想的條件下進行設計和施工。秦始皇時代的靈渠，是世界上最早的越嶺運河。京杭大運河中山東運河段沿途山巒起伏，從山東臨清至江蘇徐州，全長約三百千米。因地處山東地壘西緣，運河所經的地勢是中間高，南北低，沿運需要分段建閘節水，才能通流，全線最多時建五十餘座閘；又因水源缺乏，將沿運地區數百眼泉水，開挖明渠輸送入運，並建四大水庫以供蓄泄。其工程之浩大、艱巨是世界上任何一條運河所無法比擬的，堪稱世界運河工程之最。

　　具有如此宏大規模和悠久歷史的運河工程，充分體現了中國古代勞動人民的聰明和才智。同時，這一系列運河的開鑿，在中國悠久的歷史長河裡，曾經為維護和鞏固多民族國家的統一、發展地區之間經濟和文化交流方面發揮過重大作用。運河沿線集中了大量的人口，從而帶動了商品經濟發展，使沿運的城鎮由此繁榮興盛；與此同時，運河每年的修築、維護以及其他為保證通運的種種措施，也是歷代王朝最重視的國家行為。這類加施於自然界的種種措施，對中國沿運地區的自然環境曾產生過巨大影響；而在不同時期、不同地區運河的淤廢通塞，也反映了沿運地區自然環境的變化。因此，研究中國歷史上運河的變遷、興衰，一定程度上也能反映中國三千多年來環境和社會的變遷。

中國大運河

第一章

中國運河開鑿的歷史和
地理背景及其特點

　　中國的天然河流大多發源於西部山區，向東流入大海。自然界賦予中國以東西水運交通之便，而南北水運則缺乏可以利用的天然河流，往往需要先順天然河流入海，再繞道海上而行，既不方便，又有風濤之險。歷史上中國東部平原上的運河大多數是為了彌補這種天然不足而開鑿的，其結果大大改變了平原上的水系面貌。

　　早在春秋戰國時期，周天子的權威已失，諸侯國林立，各國間為了政治和經濟交往的需要，開始有了發展水運、開鑿運河的舉措。公元前 3 世紀秦始皇統一六國，形成了多民族的統一國家，開始了中國歷史上第一個中央集權的統一王朝。此後，兩漢、西晉、隋、唐、宋、元、明、清所建立的統一王朝佔了中國歷史上大部分時間。在這漫長的歷史時期內，作為全國政治中心的都城，除了明初的二十幾年外，大都建立在黃河流域。當時王朝的軍事防禦邊境又在北部蒙古高原的南緣。唐代以前，中國的經濟重心地區在黃河中下游地區，宋代以後，轉移到了長江中下游地區。而統一王朝的政治中心和邊防前線所需的包括糧食在內的各種物資，都要從經濟重心地區繳納、輸送。因此，作為運送各種物資供應都城和邊防的漕運制度，成為中國秦朝以後歷史上特有的國家基本制度。而漕運最理想的運送方法是水運，因此，開鑿人工運河和維護其正常運行，成為歷代王朝最關注的水利工程。

　　即便是在分裂的兩晉南北朝時期，區域性運河的開鑿仍然十分發達。原因是分裂時期，區域各國間的軍事、經濟和文化的交流並未停止，有時短期的、突發性的交往反而更加頻繁。由此，出現運河的選線更為捷便的現象，為後一時期大統一王朝奠定後全國性統一運河的開鑿提供了借鑑。

　　隨着歷史發展過程中自然與社會的種種原因，歷代開鑿的運河發生過很大的興衰變遷，這種變遷不僅反映了中國政治、經濟形勢

的變化，同時也反映了中國自然環境的變化。下面先就運河開發的
歷史變遷的過程及其特點，分為幾個時期來敘述。

第一節
溝通江、淮、河、濟運河網絡的形成及其特點（先秦時期）

　　中國在春秋戰國時代，諸侯國林立，互相攻伐，而又互相交
往。由於軍事征伐和政治、經濟交流的需要，為了彌補天然河流的
限制，於是就出現了人工的運河。

　　據可靠的資料表明，中國最早開鑿運河的地區在今江淮流域。
據文獻記載，在春秋時代，地處淮河下游的徐國（今江蘇泗洪縣
境），為了與中原各國交往，"通溝陳、蔡之間"[1]。陳國國都即今河
南淮陽市，蔡國國都即今河南上蔡縣。陳國瀕臨沙水，上蔡瀕臨汝
水，兩水皆南入淮河。陳、蔡之間需要溝通，必得先下入淮河，然
後通過淮河再繞道北上，十分不便。"通溝陳、蔡之間"，就是在
沙、汝之間開鑿運河直接通航，不必繞道淮河。這條運河具體流
經，已不可考，可能是今河南漯河市和周口市之間溝通汝、潁的河
道的前身。

　　地處長江中游的楚國也是很早開發運河的諸侯國。楚都郢（今
湖北荊州北紀南城），南瀕長江，東有漢水，江、漢兩水為其對外
交通的主要航道。當時江、漢之間河流縱橫，湖沼密佈。江、漢之
間通航需要繞道而行。楚靈王（前 540—前 529 在位）時，在紀南

---

① 〔北魏〕酈道元：《水經注·濟水》，中華書局 2009 年版。

城與今潛江縣西北的漢水之間利用天然河流揚水，加工而為運河，目的是避開今荊州市與漢口之間一段江漢曲流，由漢水下游可以直達郢都^①。

長江下游太湖流域記載有吳國早期開鑿的運河。一條是從今長江南岸由蕪湖東經固城、石臼等湖，東入太湖的荊溪，史稱胥溪，相傳為伍子胥所開。一條是《越絕書·吳地傳》裡記載："吳古故水道，出平門，上郭池，入瀆，出巢湖，上歷地，過梅亭，入楊湖，出漁浦，入大江，奏廣陵。"據後人考證，認為是今從蘇州至江陰、常州一段江南運河的前身^②。

春秋後期，東南的吳國強盛，雄心勃勃，有爭霸中原之意。吳國擅長水軍，為了解決北上爭霸的水運問題，於吳王夫差十年（前486）在今揚州市西北蜀岡上沿江築邗城，在城下開溝引江水，北流入淮水，溝通江淮，史稱邗溝。^③ 關於邗溝最初的經行路線，《漢書·地理志》江都縣："有江水祠，渠水首受江，北至射陽入湖。"《左傳》杜預注：吳"於邗江築城，穿溝東北通射陽湖，西北至末口入淮，通糧道也，今廣陵邗江是"。《水經·淮水注》云："中瀆水，

---

^① 《水經》卷 28《沔水注》："江陵西北有紀南城，楚文王自丹陽徙此，平王城之，班固言：楚之郢都也。……城西南有赤坂岡，岡下有瀆水，東北流入城，名曰子胥瀆，蓋吳師入郢都所開也。謂之西赤湖，又東北出城西南，注於龍陂。……陂水又逕郢城南，東北流謂之揚水。……揚水入華容縣……又有子胥瀆，蓋入郢所開也。水東入離湖，……湖側有章華臺，……言此瀆，靈王立臺之日，漕運所由也。"《史記·河渠書》："通渠漢水、雲夢之野。"當指此。

^② 後人考證：平門即吳北門，郭池即護城河，瀆即射瀆，下通長蕩，長蕩在今蘇州西十里；巢湖即漕湖，一名蠡湖，在蘇州西北四十里。歷地，即蠡地。梅亭即古梅里，今梅村，在無錫東南三十里。楊湖即無錫西北十五里芙蓉湖和常州東五十里的陽湖合一。漁浦無考。大江即今長江。廣陵即今揚州市。見《中國水利史稿》編寫組：《中國水利史稿》上冊，水利電力出版社 1979 年版，第 88 頁。

^③ 〔春秋〕左丘明：《左傳》哀公九年及杜預注，嶽麓書社 1988 年版。

首受江於廣陵郡之江都縣……自廣陵北出武廣湖東、陸陽湖西，二湖相直五里，水出其間，下注樊梁湖。舊道東北出，至博芝、射陽二湖，西北出夾耶，乃至山陽矣。"所謂舊道是指吳王夫差開鑿的運道。

　　據考古發掘和文獻記載，春秋時的邗城在今揚州市北五里蜀崗上，邗溝在蜀崗下，當時這條運河的流徑大致從邗城西南角起引江水，屈曲從城東南角東流，約在今鐵佛寺前屈曲向東至今螺絲橋，再由灣頭北上 [1]，然後穿越武廣（又作武安湖，今邵伯湖）、陸陽（又作淥洋湖，今江都市北境尚有遺跡）二湖之間，注入樊梁湖（今高郵湖）；出湖折向東北，流經博芝、射陽湖（約在今寶應縣東，與淮安、建湖、興化三市縣交界處）後，復折向西北，由山陽縣末口（今江蘇淮安新城北辰坊）入淮 [2]。邗溝是利用江淮間天然湖泊連綴而成的，其缺點：一是所經天然湖泊，湖面開闊，風緊浪駭，易遭覆舟之危；二是運道由於沿湖而行，故而向東北繞了一個大彎，路線較遠。所以次年吳國伐齊，並沒有利用這條運道，而是"自海入齊" [3]。但無論如何，它是第一次將江淮兩大水系連接在一起了，在改造江淮下游地區自然環境方面邁出了第一步。

　　公元前 484 年吳國大敗齊國後，為了與晉國爭霸，會晉公午於黃池（今河南封丘南），即在商（今河南商丘一帶）、魯（今山東曲阜一帶）之間開鑿了溝通濟水和泗水的運河 [4]。濟水是古代黃河下游的一條分流，自今河南滎陽北分河水東流，經今原陽縣南，封丘縣、蘭考縣北，東流至今山東定陶縣匯為菏澤，再東北注入鉅野

① 　朱江：《邗城遺址與邗溝流經區域文化遺址的發現》，《文物》1973 年第 12 期。

② 　〔北魏〕酈道元：《水經注·淮水》，中華書局 2009 年版。

③ 　〔春秋〕左丘明：《左傳》哀公十年，嶽麓書社 1988 年版。

④ 　〔春秋〕左丘明：《國語·吳語》，上海古籍出版社 2015 年版。

澤，出澤後受汶水，又東北流約循今黃河至濟南市，以下大致走今
小清河入海。泗水則發源於泰山山脈，南流大致走今山東南四湖區
經徐州入淮。吳國這條運河就是疏導菏澤水東流至魚臺入泗水，
後世稱為菏水。這條運河開鑿以後，吳國的水師可由淮入泗，由泗
入菏，由菏入濟，由濟入河，到達黃河中游任何一地。這條菏水便
成為中原地區東西往來的主要航道，而位於兩水交會處的定陶成為
"天下之中"① 的重要都會。

　　南方的越國也有運河的開鑿。東漢袁康、吳平《越絕書》卷 8
載："山陰故水道，出東郭，從郡陽春亭，去縣五十里"，是目前所
見浙東運河的最早記載。"陽春亭"位於今紹興城東五雲門外，東
去可達曹娥江。足見這是一條由郡城山陰縣（今紹興）向東至曹娥
江的航運幹道。作者稱"故水道"，可能春秋戰國時已形成②。

　　到了戰國初年，七雄中魏國變法較早，強盛一時。魏惠王時從
安邑（今山西夏縣西北）遷都至黃淮平原上的大梁（今河南開封）。
大梁川原平曠，河流眾多，正是發展水運交通的好地方。為了開發
南北水運，魏惠王十年（前 360）開始興建以大梁為中心的水運網。
先是從今河南原陽縣北引河水橫穿濟水，南流入鄭州、中牟間的
圃田澤，稱為大澤。三十一年又引圃田澤水東流至大梁城北，然後
繞過城東，折而南流，利用沙水河道南流經陳（今河南淮陽）東，
在今沈丘縣北注入潁水③。從大梁至潁水一段，戰國時又稱鴻溝。蘇
秦說魏王云"大王之地，南有鴻溝"④，即此。秦末楚漢之際，劉邦、
項羽以鴻溝為界中分天下。以後自河水引入圃田澤的一段大溝河

① 〔漢〕司馬遷：《史記·貨殖列傳》，中華書局 1959 年版。

② 陳述：《杭州運河歷史研究》，杭州出版社 2006 年版，第 12 頁。

③ 〔北魏〕酈道元：《水經注·渠水》，中華書局 2009 年版。

④ 〔西漢〕劉向：《戰國策·魏策》，上海古籍出版社 1978 年版。

道淤廢，從滎陽分河水的濟水便成了鴻溝的水源。西漢時鴻溝又名狼湯渠。《漢書·地理志》記河南郡滎陽縣有狼湯渠"首受泲（即濟），東南至陳入潁"。

鴻溝的開鑿連接了河、淮之間的許多天然河流，如潁、渦、濉、獲、澮、泗等。《史記·河渠書》載："自是以後，滎陽下引河，東南為鴻溝，以通宋、鄭、陳、蔡、曹、衛，與濟、汝、淮、泗會。"從此中原地區形成了以鴻溝為幹渠的水運交通網，可以稱之為鴻溝水系。

鴻溝水系的形成大大改變了黃淮平原上的水系面貌。原先黃淮間天然河流大多發源於豫西山地，東南平行流入淮河，互不相通。流域面積不大，且多為季節性河流，不利於灌溉和通航。自開鑿鴻溝以後，這些河流均因鴻溝而相互溝通，並且作為黃河下游的分支，分泄着黃河的洪水，擴大了黃河下游流域的面積，為後來穩定黃河下游河道起過一定的作用。

鴻溝水系的形成同時也改變了中原地區的水運和灌溉條件。自大梁而南，通過鴻溝連結的潁、渦、睢、獲等水，分別進入淮、泗，再由江淮間的邗溝可達長江下游和太湖流域；自大梁而東，順濟水而下，向東可達齊國都城臨淄；東泝菏水由泗水可達魯國舊境，再南下入江淮地域。自大梁而西，逆濟水而上，溯河而西，可達關中地區。戰國兩漢時代的重要都會有許多分佈於鴻溝水系沿線。同時這些河流不僅可以通航，"有餘則用溉浸，百姓饗其利。至於所過，往往引其水益用溉。田疇之渠，以萬億計"[1]。

本時期是中國運河開創時期，反映了如下幾個特點：

（1）中國運河的開鑿，最早發韌於江淮地區。一方面是因為江

---

[1]　〔漢〕司馬遷：《史記》卷 29《河渠書》，中華書局 1959 年版。

淮地區水系比較發達，早期的運河大多是加工天然河流而成，並非平地開挖，江淮地區具備了這種條件；另一方面是因江淮地區是中國南北自然和人文的過渡帶，古代南北的政治、經濟和文化的交流需要通道，而水運是理想的交通方式。

（2）春秋戰國是諸侯國群立的分裂時期，運河的開鑿大多都是臨時為某一政治或軍事行動所需而開，既無統一的規劃，也沒有長期的考慮。因此，工程設施比較簡陋粗糙，事後也沒有經常的維護，故而其在當時交通方面所起的作用，並不顯著。

（3）在上述運河中，以鴻溝運河和邗溝運河作用最大。這兩條運河將中國河、濟、江、淮四大主要水系溝通起來，大大縮小了南北交流的空間，改變了黃淮地區水系的佈局。同時為後代全國性運河的開鑿，奠定了基礎。

（4）這一時期所開鑿的一系列運河，雖然僅為地區性運河，然而最終改變了中原地區的水系面貌，同時也為秦王朝的統一，奠定了交通方面的基礎。

第二節
海、河、淮、江、錢塘、珠六大水系運河網絡的形成及其特點（秦漢時期）

秦漢時代繼承了戰國後期形成的運河網絡，又有進一步的發展。

秦朝雖然國運短祚，但在運河開鑿方面卻有重大的突破。秦始皇二十六年（前 221）至三十三年間，為了平定南越，分五路大軍翻越五嶺，進攻南越，為了及時提供軍需物資，監祿"以卒鑿渠而通糧道"。^①這就是著名的溝通湘、灕二水的靈渠。靈渠的開鑿將長江與珠江兩大水系給連接起來了。

西漢初年定都長安，原以"河渭漕挽天下，西給京師"，就是利用渭水作為漕運的水運航路。^②漢初國用簡省，每年從關東運至京師的漕糧不過數十萬石^③。到了漢武帝時代，開疆拓土，國用驟增，漕運需要量大增，而渭河多曲，航行不便，於是在元光六年（前 129）開鑿了一條由長安城西北引渭水，沿着渭水南岸，與渭水並行，東流至渭口與黃河會合的人工運河，史稱漕渠。於是漕運量大增，武帝時已達四百萬石，最高時達六百萬石。

秦代靈渠和漢代漕渠的開鑿，使運河網絡向西延伸至關中平原

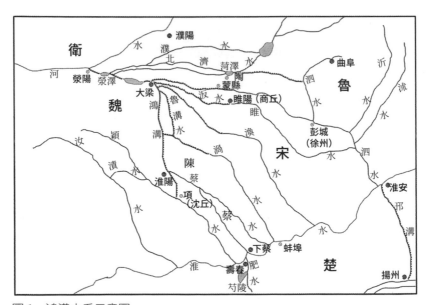

圖 1　鴻溝水系示意圖

① 〔漢〕劉安：《淮南子》卷 18《人間訓》，中華書局 2009 年版。
② 〔漢〕司馬遷：《史記》卷 55《留侯世家》，中華書局 1959 年版。
③ 〔漢〕司馬遷：《史記》卷 30《平準書》，中華書局 1959 年版。

的西端，向南延伸至珠江流域。

　　秦漢時期在東部黃淮海平原主要沿用戰國以來的運河系統，沒有開鑿較大的運河。主要工程有東漢明帝時王景的治理黃河和汴渠，同時也對鴻溝水系進行了一番整理，水系面貌又有所改變。

　　有兩點需要說明的：第一，關中漕渠由於渭河水量不足，而含沙量又高，大約在西漢末年已經淤廢不用。東漢初年關中漕運仍然利用渭水河道。杜篤《論都賦》："造舟於渭，北航涇流"；"鴻渭之流，徑入大河，大船萬艘，轉漕相過"[①]。6 世紀酈道元《水經注》裡亦明言漕渠"今無水"。第二，在《漢書·地理志》河南郡滎陽縣下記有一條卞水（即今滎陽縣西南的索水），北流入狼湯渠。《後漢書·明帝紀·王景傳》有所謂"汴渠"，就是指卞（汴）水注入滎陽縣北的一段狼湯渠。因在滎陽縣境，西漢末賈讓稱之為"滎陽漕渠"[②]。西漢末年王莽時黃河決口，河水在兗、豫二州境內（主要為今黃淮平原）氾濫達六十年之久。河、濟之間諸水都遭到洪水湮沒。汴渠的"水門故處，皆在河中，漭瀁廣溢，莫測圻岸"[③]。東漢明帝永平十二年（69）王景治河，不僅疏理了新的黃河河道，並且"築堤理渠，絕立水門，河汴分流，復其舊跡"[④]，對鴻溝水系進行了一番治理。此後，南北水運幹渠，由自滎陽漕渠東下至開封折而南流的狼湯渠（即鴻溝），為自開封東南循汳水、獲水至今徐州注入泗水的運道替代，成為中原地區通往東南的主要幹渠，這條河道魏晉以後稱之為汴水。原來的鴻溝、狼湯渠稱之為蔡水。這是東漢時鴻溝水系的一大變化。

①　〔劉宋〕范曄：《後漢書》卷 80 上《杜篤傳》，中華書局 1965 年版。
②　〔漢〕班固：《漢書·溝洫志》，中華書局 1962 年版。
③　〔劉宋〕范曄：《後漢書》卷 2《明帝紀》，中華書局 1965 年版。
④　〔劉宋〕范曄：《後漢書》卷 2《明帝紀》，中華書局 1965 年版。

本時期雖然沒有大規模開鑿新的運河,但有其本身的特點:

(1) 在戰國以來地區運河基礎上,發展成全國性的水運網絡,對秦漢大一統王朝的鞏固和發展,起了重要的作用。

(2) 從理論上講,在公元前 2 世紀時,中國從黃河中游的關中地區,可以通過水路直抵珠江三角洲。這在世界航運史也是十分罕見的。

第三節
地區間運河的蓬勃發展時期 (魏晉南北朝時期)

魏晉南北朝時期中國出現了歷時三百多年分裂局面。由於政局分裂,戰爭頻繁,為了運輸軍隊和軍需物資,臨時開鑿的運河特多,是中國運河史上非常特殊的時期。

三國以前所開的運河,除了關中漕渠外,主要分佈在黃淮平原及其以南地區。黃河以北的河北平原上尚未有人工運河出現。東漢末建安年間,河北平原上戰爭頻繁,曹操為了統一北方,進一步消滅東北邊境的烏桓和袁氏兄弟的殘餘勢力,在河北平原上開鑿了一系列的人工運河,以解決軍事物資的運輸問題,從而也改變了海河平原上的水系面貌。

河北平原西北靠太行山、燕山山脈,東臨渤海,平原中部地勢平衍,向渤海作微度傾斜,平原上的河流大多發源於西部或北部山區,向東、東北、東南流入渤海。但這些河流都互不溝通,如果要解決平原南部和北部的水運交通問題,則必須以人工運河加以彌補。

建安九年 (204) 曹操為進攻袁尚運輸軍用物資的需要,在今

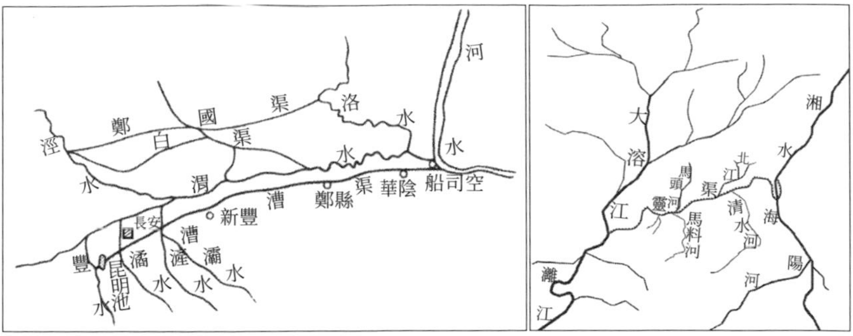

圖 2　秦漢時期漕渠和靈渠

河南浚縣西南淇水入黃河處下大枋木（稱為枋頭）建成堰，遏淇水東流入白溝，以通漕運[①]。古枋頭堰大約在今河南浚縣西南淇門鎮南附近，今尚有前、後枋頭城等地名。白溝本是一條小水，上承淇水部分水源菀水，下游利用古宿胥故瀆河道流入內黃。曹操築枋頭堰後，遏全部淇水入白溝，加大了白溝的流量，東北流下接內黃以下的清河，此後白溝及其下游清河便成為河北平原的主要水運通道[②]。

建安十一年（206）曹操為征伐三郡烏桓，在滹沱河和泒水之間開鑿一條名為平虜渠的人工運渠。據譚其驤考證，這條平虜渠，即今青縣至靜海縣之間的一段南運河[③]。同年曹操又開鑿了一條泉州渠，渠因南起泉州縣（今天津市武清西南）境而得名，上承潞河（今天津市區海河），下注入今寶坻縣境鮑丘水（古鮑丘水下游大致

---

① 〔晉〕陳壽：《三國志》卷 1《魏書 · 武帝紀》，中華書局 1959 年版。

② 譚其驤：《海河水系的形成與發展》，中國地理學會歷史地理專業委員會《歷史地理》編輯委員會：《歷史地理》第四輯，上海人民出版社 1986 年版；譚其驤：《長水集續編》，人民出版社 1994 年版，第 434 頁。

③ 譚其驤：《海河水系的形成與發展》，中國地理學會歷史地理專業委員會《歷史地理》編輯委員會：《歷史地理》第四輯，上海人民出版社 1986 年版。

當今薊運河）^①。接着又開鑿了一條新河，起自今寶坻縣境鮑丘水東出，經今豐潤、唐山一帶，約在今灤縣、樂亭之間注入濡水（今灤河），直抵用兵烏桓的前線^②。

至此，曹操在河北平原上完成了一個龐大的水運系統工程，從豫東北的淇水由白溝，順着清河、平虜渠，跨過泒水、潞水，通過泉州渠、新河直抵濡水，縱貫了整個河北平原。如果與黃河以南鴻溝水系相聯繫的話，那就是說整個黃淮海平原從南端至北端都有運河可以通達，成了中國運河史上一大壯舉。

建安十八年曹操都鄴（今河北臨漳西南），為了發展鄴都水運，在今河北曲周引漳水開渠，東流至今大名西北注入白溝，取名利漕渠。鄴都瀕漳水，這樣白溝的船隻可以通過利漕渠、漳水直達鄴下。太和年間（227—232）又開鑿了白馬渠，上承滹沱河於饒陽縣（治今河北饒陽東北）西南，東流經縣南，至下博縣（治今河北深州東南）界入衡漳^③。景初年間（237—239）又開鑿了魯口渠，在今饒陽縣境內溝通滹沱河和泒水^④。於是河北平原西南部又多了一條南北向水運航道，即從平原西南部的鄴都出發，由利漕渠、漳水、白馬渠、滹沱河、魯口渠、泒水，也可到達今天津地區。河北平原上水系漕運得到空前的發展。

在黃淮平原上，本時期的運河開發也有顯著成就。曹魏政權為伐東吳開運渠。建安七年修鑿睢陽渠。黃初六年（225）開討虜渠。

---

① 〔晉〕陳壽：《三國志》卷 1《魏書·武帝紀》，中華書局 1959 年版；〔北魏〕酈道元：《水經注·鮑丘水》，中華書局 2009 年版。

② 〔北魏〕酈道元：《水經注·濡水》，中華書局 2009 年版。

③ 〔宋〕樂史：《太平寰宇記》卷 63 深州饒陽縣引《水經·滹沱水注》及李公緒《趙紀》，中華書局 2013 年版。

④ 〔清〕李吉甫：《元和郡縣志》卷 17 深州饒陽縣：“州理城，晉魯口城也。公孫泉（淵）叛，司馬宣王征之，鑿滹沱入泒水以運糧，因此築城。蓋滹沱有魯沱之名，因號魯口。”

賈逵為豫州刺史，在今淮陽附近開賈侯渠。鄧艾開廣漕渠，以及淮陽、百尺二渠等。這些渠道起迄地點均不清楚，大體都在汴、睢、渦、穎、汝、淮之間，相互溝通，使黃淮之間的水運條件大為改善。據《三國志·魏書·文帝紀》記載，黃初五、六年曹丕曾率領大批水師，皆由穎、渦等水入淮以伐吳，可見當時河淮之間水運十分暢通。

但這個時期原有的運河有的河段發生了變化。

（1）河淮之間濟水水系始有逐漸淤廢之勢。濟水原是黃河南岸的一大分支，春秋戰國以來一直是中原地區交通的主要水運幹道。西漢時黃河多次南決，曾淹及濟水流域。尤其是西漢末王莽時黃河大決，濟汴流域全受湮沒，雖經東漢王景治理，河汴分流，濟水也復其舊貌，但其時濟水已遭嚴重淤淺，東西水運之任已為汴水所替代。大約到公元 4 世紀，鉅野澤以上的河南之濟，已不能通航。公元 369 年東晉桓溫北伐，軍次湖陸（今山東魚臺東南），原想由菏濟運道西趨入河，後因菏濟不通，“乃鑿鉅野三百餘里以通舟運，自清水入河，……遂至枋頭”[1]。這條渠道南起金鄉以東的菏水，北至鉅野澤以下的濟水（亦稱清水），歷史上稱之為桓公溝。這時定陶以南的濟水，“唯有濟堤及枯河而已，皆無水”[2]。以後義熙十三年（417）劉裕北伐、元嘉七年（430）到彥之北伐都走這條桓公溝，可見四五世紀時黃河南岸的濟水已經完全淤斷了。

（2）江淮之間的邗溝，原先由樊梁湖繞道博芝、射陽等湖，運路迂曲，且在湖中航行多風浪之險。到東漢末年，廣陵太守陳登因邗溝水路迂曲，於是開鑿馬瀨（即白馬湖），由馬瀨趨津湖（今界首湖）與樊良湖相接的渠道，不必再繞道博支湖，航程有所縮短。[3]

---

① 〔唐〕房玄齡：《晉書》卷 98《桓溫傳》，中華書局 1974 年版。

② 〔宋〕樂史：《太平寰宇記》卷 13 漕州濟陰縣引《國都城記》，中華書局 2013 年版。

③ 〔清〕劉文淇：《揚州水道記》卷 1，廣陵書社 2011 年版。博芝即博支。

西晉永寧中[①]，"患湖道多風"，廣陵相陳敏遂於樊良湖北口開渠十二里，與津湖相接。東晉哀帝興寧中，"復以津湖多風"，又自湖之南口，沿東岸穿渠二十里入北口，"自後行者不復由湖"[②]，用人工運渠替代湖泊中航行，但是從白馬湖以下仍然要走射陽湖。謝靈運《西征賦》云："發津潭而迴邁，逗白馬以憩舲，貫射陽而望邗溝，濟通淮而薄角城"[③]，可以為證。江淮運河的開鑿也反映當時江淮之間地勢是南高北低，運河的水源是引用的長江水，經過江淮之間眾多湖泊群，最後注入淮河。

　　這時的南方出現了新的運河。三國孫吳建都建業（今江蘇南京），而其主要經濟區在太湖流域。從太湖流域運送物資至建業需要繞道長江江面最闊的揚州、鎮江間河段，多有風濤之險。於是在赤烏八年（245）孫吳政權派屯田士兵三萬人，開鑿句容中道，自小其（今江蘇句容東南），穿過山岡，越鎮江南境，至今丹陽境內的雲陽西城（在今江蘇丹陽南延陵鎮南），與江南運河相接。其西與淮水（今秦淮河）相接。句容中道是茅山北麓的一條山道，沿途岡巒起伏，工程巨大，因名這條運河為破岡瀆[④]。於是太湖流域的物資可以通過江南運河西轉破岡瀆，入淮水，進入建業城內。然因河身陡峭，需要築埭蓄水通航，遂在方山（今江蘇句容東南）以東立十四埭，上七埭在延陵縣（今丹陽市延陵鎮），下七埭在江寧縣（今江蘇南京）。但是如逢重載需藉助人力或畜力牽引盤壩，一埭受阻，全

① 《水經注·淮水》作"永和中"，據郭黎安考證乃"永寧"之誤，見郭黎安：《里下河變遷的歷史過程》，中國地理學會歷史地理專業委員會《歷史地理》編輯委員會：《歷史地理》第五輯，上海人民出版社 1987 年版。

② 〔北魏〕酈道元：《水經注·淮水》，中華書局 2009 年版。

③ 〔梁〕沈約：《宋書》卷 67《謝靈運傳》，中華書局 1974 年版。

④ 〔晉〕陳壽：《三國志》卷 47《吳志吳主傳》，中華書局 1959 年版。

線不通，航行十分艱難①，不久即被廢棄。梁朝時在其南另開上容瀆，運河從句容東南五里山崗上分流，所謂"頂上分流"，一支東南流，長三十里，沿途築十六埭，均在延陵縣境內；一支西南流，長二十五里，沿途築五埭，均在句容縣境內。東端與運河相接，西端與淮水相接②。不久，至陳朝上容瀆亦湮，轉而復用破崗瀆。隋文帝平陳，毀建康（三國吳稱建業，西晉改稱建康）城，二瀆也就湮廢了。此外，六朝時建康附近還有運瀆、潮溝、青溪等，都是與秦淮水相通的運河，不再詳述。

西晉永康元年（300）前後，會稽內史賀循主持開鑿了一條與鑑湖湖堤平行，由西陵（今錢塘江東岸西興）錢塘江邊向東，經蕭山、錢清、柯橋至會稽郡城的漕渠。漕渠東出郡城築都賜堰，又可循鑑湖直至曹娥江邊。今曹娥江以東梁湖江坎頭向東至姚江通明壩的"四十里河"，據說也是賀循所開。從而形成了溝通錢塘江與曹娥江及浙東地區的浙東運河③。

本時期運河雖然極為分散，然為數眾多，聯繫的地域甚廣，其特點：

（1）雖然本時期所開鑿的運河，大多為軍事行動目的開鑿的地區性運河，但其對自然條件的作用已經發揮到極致。就是說到了公元三世紀時，中國東部地區凡是可以通行水運的河流全被利用了，從嶺南的珠江口，可以通過水路，直達河北東北部的灤河下游。這不能不說是令人驚歎的壯舉。

---

① 〔宋〕李昉等：《太平御覽》卷 73，中華書局 1960 年版；〔唐〕許嵩等：《建康實錄》卷 2，中華書局 1986 年版。

② 〔唐〕許嵩等：《建康實錄》卷 2，中華書局 1986 年版。

③ 施宿等：嘉泰《會稽志》卷 10 引《舊經》，陳述：《杭州運河歷史研究》，杭州出版社 2006 年版，第 12 頁。

（2）雖然有些運河因軍事行動倉促開鑿，事後不久即告湮廢，但是對後代隋唐大運河的開發，有重要的啟示作用。隋代永濟渠無疑是在曹魏白溝啟示下開鑿的。

（3）由於分裂政權地域有限，故當時地方政權對其所統治地區的水資源的情況十分了解，構思也是十分精密，充分利用了當時平原上河流資源，將運河的開發達到了地理上可能的極限。這為隋唐南北大運河形成打下了基礎。

第四節
南北大運河的形成、發展及其意義（隋唐兩宋時期）

從隋唐統一王朝建立以後，中國運河的發展進入了一個新的階段。

隋文帝統一南北後，建都大興城（即長安，今陝西西安），為了關東地區的糧食和物資輸往京師，需要有水運航路。西漢武帝所開關中漕渠，至東漢已經淤廢，不得不利用渭水通運。然而"渭水多沙，流有深淺，漕者苦之"。於是在開皇四年（584）命宇文愷率水工鑿渠，自大興城西引渭水，東至潼關，三百餘里，名曰廣通渠。"轉運通利，關內賴之"[1]。廣通渠是在漢代關中漕渠基礎上開鑿的，它的完成，又將運河系統的西端延伸到了關中平原。

大業元年（605）隋煬帝即位後，營建東都（今河南洛陽），將政治中心從大興遷到洛陽。於是修鑿以洛陽為中心的南北大運河成為當時的首要任務。同年即開通濟渠，自洛陽城西苑引穀、洛

---

① 〔唐〕魏徵：《隋書》卷 24《食貨志》，中華書局 1973 年版。

水，繞洛陽城，東流至偃師入洛。這是通濟渠的西段，解決了洛陽城下至黃河的水運路線。再自板渚（今河南滎陽西北汜水鎮東北）引黃河水循汴水東流，至浚儀（今河南開封）別古汴水而出，折而東南流經今杞縣、睢縣、寧陵至商丘東南行蘄水河道，又經夏邑、永城、安徽宿縣、靈璧、泗縣，江蘇泗洪至盱眙縣對岸入淮①。全長六百千米，是通濟渠東段。這東西兩段連接起來溝通洛陽和江淮之間的通濟渠，是隋煬帝所開運河中最重要的一段。

隋代以前中原地區通往東南地區的水運通道都是利用溝通河、泗的古汴水。隋煬帝時為甚麼不利用古汴水，而要別開一條通濟渠呢？其原因有二：一是古汴水先至徐州入泗，再由泗入淮，航線迂曲，所謂"汴水迂曲，迴復稍難"②。而通濟渠下游利用蘄水河道直接入淮，航線順直。二是今徐州以下的泗水河道經過丘陵地帶有徐州洪、呂梁洪之險。徐州洪在今徐州市區，呂梁洪在今銅山縣上洪村、下洪村之間，古時河中有巨石聳立，"懸濤崩潃，實為泗險"③，給漕船帶來極大危險。所以隋煬帝時避開古汴水，另闢通濟渠新道。

大業四年為了用兵遼東，在黃河北岸開鑿了永濟渠，"引沁水南達於河，北通涿郡"④。據《大業雜記》記載，是"引沁水入河，於沁水東北開渠，合渠水至於涿郡"。實際上即疏浚沁水下達的河道，再在沁水下游東北岸開渠，引沁水東北流會清淇水入白溝，循白溝故道順流而下至天津，折入漯水（今永定河前身），再溯流而

① 鄒逸麟：《隋唐汴河新考》，光明日報，1962 年 7 月 4 日；涂相乾：《宋代汴河行徑試考》，水利史研究會成立大會論文集，水電電力出版社 1984 年版。
② 〔宋〕樂史：《太平寰宇記》卷 1，中華書局 2013 年版。
③ 〔北魏〕酈道元：《水經注·泗水》，中華書局 2009 年版。
④ 〔唐〕魏徵：《隋書》卷 3《煬帝紀》，中華書局 1973 年版。

上至北邊軍事重鎮涿郡的治所薊縣（今北京城區西南部）。

在通濟渠以南江淮間的古邗溝道上，隋文帝時也有修鑿。開皇七年為了伐陳的軍事需要，開鑿江淮之間的山陽瀆，它的流經路線與古邗溝不同，是流經今江淮間運河以東的山洋（陽）河，經宜陵、樊川至高郵縣境，再北入射陽湖故道。大業元年"發淮南民十餘萬開邗溝，自山陽至揚子入江。渠廣四十步，渠旁皆築御道，樹以柳，自長安至江都，置離宮四十餘所"[①]。這條邗溝經過整治，基本上恢復了東漢末年建安舊道。大業六年又開江南河，自京口（今江蘇鎮江）至餘杭（今浙江杭州）八百餘里[②]。於是，至大業六年，西至大興，北達涿郡（今北京），南至餘杭，總長兩千千米左右的南北大運河，全線暢通。隋煬帝在大業七年坐龍船從江都（今江蘇揚州）北上，經邗溝入淮，逾淮入通濟渠，渡黃河入永濟渠，直達涿郡行宮。自七年至十年，屢徵天下兵集於涿郡，百萬大軍的糧秣軍需，都由南北大運河運到涿郡，實為黃淮海平原水運史上的壯舉。

唐代在隋代南北大運河的基礎上有所發展。一是對關中平原上的運河大興改建和擴展。唐初武德年間在渭水北岸，築五節堰，引隴水（今汧河）以通漕，主要是運輸隴山木材。後廢。在此基礎上，咸亨三年（672）在長安西北、渭河北岸，引渭水向西延伸至寶雞一帶接隴水，名昇原渠，以運隴右木材[③]。而隋代所開的廣通渠，至隋末已經淤廢，唐高宗時關中漕運仍利用渭水。到了天寶元年

---

① 〔宋〕司馬光等：《資治通鑑》卷 180《隋紀四》，中華書局 2011 年版。

② 〔唐〕魏徵：《隋書》卷 3《煬帝紀》，中華書局 1973 年版。按：這時江南河與今河道稍有不同，其時運河不過塘棲而走上塘河，自杭州向北過臨平、至長安鎮翻閘，入崇德縣界（今桐鄉縣崇福鎮）然後北上嘉興。

③ 〔宋〕歐陽修、宋祁：《新唐書》卷 37《地理志一》，中華書局 1975 年版。

（742）又根據隋代關中漕渠的遺跡，在渭水南面開鑿了一條漕渠，東流橫截灞、滻二水，至華陰永豐倉附近與渭水會合；又將漕渠水引入長安城內、望春樓下開鑿廣運潭，以展覽江南各地運來的物資。天寶三年時"歲漕山東粟四百萬石"至京師，可見當時漕渠的通暢[①]。在黃淮海平原上運河的規模依隋之舊，並無多大擴建，只是在維護和疏浚方面做了不少工作，對維持隋代南北大運河的繼續通航起了很重要的作用。武則天時代曾企圖恢復古代濟水的漕運，在開封縣北開湛渠，分汴水注白溝，"以通曹、兗租賦"[②]。這條白溝疑即古代濟水故道，但不久即告淤廢。直到五代末年又開五丈河才重新恢復古濟水的故道。

通濟渠唐宋時亦稱汴河，是唐宋王朝的生命線。唐代安史之亂後，黃河流域經濟遭到嚴重破壞，河北地區又長期為藩鎮所割據，租賦不入中央。唐王朝的經濟來源全依靠東南地區，江淮流域成為全國的經濟重心。政府的"賦取所資，漕挽所出，軍國大計，仰於江淮"[③]。汴河成為溝通唐王朝政治中心與經濟重心東南地區之間的大動脈。

其他，唐代對永濟渠、江淮間運河和江南運河在增加水源和整修河道方面都有過改建。特別應該提到的是：溝通湘、灕二水的靈渠，因為二水地勢水位的高差很大，故"遂鑿渠繞山曲，凡行六十里"[④]，到秦末可能已經難以通航了。唐朝寶曆年間李渤首先在靈渠上築斗門，分級通流。咸通九年（868）刺史魚孟威又增至

① 〔宋〕歐陽修、宋祁：《新唐書》卷 37《地理志一》華州華陰縣、卷 134《韋堅傳》，中華書局 1975 年版。

② 〔宋〕歐陽修、宋祁：《新唐書》卷 38，《地理志二》汴州開封縣，中華書局 1975 年版。

③ 〔唐〕權德輿：《權載之文集》卷 47《論江淮水災上疏》，上海古籍出版社 2013 年版。

④ 〔宋〕周去非：《嶺外代答》卷 1《地理門》，上海古籍出版社 2013 年版。

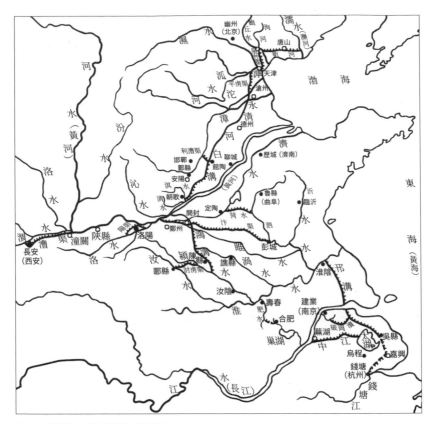

圖 3　曹魏六朝時運河分佈圖

十八重斗門,更便於靈渠的航行[①]。據敦煌發現的唐代《水部式》殘
卷記載,桂、廣二府和嶺南諸州的租庸調都先運至揚州,當是通過
靈渠到達長江下游的。以後到宋代斗門增至三十六座,大大方便了
靈渠的航運[②]。

　　唐代後期中原長期陷於戰亂,汴河得不到按時的疏浚,逐漸淤
廢。到了唐末下游淤塞不堪,水流不暢,"自埇橋(在今宿縣南汴

① 唐兆民:《靈渠文獻粹編》,中華書局 1982 年版,第 149 頁。
② 唐兆民:《靈渠文獻粹編》,引〔宋〕李師中《重修靈渠記》,中華書局 1982 年版,
　 第 164 頁。

河上）東南，匯為汙澤"①。直至五代後周顯德年間多次疏浚汴河，才得以恢復通航。

北宋政權建立後，黃淮海平原上運河的佈局有了新的變化。

北宋建都開封，史稱汴京。為了防止重蹈唐末以來地方勢力割據的覆轍，採取了"強幹弱枝"的政策，在首都建立了龐大的中央集權的官僚機構和駐紮大量的軍隊，這就必須從各地輸送大批的糧食和物資以供應京城的日常需要。所以北宋建國之初就大力發展以汴京為中心的水運交通。

汴河在唐末以後，下游已漸淤廢。五代後周顯德年間曾幾次疏浚河道，修築堤防，自汴口至淮，舟楫始通。北宋建隆二年（961）"導索水，會㶛然與須水合入於汴"②，這是加強汴河水源的工程。汴河水源主要來自黃河，然自 9 世紀以來河患加劇，水源不穩定，所以將鄭州以西㶛然、索、須等水（今鄭州市西注入汴河的支流）導入，以為補給。同年又開閔河，自新鄭導洧、潩二水為源，開渠經新鄭、尉氏，入開封城與蔡河相接，作為蔡河的上源。開寶六年（973）改稱閔河為惠民河，東南段稱蔡河。後因惠民河與蔡河實為一條河流的兩個河段，故有時稱惠民河也包括蔡河河段③。

五代後周顯德年間在濟水故道上開鑿過五丈河，河道自開封城西分汴水東北流，經東明、定陶，至鉅野西北六十里的濟州合蔡鎮注入梁山泊，出梁山泊沿着北清河，"以通青、鄆之漕"。北宋建隆二年二月也疏浚了五丈河，以通東方之漕。同年三月因五丈河以汴河為源，泥沙淤澱，不利行舟，遂自滎陽縣境內鑿渠引京、索二水，東流過中牟縣，凡百餘里，名金水河，至開封城西架槽橫截汴

---

① 〔宋〕司馬光：《資治通鑑》卷 292 後周顯德二年，中華書局 2011 年版。

② 〔元〕脫脫等：《宋史》卷 93《河渠志三·汴河上》，中華書局 1977 年版。

③ 鄒逸麟：《宋代惠民河考》，《開封師院學報》1978 年第 5 期。

河，並設斗門，引入城濠，匯入五丈河[1]。開寶六年改名廣濟河。

　　上述四條運河經宋初疏浚和開鑿後，形成了以東京開封府為中心的水運交通網。《宋史·河渠志》載，汴都"有惠民、金水、五丈、汴水等四渠，派引脈分，咸會天邑，贍給公私，所以無匱乏"，史稱漕運四渠。其中以汴河最為重要，所謂"漕引江湖，利盡南海，半天下之財賦，並山澤之百貨，悉由此路而進"[2]。

　　兩宋時期在淮河以南諸運河有所改建和擴建。淮南的淮揚運河在宋代又稱楚州運河、揚州運河，原先漕船由運河北端的末口入淮，西趨泗州的汴口，需要上溯大約有三十里淮河的一段河彎，因在山陽縣（今江蘇淮安）北，故稱山陽灣。這段河灣"水勢湍悍，運舟多罹覆溺"。北宋雍熙年間（884—887），淮南轉運使喬維嶽開了一條名為沙河的運河，自末口至淮陰縣磨盤口入淮，長四十里，並置堰蓄水通航，避開三十里湍急的山陽灣[3]。然而，從磨盤口至泗州南岸的盱眙縣還有一百里左右的淮河，仍有風浪之險。於是在慶曆年間（1041—1048）在淮河南岸又開鑿了一條從磨盤口至洪澤鎮（今已淪入洪澤湖中）入淮的人工運河，名新河，不久淤廢。熙寧四年（1071）重加疏浚，次年竣工，恢復航行。元豐六年（1083）又從盱眙龜山引淮水開渠，在南岸與淮河並行東流，至洪澤鎮與新河相接，名龜山運河，全長五十七里。此後漕船通過沙河、新河、龜山運河，即可與淮北的汴口相接，大大縮短了在淮河中的航程。

　　自宋代起，江淮運河大部分河段開始築堤。原來在江淮之間的運河兩岸存在着一系列湖泊，宋以前運河貫湖而過，湖河不分。

---

① 〔元〕脫脫等：《宋史》卷 94《河渠志四·金水河》，中華書局 1977 年版。

② 〔元〕脫脫等：《宋史》卷 93《河渠志三·汴河上》，中華書局 1977 年版。

③ 〔元〕脫脫等：《宋史》卷 307《喬維嶽傳》，中華書局 1977 年版。

但邵伯以北地勢西高東低，夏秋季節，高寶諸湖承天長以東各河洪水，氾濫東溢；冬春枯水季節又因水量不足而斷航。為防止水流下泄，危及湖東農田及提高航道水位，保證枯水期航運，唐代李吉甫曾築平津堰；宋景德中，李溥任制置江淮等路發運使，因高郵新開湖水散漫，多風濤，便下令回空的漕船在還過泗州時，裝載石塊輸入新開湖中，積為長堤[①]。天聖中，張綸"又築漕河堤二百里於高郵北，旁錮鉅石為礎，以泄橫流"[②]，至此，江淮運河的西堤大部分完成。

南宋時，高郵、楚州之間已是"陂湖渺漫，茭葑彌滿"。淮東提舉陳損之於紹熙五年（1194）建言：興築自揚州江都縣至楚州淮陰縣的運河堤三百六十里，"堤岸傍開一新河，以通舟船，仍存舊堤，以捍風浪"[③]。從此江淮運河始與運西諸湖分隔，位置也較古邗溝稍有東移，這條運道大致上就是今天的裡運河[④]。

南宋時建都臨安，浙西運河（即江南運河）和臨安運河（即浙東運河）的地位更為重要，其云："國家駐蹕錢塘，綱運糧餉，仰給諸道，所繫不輕。水運之程，自大江而下至鎮江則入閘，經行運河，如履平地，川、廣巨艦，直抵都城，蓋甚便也。"浙東運河在上虞、餘姚境內多次疏浚，"通便綱運，民旅皆利"[⑤]。

與兩宋對峙的遼金，在北京平原上也有過運河的開鑿。遼朝以今天的北京為南京，又稱燕京。遼朝在南京設有南京轉運使司，為職掌水陸轉運糧食、鹽鐵以及其他貨物的機構。今由通縣張家灣

---

① 〔元〕脫脫等：《宋史》卷 299《李溥傳》，中華書局 1977 年版。
② 〔元〕脫脫等：《宋史》卷 426《張綸傳》，中華書局 1977 年版。
③ 〔元〕脫脫等：《宋史》卷 96《河渠志六·東南諸水》，中華書局 1977 年版。
④ 〔元〕脫脫等：《宋史》卷 96《河渠志六·東南諸水上》，中華書局 1977 年版。
⑤ 〔元〕脫脫等：《宋史》卷 97《河渠志七·東南諸水下》，中華書局 1977 年版。

西至京城廣渠門外，有一條河，名曰“蕭太后河”，元代稱為文明河，為糧儲運道，可能沿用了遼代所開人工運河。但文獻無確證①。金代建今北京為中都，為了漕運需要，於大定十二年（1172）在金口（今北京石景山北麓）鑿渠，引盧溝水（今永定河）東流至通州（今通縣）入潞水，名金口河。元代開通惠河曾以此渠為參照。

隋唐宋時代形成的南北大運河，在中國運河史上有劃時代的意義。

（1）雖然在魏晉南北朝時期，東部平原上運河的開發已達到地理條件上的極限，但是當時的運河網絡並非是全線同時可以通航的。例如，曹操為了征伐烏桓軍事行動而開鑿的泉州渠、新河，事後不久即告淤廢。因為以後西晉末年十六國時前燕慕容皝率軍征遼東，走今盤錦灣海濱“踐冰而進”②，可見當時泉州渠已廢棄。北魏酈道元《水經·鮑丘水注》已說：泉州渠“今無水”。其他淮河南北的一些運河，大都為一時軍事需要疏通運行，事後大多自然淤廢。而隋唐時代的南北大運河都經過精心設計、規劃，在平原上的佈局是比較合理的。所以經唐宋兩代沿用不廢，歷時六百餘年，始終同時可以連貫通航。

（2）本期運河均由中央政府統一規劃、開鑿，並在事後有定期的維護，如築堤、植樹固堤、定期疏浚等制度、措施，為元明清時代京杭大運河的開鑿和維護提供了借鑑。

① 侯仁之、唐曉峰：《北京城市歷史地理》，北京燕山出版社 2000 年版，第 402 頁。
② 〔宋〕司馬光等：《資治通鑑》卷 95《晉紀十七》，成帝咸康元年春正月壬午條，中華書局 2009 年版。

第五節
京杭大運河的形成、變遷及其衰微（元明清時期）

　　元明清三代都建都今北京，原先唐宋時代以洛陽或開封為中心的南北大運河已經不適用了，需要在東部平原開鑿一條直達的運道。這就是京杭大運河產生的歷史地理背景。

　　元代在平宋之初，開始的漕運路線是由江淮溯黃河西上（當時黃河東南至徐州奪泗入淮），至河南封丘縣中灤鎮上岸，陸運一百八十里至淇門鎮，再裝船由御河（今衛河）、白河（今北運河）至直沽（今天津），再溯白河北上，至通州改陸運至大都（今北京）。這是一條水陸聯運的路線，繞道遠，貨物上下卸運，既費時間，又費勞力，甚為不便。為彌補這個缺陷，需要開鑿兩條運河，一條是溝通黃河和衛河的運河，一條是從通州到北京的運河。這兩條運河正是京杭大運河中花費人工最多、維護航運最困難的兩段。

　　至元十三年（1276）開始修鑿濟州河，20 年完成。濟州河的工程是先在今山東寧陽縣東北古剛縣附近的汶河上築堽城壩，遏汶水南流走洸河故道至濟州城（今山東濟寧）下，再向北挖渠道一百五十里，北接安民山附近的濟水，因起於濟州城下，故名濟州河。後因水源不足，又於至元二十一年在兗州城（今山東曲阜）東門外五里泗水上築堰，遏泗水走府河至濟州城下會洸水入濟州河，水源於是充足。濟寧以南即利用泗水作為運河。於是濟寧以北的泗水變成了運河的支流。[①]

---

① 有關山東運河修鑿過程，均參見鄒逸麟：《山東運河歷史地理問題初探》，《歷史地理》創刊號，上海人民出版社 1982 年版。

　　濟州河開鑿後，漕船北上有兩條路線：一是走水路由濟州河接濟水（即大清河）下流至利津入海，再由海路抵直沽；一是在濟水北東阿上岸，改旱路陸運兩百里至臨清入衛河，再由衛河至直沽[①]。前一條要冒海上風濤之險；後一條陸運途經荏平縣一段，地勢低窪，遇夏秋霖潦，牛車跋涉其間，艱難萬狀[②]。於是在至元二十六年又增開了一條人工運河，南起自安民山西南的濟州河，北經壽張、東昌（今山東聊城）至臨清入衛河，全長兩百五十里，功成後，賜名會通河，大致即今臨清至安山的運河。從此，江淮漕船可以通過水路直達直沽。

　　濟州河、會通河解決了黃、衛之間的水運問題，但漕船到了通州後，還需陸運五十里至京都。這五十里車載驢馱，十分艱辛。至元二十八年都水監郭守敬建議，自昌平縣白浮甕山泉引水，西折轉南流過雙塔、榆河、一畝、玉泉諸水，至西水門入都城，南匯為積水潭（今北京什剎海），東南出文明門，東至通州高麗莊（今北京通州東南）入白河，工程始於至元二十九年春，次年秋告竣。引渠總長一百六十四里一百零四步。渠成，元世祖過積水潭，見“舳艫蔽水，大悅”，賜名“通惠河”。[③] 至此，京杭大運河全線告成。當時有謂：“東南貢賦，凡百上供之物，歲億萬計，絕江淮河而至，道會通河以達。商貨懋遷，與夫民生日用之所須，不可悉數。貳河泝沿南北，物貨或入或出，徧天下者，猶不在此數。又自崑崙西南水入海者，繞出南詔之後，歷交趾、闍婆、真臘、占城、百粵之國，東南過流求、日本，東至叄韓，遠人之名琛異寶，神馬奇產，航海

① 〔明〕宋濂等：《元史·食貨志·海運》，中華書局 1976 年版。
② 〔清〕傅澤洪：《行水金鑑》卷 101《會通河功成之碑》，商務印書館 1936 年版。
③ 〔明〕宋濂等：《元史》卷 64《河渠志一》，白浮甕山、通惠河條，中華書局 1976 年版；〔明〕王瓊：《漕河圖志》卷 2，水利電力出版社 1990 年版。

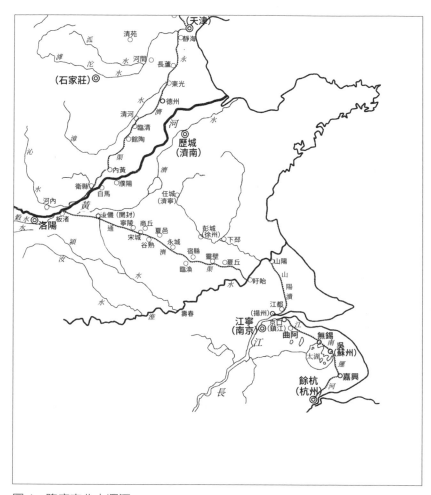

圖 4　隋唐南北大運河

而至，或逾年之程，皆由漕河以至闕下。斯又古今載籍之所未有者也。"[1]

元代南北大運河形成後，漕船可以從杭州直抵大都，然而由於山東境內運河存在兩大問題沒有解決，未能充分發揮作用。一是水源不足。濟州河、會通河的水源汶、泗二水流量很不穩定。全年總流量很小，年內季節性變化很大，夏秋多洪水，運河宣泄不及，便氾濫成災；而逢每年春季漕船起運時間，又常感水量不足。二是從臨清至徐州的運河沿線的地勢是中間隆起而南北傾斜。其間南旺地勢最高，元代引汶泗二水在濟州城下分水南北，南旺在濟州之北，顯然是"北高而南下，故水往南也易，而往北也難"。於是"北運每虞淺阻"[2]。由此種種，故元代大運河每歲之運，不過數十萬石，遠不及海運二三百萬餘石之多，"終元之世，海運不罷"[3]。

明洪武初，建都南京，未對元末以來已趨淤廢的會通河進行修治。故永樂初年仍沿襲元以來的海運，兩浙漕船從浙江入海，三吳地區從吳淞江入海，湖廣、江西漕船，由長江入海，淮北、河南則由河、淮入海，山東各地由濱海各州縣入海，皆會於直沽；而河南懷慶、衛輝等府的漕糧則順着衛河至天津，然後轉至北京。但是海運險阻，"舟溺亡算"。以後又令江南之漕，走元代初年水陸聯運的路線，由江淮運河達黃河，溯黃河西上，至衛輝府（今河南汲縣）改陸運一百七十里入衛河，由衛河順流至直沽，"而車費亡算"。這兩條漕運路線都給運輸帶來很大不便。但那時元代的會通河"自

① 〔元〕歐陽玄：《中書右丞領都水監政績碑》；〔明〕吳仲：《通惠河志》卷下《碑記》，中國書店 1992 年版。

② 〔清〕張伯行：《居濟一得》卷 1《運河總論》，商務印書館 1936 年版。

③ 〔明〕宋濂等：《元史·食貨志·海運》，中華書局 1976 年版。

汶上至臨清五百里，悉為平沙"[1]，根本無法利用。所以永樂四、五年開始，對京杭大運河中兩段困難最多的河段進行了改建。

一是對元代通惠河進行改建。元代的通惠河，在元末明初時已淤廢。永樂初年重新修治通惠河上各閘，但"未幾，閘俱堙，不復通舟"。成化以後又重新疏浚通惠河，並重新築壩置閘。因為永樂十四年（1416）重修北京城時將元代皇城東牆外的一段圈入城內，此時通惠河不能進城，止於城外大通橋，故名為大通河[2]。

二是對元代的山東運河進行改建。永樂九年在工部尚書宋禮的主持下，開始了重修會通河的工程。工程大致分為三個方面：第一，解決水源問題。宋禮總結了元代在水源和分水地點方面的缺陷，採納了汶上老人白英的建議，在元代堽城壩的下游，東平州的戴村築壩，遏汶水西南流至南旺地區分水。南旺地勢最高，號稱"水脊"。汶水自此作南北分流，七分往北至臨清，三分往南至徐州[3]。這是因為南旺以北全靠汶水濟運，而南旺以南還有泗、沂等河流給以補充。永樂十三年停罷海運，漕船全由"裡河轉運"[4]。同時為解決汶、泗水量不穩定的矛盾，永樂十七年開始陸續將汶、泗中上游三府十八個縣境內的泉源，通過地表明渠導入汶、泗、沂等水，匯入運河[5]。因地下水比較穩定，可以保證運河有一定的流量。第二，疏浚河道。全面疏浚自濟寧至臨清的河道，深一丈三尺，廣三丈二尺。又自袁家口起開新河北出安山之東，折西北至壽張沙

---

① 〔明〕萬恭：《治水筌蹄》卷2《運河》，朱更翎整理本，水利水電出版社1985年版。

② 〔清〕張廷玉：《明史》卷86《河渠志四·運河下》，中華書局1974年版。

③ 〔明〕胡瓚：《泉河史》卷3《泉源志》坎河口條，清順治四年刊本。

④ 《漕河圖志》卷1："（永樂）十三年，戶部會官議奏：停罷海運，悉由裡河轉運。裡河者，江船廠不入海而入河，故曰裡也。裡河自通州而至儀真、瓜洲，水源不一，總謂之漕河，又謂之運河。"

⑤ 〔明〕胡瓚：《泉河史》卷7引《東泉志》，清順治四年刊本。

灣接舊河，較舊河為順直^①。第三，設置水櫃。即在運河沿線設置南旺、安山、馬場、昭陽四大水櫃，圍湖築堤，設斗門，以備蓄泄。按地勢將運東較高的部分湖區作為水櫃，"櫃以蓄泉"，將運西部分地勢低窪的湖區作為"水壑"，即滯洪區，以備漲泄^②。經過這次治理，山東運河的通航條件大有改善，漕運又恢復走京杭大運河，海運始罷。

但是永樂以後，黃河不斷氾決，會通河屢屢受到黃河的沖潰，漕運時經常受阻。弘治年間劉大夏築太行堤後，防河北決，張秋一帶運河威脅稍減。但正德年間黃河又反覆決徙於沛縣至徐州一段運河，嘉靖年間魯橋鎮（今山東微山北）以下運河全被河泥所淤，公私船隻都取道運東昭陽湖^③，給漕運帶來很大不便。於是從明嘉靖年間開始直至清代前期不斷地開鑿新的運河河道，目的都是避開黃河的侵擾。

從嘉靖初年開始，朝廷裡就有大臣建議在"昭陽湖左（東）別開一河"，以避開黃河的侵擾。嘉靖七年（1528）正式動工開新河，後因主持工程的總河都御史盛應期罷官而役停。四十四年黃河大決沛縣，浸漫昭陽湖，運道淤塞百餘里。於是督理河漕尚書朱衡依據盛應期所開舊跡，重新開鑿。隆慶元年（1567）新河完成，因起於南陽鎮，故又稱南陽新河。新道起自魚臺縣南陽鎮南至沛縣留城接舊河，全長一百四十餘里^④。新河在舊河之東三十里，地勢較高，又在昭陽湖東，黃河東決至昭陽湖止，不能復東淹及新河，保證了漕運的暢通。但新河自沛縣留城以下仍走舊道至徐州城北茶城口

① 〔清〕張廷玉：《明史》卷 85《河渠志‧運河上》，中華書局 1974 年版。
② 〔清〕張廷玉：《明史》卷 85《河渠志‧運河上》，中華書局 1974 年版。
③ 〔清〕張廷玉：《明史》卷 83《河渠志一‧黃河上》，中華書局 1974 年版。
④ 〔清〕張廷玉：《明史》卷 85《河渠志三‧運河上》，中華書局 1974 年版。

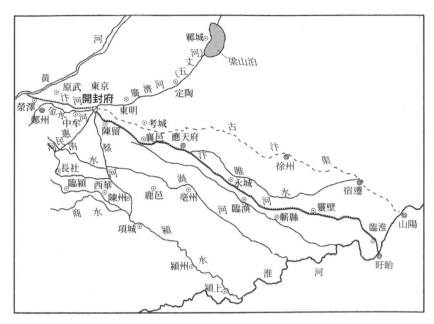

圖 5　宋代漕運四渠

與黃河交會。因黃強運弱，每逢七、八、九月黃運交漲，黃河水往
往倒灌入運，水退沙留，淤塞運口。明廷仍想將漕運改線避開這一
段作為運道的黃河，遂於萬曆二十一年（1593）至三十二年先後多
次施工，完成了泇河工程。新河自沛縣夏鎮（今屬山東微山）李家
口引水，東流合彭、京、武、沂等水，至邳州（今江蘇睢寧北古邳
鎮）直河口入運，全長二百六十里[①]，歷史上稱為泇河。新道避開了
黃河三百六十里險段，既縮短了航程也避免了在黃河航行的麻煩。
萬曆三十三年通過泇河的糧船有八千餘艘[②]。

　　泇河開鑿以後，從邳州直河口至清河縣（今江蘇淮安西南馬頭

① 〔清〕張廷玉：《明史》卷 87《河渠志五 · 泇河》，中華書局 1974 年版。

② 〔清〕張廷玉：《明史》卷 87《河渠志五 · 泇河》，中華書局 1974 年版。

鎮）的運道走的仍然是黃河。這一段黃河險段也不少。如邳州至宿遷有所謂"十三大溜"險處。天啟三年（1623）在泇河下游直河上開渠道通過駱馬湖，由陳溝口、董溝口入黃河，全長五十七里，名通濟新河，目的是避開邳、宿之間黃河劉口、磨兒莊等七十里險段[①]。

　　清初順治、康熙年間董溝口又屢次淤塞，康熙年間由靳輔主持在黃河北岸堤北先後開鑿了皂河、張莊運河、中河，終於在康熙二十七年（1688）使運河全部脫離黃河，運河於仲莊運口入河，與黃河以南的南運口只相差七里的距離[②]。從明隆慶至清康熙中期，前後一百二十多年，先後開鑿了六百多里人工運河，避開了六百里的黃河，黃河和運河才正式分了家。這在中國運河史上是一個極其重要的時期。

　　明清時代，江淮間運河稱淮揚運河，南來漕舟由淮揚運河抵達山陽（今江蘇淮安）後，必須在山陽新城盤壩過淮河，然後由大清口入河北上。新城附近建有五壩，"仁、義二壩在東門外東北，禮、智、信三壩在西門外西北。皆自城南引水抵壩口，其外即淮河"[③]。但是，盤壩入淮，不但挽輸勞苦，而且船隻和貨物都容易損壞。為了避免盤壩，督運陳瑄採納當地人士建議，於永樂十三年開鑿清江浦河。清江浦河藉助北宋所開的沙河為渠，在山陽城西馬家嘴引管家湖水，東北通至鴨陳口入淮，總長二十里，並緣管家湖築堤十里以引舟。全線置移風、清江、福興、新莊四閘，以時啟閉[④]。此後，淮南運河山陽段由城東移到城西，運口也由末口移到新莊閘。

---

① 〔清〕張廷玉：《明史》卷 85《河渠志三·運河上》，中華書局 1974 年版。
② 〔清〕靳輔：《治河方略》卷 2 皂河、中河，嘉慶十七年刻本。
③ 〔清〕張廷玉：《明史》卷 85《河渠志三·運河上》，中華書局 1974 年版。
④ 〔清〕張廷玉：《明史》卷 85《河渠志三·運河上》，中華書局 1974 年版。

　　開鑿月河是淮南運河運道變化的一個顯著特點。由於元代不重視運河的治理，加上元末戰爭的破壞，明初，淮南運河及其堤岸大部分已遭毀壞，船隻只得行走於運西諸湖中。而運西諸湖自黃河奪淮以來，因河水經常倒灌入洪澤湖，又決破高家堰，瀉入高寶地區，瀦水面積日益擴大，山陽到江都之間，"諸湖延袤，上下相接"，船隻行走湖中十分危險。為了確保漕運安全，明初即着手運河的整治。從洪武至成化年間，先後在高郵、寶應境內修築湖堤，易土為石，並在高郵、邵伯、寶應、白馬四湖之東築重堤，積水行舟以避風浪。其後又在險惡湖段建造月河。弘治二年（1489），戶部侍郎白昂首先在高郵甓社湖東開康濟月河，弘治七年河成，南起高郵城北杭家嘴，北至張家閘，長四十餘里[①]。月河離湖數里，中為土堤（月河西堤），東為石堤，首尾建閘，引湖水入內以通航。

　　寶應縣南的氾光湖，南接津期，西南連灑火湖，廣一百二十餘里，素有淮南運道重險之稱。漕舟經此，常遭傾覆。自正德以來，一些官吏多次建議加高老堤，開鑿月河[②]，都沒有得到應有的重視，遂致"萬曆十年，一日而斃者千人，十二年，糧艘溺者數十"[③]。萬曆十三年，總漕都御史李世達再次上奏，闡述開鑿寶應月河的重要性。後由總河王廷瞻主持開月河一千七百七十六丈，北起寶應城南門，南至新鎮，取名弘濟河[④]。

---

① 《明孝宗實錄》弘治七年六月乙丑；《明史》卷 85《河渠志三·運河上》；《讀史方輿紀要》卷 23。

② 〔清〕張廷玉：《明史》卷 85《河渠志三·運河上》，中華書局 1974 年版。

③ 《明神宗實錄》萬曆十三年六月壬子。

④ 《明神宗實錄》萬曆十三年六月壬子；《明史》卷 221《王廷瞻傳》；劉寶楠《道光寶應圖經》卷 3。

　　此外，萬曆十年在清江浦南十里開永濟月河，天啟三年重新挑
浚以通回空船隻，後因正河疏浚暢通，月河復閉①。萬曆二十七年開
界首月河、邵伯月河②。清康熙十七年開清水潭永安月河③。有清一
代，淮南運河幾乎全以月河行舟，運道又因此東移。中華人民共和
國成立後，為了滿足蘇北地區水上運輸量增加的需要，1958 年再
次東向拓寬河道，切除中埝，即為今日之裡運河。

　　南宋末年，西湖大旱，江南運河原從杭州北上的上塘河段淤
塞不通，淳祐七年（1247）開奉口河自德清縣南奉口鎮接引東苕
溪東南達於北新橋，漕舟北上改奉口河和下塘河④。元末至正年間
（1341—1368），對下塘河重新進行整治，"自五林港口開浚至北新
橋，又直江漲橋，廣二十餘丈，遂成大河"⑤。此後江南運河南段杭
州以北改道經塘棲至崇福鎮，再經石門抵嘉興，與今日同。

　　這裡要介紹一條元明清三代連續不斷開鑿，而最終未能通運
的膠萊運河。膠萊運河位於山東省魯中丘陵山地與膠東丘陵之間
的膠萊平原上，幹流全長一百三十千米，因溝通膠萊二州而名。
元代以前，膠萊運河尚未形成，發源於膠萊丘陵的南北二河：一
名膠河，源出今山東膠南縣境，北流經高密市東，又東北至平度
市南，折而北流經今平度市、高密市、昌邑市、萊州市界，北入
萊州灣；一名沽河，有二源：正源為大沽河，源出自今山東招遠
市東蹲犬山，南流經萊西市，另一源名小沽河，源自萊州市東南
流入萊西市，又自南墅鎮南流為平度市、萊西市界合大沽河，合

——————————

①　〔清〕張廷玉：《明史》卷 85《河渠志三·運河上》，中華書局 1974 年版。

②　〔清〕張廷玉：《明史》卷 223《劉東星傳》，中華書局 1974 年版。

③　〔清〕趙爾巽：《清史稿》卷 127《河渠志二》運河，中華書局 1977 年版。

④　《咸淳臨安志》卷 34、35《山川》。

⑤　光緒《杭州府志》卷 53《水利》。

流後稱沽河又南經平度市、即墨市交界，下流入膠州市，於營海鎮東入膠州灣。

在膠河和沽河之間有一片長二十餘千米的高岡地為二水分水嶺。元明清三代都曾想在這片高岡地開鑿渠道，溝通膠、沽二水，使海運漕船可由麻灣口（今山東膠州灣）進入沽河，由沽河通過人工渠道進入膠河，再由膠河出萊州大洋（今山東萊州灣），直趨直沽。這樣既可以縮短航程，又可以避開山東半島東端成山角的風濤之險。元明清三代為了開鑿這條人工運河付出很大的代價，包括人力與財力，但終究未能成功。這在中國運河史上是一個特例。

元朝建都大都（今北京），每年需要從江淮地區輸送數百萬石漕糧至京師。初試海運，元代海運航路雖有過幾次改變，但都要繞過山東半島東端的成山角，這裡風浪最大，漕船多有傾覆之患。於是有開膠萊運河之舉。

元至元十七年（1280）秋七月，採納萊州人姚演的建議，"開膠東河。"[①] 這次工程用費浩大，但工程的具體內容，元代沒有記載，從後來明清人記載中知道當時的工程分為：其一，開挖了今地圖上膠萊運河從膠州市東北閘子口至平度市南的亭口鎮的一段運道，以溝通膠河與沽河。並疏浚了從麻灣口至膠河口的三百里河道[②]。其二，因為運道中間越過分水嶺，地勢是中間高，兩端低，於是沿運建九閘，蓄水通流。距麻灣口二十里為陳村閘，又北三十里為吳家口閘，又三十里為窩鋪閘，吳家口、窩鋪之間地

---

① 《元史》卷 11《世祖紀八》："至元十七年……秋七月……戊午，用姚演言：開膠東河及收集逃民屯田漣、海。"

② 乾隆《萊州府志》卷 1《山川》引"膠萊河停工考"。今地圖上膠萊運河的閘子口（屬今膠州市）至亭口鎮（屬平度市）之間的膠萊運河，是當時人工開挖運道。

勢最高，名分水嶺，為南北分流之脊。窩鋪閘以北二十五里為亭口閘，又三十里為周家閘，又三十里為玉皇閘，又三十里為楊家圈閘，又三十里為新河閘，又三十里為海倉閘，又二十七里至海口[①]。其三，開鑿今青島市黃島區薛家島西與黃島之間有一段較狹窄的石溝，南北約五里，名曰馬邨濠。結果因遇堅硬的岩石，未能成功而罷[②]。

於是在至元二十二年二月丙辰，詔罷膠萊河的開鑿。以軍萬人隸江浙行省習水戰，萬人載江淮米泛海由利津達於京師。新開的膠萊運道就此罷廢[③]。

明永樂年間重開會通河後，漕運有明顯改善。但是由於會通河本身存在着種種不利因素，如黃河的干擾、水源不穩、運道艱難等因素，於是重開膠萊河之議又起。在明一代曾九次（正統六年、嘉靖十一年、嘉靖十七年、嘉靖十九年、嘉靖三十一年、隆慶五年、萬曆三年、崇禎十四年、崇禎十六年）提出重開膠萊河的倡議並進行部分施工。後或因工程失敗而罷，或因耗費太大而未行，或因輿論壓力而罷，最後均未成功。到了清雍正三年（1725）又有人再度奏請開山東膠河運道。內閣學士何國宗就指出："通運之議，創自元人，乃開之數年而即罷。明時屢試而終不行。良亦職此。"雍正皇帝認為歷史上屢試不行，決定"似可無庸再議"。持續了幾個世紀的膠萊新河之動議，終告平息。[④]

明清兩代京杭大運河始終是溝通南北的大動脈，由於水源、地

① 乾隆《萊州府志》卷1《山川》。
② 〔清〕張廷玉：《明史》卷87《河渠志五》，中華書局1974年版。
③ 〔明〕宋濂等：《元史》卷13《世祖紀十》，中華書局1976年版。
④ 陳橋驛：《中國運河開發史》第三章山東運河開發史研究附錄：膠萊運河的歷史研究，中華書局2008年版。

勢、泥沙等條件，需要經常加以疏浚、整治和加固堤防，才能保證
其暢通。每年政府花在這上面的人力、財力不計其數。然而自清
代嘉慶、道光以後，國力衰敗，河政廢弛，運道阻塞，漕運往往不
能如期抵達。清廷無奈，只能雇用商船進行海運。道光五年（1825）
因清江浦一帶運河受阻，清廷准蘇、松、常、鎮、太四府一州漕
糧試行海運，次年海運商船一千五百六十二艘從上海出發，沿海北
上，航程兩千多千米，共運糧一百六十多萬石，僅二十餘天即達天
津，所耗費用不到河運的三分之二。後因朝臣反對，海運試行一年
即停。道光二十七年清廷為加漕糧運額，充實京師倉庫，革除河運
種種弊端，再次下令進行海運。江南蘇、松、太二府一州一百多
萬石應徵由上海沙船直達天津。咸豐二年（1852）浙江漕糧也改海
運，由寧波雇船承運。這時江蘇運糧以沙船廠為主，浙江運糧以寧
波船為主，每年往返兩次即可將漕糧全部運完[1]。

　　咸豐五年黃河在河南蘭陽銅瓦廂決口，洪水由直隸東明、長
垣、開州、山東濮州、范縣，至張秋鎮匯流，穿過運河奪大清河入
海。大清河沿線和會通河沿河"各州縣均被波及"[2]。張秋至安山的
運河被阻斷，當時軍事旁騖，未能顧及運河的治理。清廷漕糧只得
改走海運，運河廢弛十有餘年。同治四年（1865）"始復試行河運，
籌修運道"，但多次修築都被決河沖潰。"漕船經過山東境界計
一千數百里，中多阻滯，以致挽運艱難"[3]。同治十一年李鴻章主辦
招商局購得三艘火輪船，開始承運江浙漕糧，火輪船每艘載米三千
多石，往返天津、上海僅需十餘天，每月可裝運兩次，十分方便，

---

① 　李文治、江太新：《清代漕運》，中華書局 1995 年版。
② 　民國《山東通志》卷 122《河防志第九‧黃河考中上》。
③ 　民國《山東通志》卷 126《河防志第九‧運河考》。

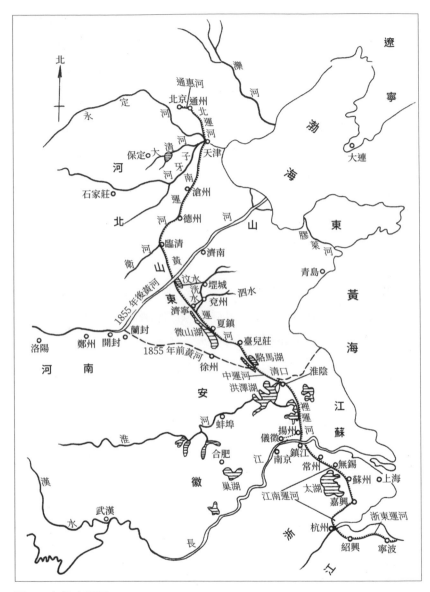

圖 6　京杭大運河

於是由火輪船和沙船運輸漕糧遂成定例[①]。由於咸豐以後，海運逐漸取代河運，成為清後期漕糧主要運輸方式，南北物資交流的渠道，也開始由運河漕運向海路轉移。至光緒二十六年（1900）內河漕運悉行停止，清政府不再對會通河進行全面疏浚，只是為了地方上運輸，對部分河段進行過疏浚，如光緒三十二年對黃河以北的運河河段挑浚過一次，從東昌至臨清僅九十里，其他幾成平陸[②]。濟寧以南尚可通舟，且多為地方性短途運輸，其年貨運量尚不及清前期的二十分之一[③]。光緒三十一年裁漕運總督，三十四年裁督糧道。宣統《山東通志》總結云：“自咸豐五年運道梗塞，停止河運者十數年。同治四年、五年暨九年至十三年，江北雇用民船，均經循辦，但為數不過十萬石，較之起運全漕僅四十分之一，較之近年江浙海運新漕僅十分之一。雖運米無多而相沿不改者，所以備外海或有不虞，猶可恃此一線，以為內地轉輸之路也。惟運道淺阻，日甚一日。光緒三十三年、三十四年雖將南北運河分段修浚，然北運河僅挑東昌至臨清一段，東昌以南百餘里，依然淤塞不通。今則專行海運，衛幫久歇，督糧道既撤，運艘運費全裁。因時制宜，古今異勢。”[④]

　　本時期的運河在選線、工程設計、維護措施、運作管理方面，已達至傳統社會技術水平的頂峰，也是兩三千年來運河系統工程的最後總結。隨着自然環境的變化，近代科技的出現，傳統的運河運作，退出歷史舞臺是必然的了。

---

① 　李文治、江太新：《清代漕運》，中華書局 1995 年版。
② 　民國《山東通志》卷 126《河防志第九‧運河考》。
③ 　張照東：《清代漕運與南北物資交流》，《清史研究》1992 年第 3 期。
④ 　民國《山東通志》卷 126《河防志第九‧運河考》。

第六節
清末漕運改制後大運河的命運（民國時期）

　　清末漕糧改為折色（折成現銀），漕運廢止。運河不再作為朝廷主體工程加以整治，沒幾年就淤廢。其衰廢主因，由於咸豐五年黃河北徙於山東壽張絕汶而下，使壽張至臨清間水源斷絕，時以軍事繁興，未及修復。因無水源補給，濟寧至臨清一段運河未幾即成平陸了。同時因採用海運行漕，清季平津、津浦鐵路相繼修成，南北貨物陸道則由鐵路，水道則由海船，運河僅有局部交通之價值，不復為南北主要交通之孔道。濟寧以南魯南運河因有微山湖充足的水源，仍有航運之利。淮河以南的江淮運河因運鹽之需要，以通航運，然民國以來，淮北之鹽多由海運，運河亦失其重要性。長江以南的江南運河，因水資源條件優越，所經之地人口繁衍，生產發達，故帆檣猶盛，至今仍是淮河以南和長江三角洲地區的重要水運航道，對地區間經濟發展起着重要的作用。

　　國民政府期間，曾有全面整理運河的工程計劃，蓋當時認為"溯海河而上，北至通州，南至臨清，自元明以來，即為貫穿南北大運河之一部。但在昔時，自通州以西可至北平，自臨清以南，越黃河今道經魯西以接江北之運河，今皆淤廢。此運河為中國東部之縱貫航道，經行冀魯蘇浙四省繁富之區，實有恢復之必要。民國二十二年（1933）由華北、黃河、導淮、太湖四水利機關，會同冀魯蘇浙四省建設廳共組整理運河之討論會，以便統一研究計劃"。當時確實提出一套恢復運河的治理計劃，包括節水、引水、泄水等工程[①]。然因抗戰軍興，未能實施。當時山東境內運河淤淺最甚。民國五年八月

---

① 　李書田等：《中國水利問題》，商務印書館 1937 年版，第 50、427 頁。

的《山東南運湖河水利報告錄要》稱："咸豐三年黃河奪大清河入海，於是有南北運河之分，黃河以南至江蘇界曰南運河，其流域東界山脈，西南界淤黃河及江蘇省北界黃河。……汶河經南旺分水口南北分流，分水口兩岸舊有南旺、蜀山、馬踏三湖，收蓄高漲之汶水，至運河水小時再逐漸放出，一以免大水之漫溢，一以便水落之交通。現在大清河入海之路被黃河所奪，不能暢流，加以運河被黃河橫截，一省之中分為南北兩段，更恐黃河倒灌運河，於十里堡築壩曰攔黃壩，因之分水口北流之水由安山折而東北，會於大清河。……現在安山北運河中又築土堤，阻止運河之水不再北行，因之安山至十里堡一段運河已全行乾涸。……泗水現在兗州至濟寧之河已經淤塞，黑風口失其效用，泗水汜漲，悉出金口壩，只因下游兩支，東支高而西支狹，水不暢泄。又因橫河以下河身曲折，每逢大水必致決口橫流，又大水時運河挾汶水下流至魯橋再合泗水，運河不及暢泄，因之由兩岸口門分流入於南陽、昭陽、微山、獨山諸湖，分流後仍不及暢流，於是旁溢兩岸農田，終歲不涸者約二百五十方啟羅米達。"所以山東省對局部河段進行過修治。民國二十三年，山東省建設廳重新疏浚黃河以北至臨清的會通河，在聊城設工程局，調沿河聊城、茌平、堂邑、陽谷、清平、臨清六縣民工，按地畝多少分段挑修。至民國二十四年，黃河以北至臨清運河上共有船閘十六座、進水閘九座、泄水閘六座、涵洞十四座、橋樑十座。民國二十五年，重建會通河魏灣三孔橋泄水閘、張官營穿運涵洞、周店月河涵洞、陶城鋪活動橋、沉沙區引水工程、周店船閘、臨清船閘。建位山吸水站，該引黃虹吸建成後，由於抗日戰爭爆發，工程未能完全實現，沒有引黃濟運和灌溉。1938 年 11 月，日寇佔領聊城，由於戰爭的破壞，運河長期無人修治，也就完全淤廢了。

中國大運河

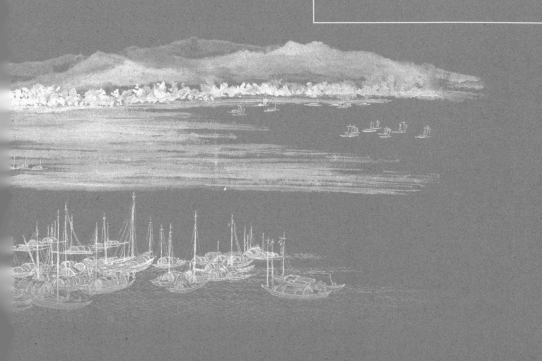

第二章

運河工程反映中華民族在利用
自然資源過程中的智慧和毅力

　　歷史上運河的開鑿是為了彌補天然河流的不足，然而數百十萬年形成的天然河流水系的格局有其地理條件上的必然性。開鑿人工運河，必須要利用、干擾或改變原有的天然河流水系的格局，就可能影響到原有天然河流的自然特性。這就需要對天然河流的特性有深刻的了解和掌握，才能加以運用，這是一個十分複雜的問題。兩千多年來，我們的祖先們在人工運河建造過程中，對天然河流的運用真是煞費苦心，其結果雖然是有成功有失敗，但仍然不斷地堅持下去，反映出中華民族的智慧和毅力。

　　以下即對人工運河開發過程中，對自然界運用中最突出的幾個問題加以說明。

第一節
水源問題

　　歷史上開鑿運河，首要問題是水源。因為開鑿運河的目的是為了運送以糧食為主的各種物資，運送的船隻都有一定的負載量，對運河的深度、寬度以及水量都有一定的要求。因此開鑿運河的首要條件是必需要有足夠的水源，以供船隻運行。人工運河自身不可能有獨立的水源，一般都引取於天然河流或湖泊。中國古代水資源還是比較豐富的，大量開鑿長距離的運河史實，本身就說明有豐富的水源可以利用。

　　但是，實際情況並非如此簡單：第一，以河流格局而言，中國幾條主要天然河流，如海河、黃河、淮河、長江等多為東西流向，南北水運需要以人工運河來補充，所以歷史上重要的運河大都為南北流向。由於天然河流流向不一，所以給人工運河引用天然河流為

水源帶來地理上的困難。第二，以氣候條件而言，中國東部地處東
亞季風區，降水在年際和年內季節變化很大，年際變化有枯水年、
豐水年之別，年內變化的特點是降水多在夏秋季節，春冬往往是水
枯季節。而每年從江南輸送漕糧多在春季二三月份，正是枯水季
節；再加上隨着歷史的發展，各主要河流流域的人口不斷增加，中
上游森林面積縮小，河流含沙量增加，下游平原和湖灘漸次開發，
農業用水量增加，於是產生農業和漕運爭奪水源的矛盾，運河的水
源不足問題也就逐漸顯露出來。同時由於各河流含沙量都很高，引
以為源，也引來泥沙，給運河帶來淤淺之弊。

　　現對歷史上幾個重要運河水系的水源問題進行討論，以視中國
歷史上運河水源問題的概貌。

一、北京平原上的運河水源問題

　　北京平原上的人工運河，較早有明確記載的是遼代的蕭太后運
糧河，不過這條運河的水源問題情況不明，在此無法討論。金代中
都的金口河最初是以盧溝河（今永定河）為源，盧溝河是一條含沙
量很高的河流，元代又稱“小黃河”“渾河”，“以流濁故也”[1]。所以
金代的金口河以盧溝河為源後，因“地勢高峻，水性渾濁。峻則奔
流迅，嚙岸善崩，濁則泥淖淤塞，積滓成淺，不能勝舟”。金口河
失敗後，又改“為閘以節高良河、白蓮潭諸水，以通山東、河北之
粟”[2]。高良河即今西直門外高梁河，白蓮潭諸水即今什剎海、北海、
中海等天然湖泊。以高良河水注入白蓮潭中，在白蓮潭的東岸、南

① 〔明〕宋濂等：《元史》卷64《河渠志一》盧溝河條，中華書局1976年版。
② 〔元〕脫脫等：《金史》卷27《河渠志》盧溝河條，中華書局1975年版。

岸、西岸分別修閘引水，南入中都城北護城河和金口河，然後東流
至通州入潞河。從中都東至潞河五十里的通粟渠道，謂之閘河①。但
這兩條人工運河，都因"自通州而上，地峻而水不留，其勢易淺，
舟膠不行，故常陸挽，人頗艱之"。其後"或通或塞，而但以車挽
矣"②。既然引盧溝河水為源是行不通的，於是元代大都的通惠河改
引昌平白浮泉水南來，沿線又有雙塔、榆河、一畝、玉泉諸水的補
充，水源應該比較穩定，但是從昌平至大都城地勢高差很大，沿線
"地勢高下，沖擊為患"③，"水勢陡峻，直達艱難"④。所以元代通惠河
建成後，在河上建閘二十四座以節水通流，十分不便⑤。於是以後又
重開金口河，又引渾河為源，結果還是"因流湍勢急，沙泥壅塞，
船不可行"⑥。故大都、通州間在"元時亦多陸運"⑦。明初通惠河已
廢。永樂年間曾重開通惠河（明時稱大通河），因當時昌平黃土山
（改名天壽山）為皇帝陵寢地後，原白浮泉一帶不允許再動土引水，
所以上源只限於玉泉、甕山泊（今昆明湖）為源，水源大為減少。
明代成化年間重開時，深感水源不足，當時即有人提出："大抵此
河天旱則淤壅淺澀，雨潦則散漫沖突，徒勞人力，率難成功，決不
可開。況元人開此河，會用金口之水，其勢洶湧，沖沒民舍，船不
能行，卒為廢河，此乃不可行之明驗也"⑧。不久因"河道淤塞"，"閘

① 侯仁之、唐曉峰：《北京城市歷史地理》，北京燕山出版社 2000 年版，第 404 頁。
② 〔元〕脫脫等：《金史》卷 27《河渠志》漕渠條，中華書局 1975 年版。
③ 〔明〕汪一中：《通惠河志敘》，刊〔明〕吳仲《通惠河志》第 1 頁，中國書店 1992 年標點本。
④ 〔明〕吳仲：《通惠河志》卷上《通惠河考略》，中國書店 1992 年標點本。
⑤ 〔明〕宋濂等：《元史》卷 64《河渠志一·通惠河》，中華書局 1976 年版。
⑥ 〔明〕宋濂等：《元史》卷 66《河渠志三·金口河》，中華書局 1976 年版。
⑦ 《漕河圖志》卷 2《諸河考論》大通河："自盧溝以至通州，渾河流經之道至今淤為平地矣，……元時亦多陸運，故接運糧提舉司有車戶之設，隸都水監。"
⑧ 〔清〕傅澤洪：《行水金鑑》卷 110 引《明憲宗實錄》，商務印書館 1936 年版。

俱廢，不復通舟"①。以後雖經多次疏浚，只能勉強通航。清代前期
曾沿明代規模多次疏浚，但嘉慶以後河道已多淤塞，當時從通州
至北京多以陸運為主。可見在北京建都的金元明清四代都想解決
從北京至通州的水運問題，但最終都因為水源沒能解決好，難以
如願。

二、河淮地區運河的水源問題

河淮之間最早的運河是戰國時代的鴻溝運河，其水源主要來自
黃河。黃河是中國淮河以北最大的河流，在河淮間開鑿運河，很自
然地選擇以黃河為水源。但引黃河水為源，面臨着兩大難題：一是
黃河自古就是一條含沙量很高的河流，引河水為源不免同時引入泥
沙，不免使運河淤淺；二是黃河雖為大河，總流量不算小，但其年
際和年內季節性變化很大，每年春運時往往遇到枯水季節，水量不
足，給運河帶來很多不便。

鴻溝運河最早的水源是從今河南原陽縣北引黃河水，橫截自
滎陽北引河水東流的濟水，南流入鄭州、中牟間的圃田澤，稱為大
澤，作為蓄水池，然後引圃田澤水東流至大梁城（今開封城）北，
然後繞過城東，折而南流，利用沙水河道南流經今淮陽市東，在沈
丘縣北注入穎水。因為鴻溝運河連接了河淮之間許多天然河流，故
稱之為鴻溝水系。不久自原陽北河水南入圃田澤的一段稱為大溝
的河道為黃河泥沙所淤廢，從滎陽分河水的濟水便成了鴻溝運河的
水源。從戰國經兩漢魏晉時期，鴻溝運河比較暢通，但是到了東晉
南北朝時，河淮之間濟水卻有逐漸淤廢之勢。濟水原是黃河南岸的

---

① 〔清〕張廷玉：《明史》卷 86《河渠志四·運河下》，中華書局 1974 年版。

一大分支，從滎陽西北分河水東流，分為兩支，一支與菏水交會，東流入泗，一支入鉅野澤，再出澤東流入海。春秋戰國以來一直是中原地區東西交通的主要水運幹道。西漢時黃河多次南決，曾淹及濟水流域。尤其是西漢末王莽時黃河向南大決，濟水及其以南汴水流域一片汪洋，後經東漢時王景治理，河、汴分流，濟水也復其舊貌。但已遭嚴重淤淺。大約到公元 4 世紀，鉅野澤以西的濟水已淤廢不能通航。公元 369 年東晉桓溫北伐，因濟水斷流而開了桓公溝。濟水斷流的原因，除了泥沙淤塞外，更重要的是東漢以後河淮間的主要運道為通向徐州的汴水。由於濟、汴同源分水於黃河，當汴水為主要運道時，必定人為阻塞分水入濟之口，將有限的河水皆引入汴水。故《太平寰宇記》卷 12 引六朝時作品《國都城記》："自後通汴渠已來，舊濟遂絕，今濟陰定陶城南，唯有濟堤及枯河而已，皆無水。"以後義熙十三年（417）劉裕北伐、元嘉七年（430）到彥之北伐都走這條桓公溝，可見四、五世紀時黃河南岸的濟水已完全淤斷了。

東漢以後河淮間的主要運河為汴水，汴水水源主要來源於黃河。但是黃河出邙山後，驟然進入平原，流勢逐漸平緩，泥沙易於沉澱，同時由於水位漲落，沖淤不定，主泓南北滾動，河槽極不穩定，流向也相當紊亂。這樣就使汴水引黃河水口工程不得不隨着河水主泓的滾動而經常變化。據《水經·河水注、濟水注》記載，隋代以前濟水和汴水引用黃河水的引水口有多處：一為宿須水口，在今河南原陽縣舊原武西北，分河水南入鴻溝水系，後漸淤廢，《水經注》云"今無水"。二為滎口，又稱滎口石門，在今河南滎陽縣西北舊滎澤西北敖山之東，亦為古濟汴水分河水口，東漢陽嘉三年（134）曾在此壘石為門，樹碑記功，在北魏前已斷流。三為石門水口，在今河南滎陽縣西北氾水鎮東。西漢時為濟、汴的主要分河水

口，東漢靈帝建寧四年（171）還修治過，魏晉時已淤廢。四為板渚
水口，在今河南滎陽縣西北汜水鎮東四十里，隋煬帝開通濟渠即由
此引河水。唐初沿用板渚水口，開元二年（714）改由石門水口引
河①。開元十五年又恢復板渚水口②，不久又由石門水口引河。為甚麼
歷史上濟、汴運河會出現這麼多的引河水口，並且左右擺動，變遷
不定呢？主要原因是黃河河槽極不穩定，主泓南北擺動，引水十分
困難。故《宋史》卷93《河渠志三》說：“然大河向背不一，故河口
歲易，易則度地形，相水勢，為口以逆之。遇春首輒調數州之民，
勞費不貲，役者多溺死。”③

　　隋唐時代的汴河即通濟渠是河淮間主要運河，通濟渠分東西
兩段，已見上文。西段主要以穀、洛水為源，運道很短，水源不成
問題。東段則從板渚引黃河為源。因為黃河年流量年際和年內季
節變化不定，運河的水源不能得到穩定的保證。唐代開元年間裴
耀卿主漕事時為唐代漕運黃金時代，已經感到汴河水量不足，淺澀
阻運。當時江南的漕船於每年正、二月上道至揚州入斗門，正逢
冬春水淺，須停留一月以上，至四月以後，始渡淮入汴。那時汴河
乾淺，又船運停留，至六、七月始至河口，正逢秋季河水上漲，不
得入河，又須停留一兩個月，待河水稍小，始得上河進入洛水。整
個航程“漕路乾淺，舡艘隘鬧，船載停滯，備極艱辛。計從江南至
東都，停滯日多，得行日少”④。宋初為了增加汴河的水源，曾“導
索水，會洲然與須水合入於汴”，可是因為黃河含沙量增高，汴河
河床淤高，水流仍覺淺澀。宋初在冬季枯水季節，需要在汴河中作

---

① 〔後晉〕劉昫等：《舊唐書》卷100《李傑傳》，中華書局1975年版。
② 〔後晉〕劉昫等：《舊唐書》卷49《食貨志下》，中華書局1975年版。
③ 〔元〕脫脫等：《宋史》卷93《河渠志三·汴河上》，中華書局1977年版。
④ 〔後晉〕劉昫等：《舊唐書》卷49《食貨志下》，中華書局1975年版。

閘，堰水才能行舟。如開寶八年（975）十一月平江南，"留汴水以待李國主舟行，盛寒河流淺涸，詔所在為壩閘，潴水以過舟"[1]。到了熙寧、元豐年間，竟然於夏季五月，也需堰水行舟。元豐三年（1080）五月，"時以汴水淺澀，發運司請以草為堰，壅水以通舟"[2]。其實當時漕船的吃水並不深。《宋史·河渠志·汴河》云："大約汴舟重載入水，不過四尺，今深五尺，可濟漕運。"可見造成汴舟阻運的低水位時期，汴河的水量是十分淺澀的。

　　除了水源短缺之外，與水俱來的黃河泥沙也給汴河帶來很大不便，故有"汴水濁流"之說。唐時汴河泥沙淤積已經影響到漕運的通行，所以當時規定每年正月發動沿河丁男疏浚河道，至清明桃花水過後，河道才得暢通。安史之亂後，政局動盪，汴河長期得不到疏浚，河道淤廢不堪[3]。唐末汴河下游自宿州埇橋（今安徽宿州市南古汴河上）以下"悉為污澤"[4]。宋初沿襲唐制，每歲一浚。後因汴河經過整治，情況大有好轉，企圖省功，於大中祥符八年（1015）規定"三五年一浚"，未幾，因淤塞嚴重，至皇祐四年（1052）八月，因"河涸，舟不通，令河渠司自口浚治，歲以為常"[5]。自後每歲一浚，立為常制。然而一方面每年疏浚排去的泥沙趕不上淤積的速度，另一方面，每歲一浚的制度，並未能很好堅持。結果汴河河床淤積速度十分驚人，如宋初開封附近的溝洫水流皆入汴河，可見其時汴河河床尚在地面以下。可是到了北宋中期，汴河有連續二十年不浚，河床淤高非常，從京城開封東水門下至雍丘（今河南杞縣）、

① 〔宋〕宋敏求：《春明退朝錄》卷上，上海古籍出版社 2012 年版。
② 〔宋〕李燾：《續資治通鑑長編》卷 304 元豐三年，中華書局 1985 年版。
③ 〔唐〕劉晏：《遺元載書》，載《全唐文》卷 370，中華書局 1983 年版。
④ 〔宋〕司馬光：《資治通鑑》卷 292 五代後周顯德二年條，中華書局 2009 年版。
⑤ 〔元〕脫脫等：《宋史》卷 93《河渠志三·汴河上》，中華書局 1977 年版。

襄邑（今河南睢縣）一段汴河河床皆高出堤外平地一丈二尺餘，在汴堤上俯瞰居民，如在深谷①。河床如此淤高，引起汴河決口頻繁，影響漕運暢通。

熙寧十年（1077）黃河一次漲水，主泓趨向北岸，南岸廣武山北麓漲出一大片高闊的灘地。元豐元年（1078）有人建議汴河避開以黃河為源，可在這片黃河灘地上鑿渠，引伊、洛水為源。次年即在鞏縣任村沙峪口至河陰縣（在今河南滎陽縣東北廣武山北麓，今已淪入河中）汴口之間河灘地上，開渠五十里，引伊、洛水入汴，堵塞舊引河汴口，以避開黃河濁流，因洛水較清，史稱引洛為源的汴河為“清汴”。兩岸還築堤一百零三里，以護渠道。後因洛水水源不夠支運，還需從原來汴口引用一部分河水，仍有泥沙入汴；同時新渠是開在黃河的嫩灘上，沙質土壤，不易保護，且常受黃河主泓擺動的威脅，結果仍無成效。元祐五年（1090）仍然恢復了引河入汴為源②。最終由於汴河不斷淤高，成為地上懸河。北宋末徽宗政和年間，汴河大段淤淺，妨礙綱運。靖康年間，汴河已淤廢不堪。宋金對立時期，汴河未加疏浚，全河堙廢。南宋乾道五年（1169）樓鑰出使金國，乘馬沿汴河而行，至靈璧以上，“河益堙塞，幾與岸平”“車馬皆由其中”“亦有作屋其上”，河底都種上了麥子③。詩人洪适有《過穀熟》詩云：“隋堤望遠人煙少，汴水流乾轍跡深。”④隋唐宋以來流淌數百年的一條橫貫中原的大川，在短短數十年內變成了一條陸道。滄桑之變，莫甚於此。今天從商丘以下，經永城、宿縣、靈璧、泗縣的公路，大致即修在通濟渠上，已高出兩面平地，

① 〔宋〕沈括：《夢溪筆談》卷 25《雜志二》，北京燕山出版社 2011 年版。

② 〔元〕脫脫等：《宋史》卷 94《河渠志四·汴河下》，中華書局 1977 年版。

③ 〔宋〕樓鑰：《攻瑰集》卷 111《北行日錄》，商務印書館 1936 年版。

④ 〔宋〕洪适：《盤洲文集》卷 5，商務印書館 1922 年版。

這就是汴河作為懸河的實證。

　　當年五代後周顯德年間修復汴河，開浚五丈河、蔡河時，都直接或間接引用黃河水為源，汴河源於黃河自不必說，五丈河、蔡河也都是分汴河水為源的。可是到了北宋初年，汴河自身水量不夠，已無餘水可供應五丈河和蔡河。於是蔡河則以取源於開封數十里外長葛境內洧、潩二水，引為閔河為源，五丈河以金水河為源，架槽越汴河入城，均不惜化費浩大工程，都是為了避開含沙量高而又水量不足的汴河。可見宋朝為了解決汴京漕運四渠的水源問題，是煞費苦心的。然而困擾着唐宋兩代王朝的汴河水源問題，最終都未能得到理想的解決。

三、山東運河的水源問題

　　上文已述，元明清時代京杭大運河中最為艱難的一段，就是山東運河。而山東運河在運行中最大的問題，就是水源問題。元代開鑿濟州河、會通河的水源主要來自魯中山地的汶、泗兩水系。這兩大水系的特點是：第一，汶泗流域多年平均降雨量為 600—700毫米，河流全年徑流量較小，年內分配極不均勻。今人曾據 20 世紀 30 年代前半期三年（1932—1934）汶泗流域泰安、曲阜等十二個縣逐月降水量資料作過統計，表明每年 6—9 月降水量最為集中，佔全年總量的 50%—70%，汶、泗等河往往在這一時期出現洪水，運河容納不了，宣泄不及，便氾濫成災。而每年 12 月至次年 2 月的降水量僅佔全年總量的 10% 以下，是每年的枯水期[①]。而

---

① 《淮河流域水文資料》第 3 輯《沂泗汶運區》第 3 冊，中央水利部南京水利實驗處1951 年 5 月刊印。

歷年漕糧都是在春季起運，正是最需要水的時候，這就成為濟州、會通二河的致命弱點。第二，汶泗兩水系形態屬樹枝狀水系，暴雨季節總流匯注，下游洪水集中，尤其是泗水支流多屬山溪性河流，源短流急，洪峰高，含沙量大，對下游運河造成很大威脅。第三，魯中山地山嶺起伏，山岩物質多屬花崗岩、片麻岩、結芯片岩以及泥沙質沉積岩構成。汶河等河谷寬廣，深入山區內部，山區植被覆蓋不良，暴雨季節山洪陡漲，侵蝕和搬運作用很大，而物質多為粗砂和細礫，河床多為淤塞。由於會通河通運不暢，所以元一代漕運以海運為主。

到了明代永樂年間重開會通河，首先要解決的還是水源問題。當時採取的措施主要有：

1. 引汶工程的改建

永樂九年重建會通河時，主持工程的工部尚書宋禮採納汶上老人白英的建議[①]，在東平州（今山東東平縣）東六十里戴村附近的汶河上築土壩，長 5 里，遏汶河南流，走今小汶河西南流入南旺地區作南北分流（詳下）。戴村壩成為明代重修會通河工程中"第一吃緊關鍵"[②]。"漕河之有戴村，譬人身之咽喉也。咽喉病，則元氣走泄，四肢莫得而運矣"[③]。為甚麼這次要在戴村築壩引汶呢？這是因為元時在寧陽縣北的堈城築壩引汶，而堈城以下的汶河還有漕河、匯河（上游即今康王河）等多條支流匯入，水量大增，卻未能攔入會通河。所以明人就指出："汶水西流，其勢甚大，而元人於濟寧

---

① "老人"是沿運河設置管理河事的人員，有堈城壩老人、管泉老人等。見〔明〕胡瓚：《泉河史》卷 6《職官表下》，清順治四年刊本。

② 〔明〕潘季馴：《河防一覽》卷 3《河防險要》，明萬曆十八年刻本。

③ 〔明〕胡瓚：《泉河史》卷 3《泉源志》，戴村壩條，清順治四年刊本。

分水，遏汶於堽城。非其地矣。"[1]明代改在堽城壩的下游戴村築壩引汶，水源較前豐富。此外，元代的堽城壩閘在末年已經圯廢，明成化年間因舊址河闊沙深，不宜更作壩址，"乃相西南八里許，其地兩岸屹立，根連河中，堅石縈絡，比舊址隘三分之一"，於是就在此築堽城新壩跨汶河上，下開涵洞，置閘啟閉，再開新河十餘里接洸河，並在新河上築堽城新閘，控制流沙[2]。所以在明代中期以後，汶河上引水工程有兩條路線可以調節水源，這一點就比元代高明。但問題並未如此容易解決。第一，明代坎河（今東平縣東匯河）入汶河口的汶河上有一沙洲，沙洲以南為汶河的主泓道所經，明代在主泓道上築戴村壩，遏汶水南流入南旺，留下北面的岔流，以供泄洪。當重運北上時，就在戴村壩東坎河口的岔流上築一臨時沙壩，使涓滴盡歸南旺；如遇來水過於迅猛，則讓洪水沖毀沙壩西趨大清河歸海，不讓患及汶河入南旺之道。但日久正河漸淤，主泓北移，沙壩不能起遏水作用，萬曆元年（1573）改築石灘[3]。十七年潘季馴又改為石壩，石壩不能排沙，結果使汶河河床淤高，常溢成災[4]。第二，明代在戴村築壩遏汶水南流，卻沒有在引水河道上如元代堽城、金口之制修築閘門，因而在夏秋汛期無法控制水沙。自戴村至南旺的河道，"每漲一次，則淤高一尺，積一年則淤高數尺，二年不挑則河盡填"[5]。來源河道淤填，則運河不免有枯涸之患。然而戴村至南旺的河道經過挑浚後，則又產生另一種後果，因為汶河

① 〔明〕胡瓚：《泉河史》卷1《圖紀》東平州泉圖引《郡志》，清順治四年刊本。
② 〔明〕胡瓚：《泉河史》卷4《河渠志》引商輅《堽城壩記》，清順治四年刊本。
③ 〔明〕胡瓚：《泉河史》卷3《泉源志》主事雋毅中《築壩議略》，清順治四年刊本。
④ 〔明〕潘季馴：《河防一覽》卷3《河防險要》，明萬曆十八年刻本。
⑤ 〔明〕胡瓚：《泉河史》卷4《河渠志》引笪東光《創建上源閘壩以省大挑議略》，清順治四年刊本。

下游河床寬數百丈，而南旺一帶運河河床寬不過十丈，"以數百丈之汶河，而盡注於十丈寬運河之內"[①]，其決溢是必然的了。例如，清康熙四十一、四十二年，寧陽、汶上、濟寧、滋陽、魚臺、滕縣、嶧縣及江南之沛縣、徐州、邳州，運河沿線連遭水患，皆由汶河堤岸不修之故[②]。因此僅靠汶河單一水源很難維持運河正常的運行，必須另想他法。

2. 引泉濟運

汶、泗、沂諸水發源的魯中山地，寒武與奧陶紀石灰岩地層分佈極廣，岩溶地貌相當發育，溶洞、溶蝕岩溝均有所見。《水經·泗水注》裡就有記載，泗水上源的魯國卞縣東南有桃墟，"墟有漏澤……澤西際阜……阜側有三石穴，廣圓三四尺，穴有通否，水有盈漏，漏則數夕之中，傾陂竭澤矣"。又引《博物志》曰："泗水出陪尾，蓋斯阜者矣。石穴吐水，五泉俱導，泉穴各徑尺餘。"在鄒縣以北的嶧山一帶，地下有溶洞，"洞達相通，往往有如數間屋處，其俗謂之嶧孔"。這種岩溶地貌往往形成地表水滲漏而地下水蓄藏卻十分豐富的現象，常常在山麓地帶湧出地面而成大泉，與地表水相對而言比較穩定。泰山地區豐富的地下水源，被明代人認為是最理想的運河水源，於是永樂十七年（1419），在陳瑄的建議下，初浚泉源，以資運河水源[③]。此後每隔數年查訪疏浚一次，將汶、泗中上游各地的泉源都通過地表明渠導入汶、泗、沂等水，再匯入會通河。明時會通河泉源來自三府（兗州、濟南、青州）十八州縣，分為四派：第一，新泰、萊蕪、泰安、蒙陰等縣以西，寧陽以北諸泉，都通過汶河注入南旺，然

---

① 〔清〕張伯行：《居濟一得》卷 6《治河議》，商務印書館 1936 年版。

② 〔清〕張伯行：《居濟一得》卷 3《築汶河堤岸》，商務印書館 1936 年版。

③ 〔明〕胡瓚：《泉河史》卷 15《泉河大事記》，清順治四年刊本。

後分水南北，故稱為分水派或汶河派。第二，泗水、曲阜、滋陽（兗州府附郭縣）境內泗、沂水上源諸泉和寧陽以東汶河諸泉，都由洸、府二水會於濟州城南的天井閘，因流經濟州城，又稱濟河，故這一派泉源稱濟河派或天井派。第三，鄒縣、濟寧、魚臺、嶧縣以西和曲阜以南諸泉，都由泗河故道至魯橋入運，稱為泗河派或魯橋派。第四，鄒縣以南、滕、嶧縣境內流入昭陽湖諸泉皆由沙河注入運河，稱為沙河派。嘉靖末年開南陽新河後，運道經昭陽湖東，諸泉遂注入新河，故又稱新河派。另外，沂水、蒙陰、嶧縣境內有一部分泉源由沂河至古邳注入黃河，是為沂河派，與會通河無涉。明萬曆三十五年開泇河後，改為泇河之源①。

　　明代的會通河（包括元代的濟州河和會通河）的水源，除了來源於汶、泗河外，比較有保證的還是魯中山地的泉源，故會通河在明代又稱泉河。永樂初大致有一百多泉。以後逐年有所增加，到成化年間喬縉為都水司主事，督理山東泉源，“合六百餘泉會於四水（汶、洸、泗、沂），漕運大濟”②。這是見於記載泉數的最高數字，不過恐有誇大之嫌。因為根據明王瓊《漕河圖志》的記載，弘治年間，山東運河水源來自兗州、濟南、青州三府入汶、入泗、入沂的共有一百六十三泉。③萬曆年間《泉河史》載共引三百零九泉，天啟年間又新闢二十七泉，明末共引三百三十六泉④。疑六百餘泉的數字有誇大的成分。《讀史方輿紀要》云：“崇禎五年共計舊泉二百二十六，新泉三十六。”可知明一代引泉前後有所增減，大致在二三百泉之間。清代沿襲明制，也不時疏浚新泉。迄康熙初年

---

①　〔明〕胡瓚：《泉河史》卷7《泉源表》引《東泉志》，清順治四年刊本。

②　〔明〕朱睦㮮：《喬縉傳》，《行水金鑑》卷111，商務印書館1936年版。

③　〔明〕王瓊：《漕河圖志》卷2《漕河上源》，水利電力出版社1990年版。

④　〔明〕胡瓚：《泉河史》卷3《泉源志》，清順治四年刊本。

分水、天井、魯橋、新河四派的泉源共有四百三十處[①]。據《大清會典》記載，運東十六縣和運西魚臺一縣共有新舊泉眼四百二十個。總之，明清兩代幾乎將魯中山地西側面的泉源全部囊括入運河。但是地下水也受地表降水的影響，"泉源四時微盛各殊，大率冬春微，夏秋盛，旱微澇盛，渠流深廣亦不一"[②]。再說這些泉水都是通過明渠進入汶、泗、沂諸河的，由於河床"淤沙深廣，春夏久旱亢，沙極乾燥，汶泉經之，多滲入河底"[③]，所以水源仍然極不穩定。正如顧祖禹所言："蓋山谷之間，隨地有泉，疏引漸增也。議者謂諸泉沙積頗多，汶河每為雍淤，如天時亢旱，泉水亦無涓滴，一遇淫潦，隨地浸流，故泉可恃而未可盡恃也。"[④] 此外，地下水無節制地大量通過明渠導入汶泗，其結果影響了地表水的正常補給，使水循環失去了平衡，終究影響了運河水源的補給。

3. 沿運水櫃的設置

水源問題解決後，如何保證這些有限的水源能夠發揮有效的作用，明代開始採取了一種比較有效的措施，就是在運河沿線設置了一系列水櫃（即水庫），用來調節運河的流量，以克服運河流量不均的缺陷。永樂年間宋禮恢復會通河時，即在運河沿線設立四大水櫃，即汶上縣的南旺湖、東平縣的安山湖、濟寧州的馬場湖、沛縣的昭陽湖，"名為四水櫃，水櫃即湖也，非湖之外別有水櫃也。漕河水漲，則減水入湖，水涸，則放水入河，各建閘壩，以時啟閉"[⑤]。

---

① 〔清〕靳輔：《治河方略》卷 4《泉考》，嘉慶十七年刻本。
② 〔明〕劉天和：《問水集》卷 2《諸泉》。
③ 〔明〕劉天和：《問水集》卷 3《汶河》。
④ 〔清〕顧祖禹：《讀史方輿紀要》卷 129《川瀆異同》，中華書局 2005 年版。
⑤ 〔清〕傅澤洪：《行水金鑑》卷 116 引《北河續紀》嘉靖中河道都御史王廷奏，商務印書館 1936 年版。

可是在實際運行過程中，同一水櫃既作蓄水庫又為滯洪區是有困難的，因為“可櫃者，湖高於河，不可櫃者，湖高於河故也”①。所以逐漸將運東地勢較高的各湖設為水櫃，“櫃以蓄泉”，運西地勢較低的各湖設為“水壑”（滯洪區），並設斗門，“門以泄漲”②。據《明史·河渠志三·運河》記載，會通沿運有南旺、馬踏、蜀山、蘇魯、馬場、南陽、獨山、昭陽、赤山、微山、呂孟、張王諸湖名。這些湖泊原是黃河沖積扇和魯中山地西麓山前沖積扇兩個相向斜面交界處的低窪地，由長期瀦水積聚而成。由於大汶河三角洲的伸展，將湖泊群分成兩個部分：濟寧以北的北五湖和濟寧以南的南四湖。北五湖主要作為運河的水櫃，以供應濟寧以北運河所需；南四湖則作為運河的水壑，以受運河多餘之水。但是其中微山湖，則為“江南邳、宿一帶運河，水勢全賴微山湖挹注，始能浮送，為兩省第一要緊水櫃”③。自從明萬曆年間開鑿泇河以後，作為泇河的主要水源。

　　濟寧以北的安山、南旺、馬踏、蜀山、馬場五湖，其主要作用是接濟濟寧以北的運河，是濟寧以北運河的主要水源④。但是這些湖泊的水源本來就不豐富，又加上來水的汶水含沙量很高，日長時久，湖底受到來水所帶泥沙的淤積，灘地涸露，後經周圍人為墾植，湖區水面逐漸縮小，隨着來水減微，最後為農田所圍，漸成平陸。清雍正元年（1723）河道總督齊蘇勒說得很明白：“東省湖淀

---

① 〔明〕萬恭：《治水筌蹄》卷 2《運河》，朱更翎整理本，水利電力出版社 1985 年版。
② 《明史》卷 85《河渠志三·運河上》：“又於汶上、東平、濟寧、沛縣並湖地設水櫃、陡門。在漕河西者曰水櫃，東者曰陡門，櫃以蓄泉，門以泄漲。”其言正相反。東者地勢高於運河，何能泄漲？
③ 水利水電科學研究院：《清代淮河流域洪澇檔案史料》，中華書局 1988 年版。
④ 〔明〕萬恭：《治水筌蹄》卷 2《運河》：“諸閘漕以汶為主，而以諸湖輔之。若蜀山、馬踏、南旺、安山、沙灣諸湖，皆輔汶北流者也；獨山、微山、昭陽、呂孟諸湖，皆輔汶南流者也。”

可以蓄水濟運者，在汶上則有南旺、馬踏、蜀山等湖，在東平則有安山湖，在濟寧則有馬場湖，在魚臺則有南陽、昭陽、獨山等湖，在滕、嶧二縣，則有微山、郗山等湖，水漲則引河水入湖，水涸則引湖入漕，隨時收蓄，以濟運河之淺，古人名曰水櫃是也。查昭陽湖，因昔年黃河水淤，積為肥土，盡為豪戶佔種，雖藉升斗虛名，實奪河漕大利，而安山、南旺等湖，原有堤界，近因附近居民，覬覦湖地，私種開墾，與昭陽無異，致湖乾水少，見今一望皆為禾黍之場。"① 這就是明清時期沿運湖泊淤廢的原因。以下分別敘述各湖淤廢的概況。

安山湖位於東平州西南，北臨漕河，原係元末梁山泊湖水下移至安山以窪地形成的，明永樂初復治會通河後定為水櫃，開始不過是一片天然窪地，並未採取任何措施。且湖區"形如盆碟，高下不甚相懸，水積於中，原無堤岸，東南風急，則流入西北燥地，西北風急，則流入東南燥地，未及濟運，消耗過半"②。直至正統三年（1438）才開始建閘蓄水。初未經實勘，泛稱"縈迴百餘里"，至弘治十三年（1500）踏勘四界，周圍實八十里餘，才立界碑，裁植柳株③。以後由於黃河的多次決入，大量泥沙進入湖區，湖邊出更大片灘地，地方官吏為了增加賦稅，竟然"許民佃種"，於是沒有多久，"百里湖地盡成麥田"④。嘉靖六年（1527）在湖中心水域周圍築堤，僅十餘里⑤。隆慶四年（1570）時明廷為了補充河工的銀兩，竟然決

① 《續行水金鑑》卷 73《朱批諭旨》雍正元年七月齊蘇勒等奏。

② 〔明〕潘季馴：《河防一覽》卷 14 常居敬《請復湖地疏》，國家圖書館出版社 2009 年版。

③ 〔明〕王瓊：《漕河圖志》卷 1《漕河建置》，水利電力出版社 1990 年版；〔明〕劉天和：《問水集》卷 2《閘河諸湖》。

④ 〔明〕潘季馴：《河防一覽》卷 14 常居敬《請復湖地疏》，國家圖書館出版社 2009 年版。

⑤ 〔明〕劉天和：《問水集》卷 2《閘河諸湖》。

定將濟汶以北各湖，因"地皆膏沃之土壤，宜募民田，作每畝畝徵銀四分，輸之工所"[①]。於是湖區日益縮小。至萬曆三年（1575）再次丈量時，安山湖區三分之二已被墾為農田，"滿湖成田，禾黍相望"[②]。崇禎時安山湖已"盡為平陸"[③]。清順治年間河決荊隆口，東北氾張秋，安山湖又被淤上了一層河泥[④]。雍正年間曾想復安山湖為水櫃，因測得湖底低於運河，不再可能放水入運，又無泉源灌注，遂於乾隆十四年（1749）定認墾科，"湖內遂無隙地矣"[⑤]。

　　南旺湖在汶上縣西南，初置為水櫃時，周圍一百五十里，運河貫其中，湖區由運河堤和汶水堤分割為三部分：運西稱南旺西湖，周圍九十三里，運東由汶水堤分為南北兩部分：堤北部分稱馬踏湖，周四十三里，堤南部分稱蜀山湖，周六十五里[⑥]。三湖中，"惟蜀山、馬踏在漕岸之東，可稱水櫃；南旺西湖及安山湖在漕岸之西，但稱水壑，不可稱水櫃"[⑦]。蜀山湖是汶河來源首先蓄積之處，"較他湖為最緊要"[⑧]，需要經常保持相當的水量。清時規定伏秋時蜀山湖必得蓄水至九尺七八寸，才能敷全漕之用[⑨]。而南旺西湖因地

---

① 〔清〕傅澤洪：《行水金鑑》卷 118《明穆宗實錄》隆慶四年五月酉翁大立奏，商務印書館 1936 年版。
② 〔明〕潘季馴：《河防一覽》卷 14 常居敬《請復湖地疏》，國家圖書館出版社 2009年版。
③ 〔明〕傅澤洪：《行水金鑑》卷 132《崇禎長編》崇禎十四年，商務印書館 1936 年版。
④ 〔明〕傅澤洪：《行水金鑑》卷 145《山東全河備考》，商務印書館 1936 年版。
⑤ 〔清〕俞正變：《小方壺齋輿地叢鈔》第 4 帙《會通河水道記》，西泠印社 2004 年版。
⑥ 萬曆《汶上縣志》卷 2；萬曆《兗州府志》卷十八《山川》："蜀山湖在（汶上）縣南三十五里，運河之東蜀山下，闊步三十餘里，與南旺東西相對，即南旺東湖。"萬曆《兗州府志》卷十八《山川》："馬踏湖在（汶上）縣西南三十里，汶河堤北運河岸東，每夏秋山水氾漲匯此湖，瀰漫四十五里經弘仁橋入會通河。"
⑦ 〔清〕傅澤洪：《行水金鑑》卷 145《山東全河備考》，商務印書館 1936 年版。
⑧ 〔清〕張伯行：《居濟一得》卷 2《蜀山湖》，商務印書館 1936 年版。
⑨ 〔清〕陸耀：《山東運河備覽》卷 5《蜀山湖》，江蘇廣陵古籍刻印社 1992 年版。

勢低於運河，不能濟運，只能起"水壑"的作用，運河水漲，"主
於泄以備潦"[1]。水過盛時則由忙生閘出廣運閘，走牛頭河（今趙
王河）接濟魚臺以下的運河[2]。以後湖堤失修，清初幾十年內，湖
西北宋家窪數千百頃土地皆被水淹，汪洋一片，"無一可施犁鋤
之地"[3]。

　　南旺三湖水源主要來自汶水，而汶水含沙量很高，每年暴雨季
節帶來大量泥沙進入湖區後，迅速沉澱，湖邊露出的灘地很快被周
邊民眾所墾佔。明清兩代曾規定：南旺湖每兩年大挑一次，每年小
挑一次[4]。並三令五申禁民佃種，然墾殖仍不斷進行。嘉靖年間，馬
踏湖、蜀山湖，"率皆侵佔耕稼其上"[5]。萬曆年間查勘時，南旺西湖
四分之一已成民田，蜀山湖為民田者九分之一，而馬踏湖均為官民
所墾，"可櫃者無幾"[6]。到了萬曆十七年（1589）時，明廷已不得不
承認湖區已大量被開墾的事實。為了避免湖區進一步淤廢，下令在
南旺等湖中心築一束水小堤，堤內永作水櫃，堤外作為湖田，聽民
耕種[7]。這樣一來，湖田開墾的加速，清初在湖區內漲出的灘地，"汶
（上）、鉅（野）、嘉（祥）之私墾者，不下數百頃矣"。私墾者為了
避免已墾出的農田被水所淹，"將十二斗門盡行堵閉，汶河之水，
雖值大發之時，涓滴不得入湖，湖雖未廢，其實已經久廢矣"。乾
隆年間雖提出"復南旺湖"之議，實難以恢復舊日面貌[8]。

---

① 〔清〕傅澤洪：《行水金鑑》卷 132《崇禎長編》崇禎十四年八月甲辰張國維奏。

② 〔明〕劉天和：《問水集》卷 2《閘河諸湖》。

③ 〔清〕張伯行：《居濟一得》卷 5《東省湖閘情形》，商務印書館 1936 年版。

④ 《明會典》卷 197、《行水金鑑》卷 133《大清會典》。

⑤ 〔明〕劉天和：《問水集》卷 2《閘河諸湖》。

⑥ 〔明〕萬恭：《治水筌蹄》卷 2《運河》，朱更翎整理本，水利電力出版社 1985 年版。

⑦ 〔清〕傅澤洪：《行水金鑑》卷 146《山東全河備考》，商務印書館 1936 年版。

⑧ 〔清〕張伯行：《居濟一得》卷 2《南旺湖》，商務印書館 1936 年版。

　　其中惟蜀山湖被開墾的速度最慢，因為蜀山湖是運東水櫃，"冬月挑河時，將汶河之水，盡收入湖，以備春夏之用，較他湖為最緊要"。康熙年時，周圍仍有六十五里一百二十步，計地一千八百九十餘頃，除宋尚書祭田野二十頃外，並高亢地八頃五十三畝，令民耕種外，其餘一千八百六十九頃四十六畝二分均為蓄水區[①]。

　　總之，南旺三湖淤廢的速度不如安山湖，這是因為其在漕河水源供應上的重要地位所決定的，如無南旺，"則會通河雖開亦枯瀆耳"。然而因"邇年以來，河沙壅而吏職曠，於是有堙塞之患；水土平而利孔開，於是有冒耕之患；私藝成而官防礙，於是有盜決之患。三患生而湖漸廢"[②]。當清末漕運停止，南旺西湖和馬踏湖全廢為農田，僅蜀山湖保留至今，中華人民共和國成立後曾培修南旺湖西堤作為滯洪之用。

　　北五湖中最南的是濟寧城西的馬場湖，原為濟寧城西面沿運的一片窪地，後為汶泗二水通過洸河、府河所匯注，形成任湖（馬場湖前身，因濟寧古稱任城而名）。明時還承受蜀山湖由馮家壩分泄來的餘水，湖緊連運河，為重要蓄水庫。嘉靖年間築堤周圍有六十里，沿堤植柳，以備運河蓄泄[③]。還立有禁碑，"軍民不得佔種"[④]。萬曆年間馬場湖有一片高亢從不上水田九十三頃，當魚臺、滕縣被淹時，地方當局曾令人耕種這片土地，以補魚、滕二縣之糧。以後

①　〔清〕張伯行：《居濟一得》卷2《蜀山湖》，商務印書館1936年版。

②　〔明〕胡瓚：《泉河史》卷4《河渠志》，清順治四年刊本。

③　《問水集》卷2《閘河諸湖》："馬場湖與運河相通，運河水積盈則泄入湖，而湖廣幾二十里，運河安得免淺涸邪！十四年冬委屬役夫為築堤六十里，內外各植柳以護之，更置減水五閘，運河之水易盈，湖之水蓄泄有備焉。"

④　〔清〕張伯行：《居濟一得》卷2《馬場湖》引《濟寧州志》，商務印書館1936年版。

馮家壩被堵閉，府河淤淺，馬場湖來水減速少，湖區淤淺。清代以來，"官役河棍，羨慕馬場湖地肥美"，有意不浚府河，使泗水由府河入馬場湖水量不及原來的十分之一，湖區盡成民田[①]。至清末放墾，全湖五百餘頃中三百餘頃歸湖田局管理，泗水盡由魯橋閘入運，加重了濟寧以南地區的水患[②]。

以上說明，北五湖雖然最早定位是作為會通河蓄積水庫，以便在漕船通過時保證運河有足夠的水量。但事實上由於自然和社會的原因，這些水櫃所能蓄積的水量，因湖泊的縮小和淤淺日益減少，最終沒有達到原先預制的目標。所以明清兩代會通河的水源問題始終沒有得到理想的解決。

4. 水源分配問題

南北分水地點的重新選擇 —— 從濟寧分水到南旺分水。山東運河的地形條件是兩端低，中間高，水源條件也南北不同。濟寧以南的運河有泗、沂等水作為主要水源，水量比較豐富，足以通運；而濟寧以北只有汶水及諸泉為源，水量不足以載運。因此雖然在大力疏浚泉源，設立水櫃後，還有一個南北水源合理分配問題。

元代開濟州河後，分水的地點選擇在濟寧城南，這是因為元初設計引汶會泗水源工程時，只是因襲了前人（十六國時引洸會泗）的引水路線，沒有考慮到濟寧以北的南旺地區地勢比濟寧更高，漕船"每至此而舟膠焉"[③]。"北高而南下，故水之往北也易，而往北也是難"，故元一代分水未能成功。明代在戴村築壩，引汶至南旺分

---

① 〔清〕張伯行：《居濟一得》卷 1《金口閘》，商務印書館 1936 年版。

② 民國《濟寧縣志》。

③ 萬曆《汶上縣志》卷 1 方域："按南旺，會通河之脊也。元人遏汶奉符以達任城，每至此而舟膠焉。"

水，南旺為南北水脊，分水地點較濟寧為優。於是"至南旺中分，分之為二道，南流接徐沛十之四，北流達臨清十之六。南旺者地勢高，決其水，南北皆注，所謂水脊也。又相地置閘，以時蓄泄。自分水北至臨清，地降九十尺，置閘十有七，而達於衛；南至沽頭，地降百十有六尺，閘二十有一，而達於淮"[1]。又根據南北水源多寡的條件，規定水源七分向北，三分向南[2]；或作六分向北，四分向南[3]。即便這樣，南旺以北仍有缺水之患。可是到了清初，"不知始自何年，竟七分往南，三分向北"[4]。原因是南旺分水口以北一段運河泥沙淤積過深，"遂遏北行之水，盡歸南下"[5]。結果雨潦之年，濟寧、魚臺、沛縣一帶農田被淹，而東昌（今聊城）一帶在大旱之年，在在淺阻[6]。清康熙四十二年（1703）補授山東濟寧道兼理河事的張伯行在其所著《居濟一得》中提出，必需恢復"南三北七"。[7] 不知何故以後又恢復到"三北七南"。直至中華人民共和國成立後，新京杭大運河開挖前，仍"三北七南"[8]。造成魯南地區的水災不斷。由此可見，山東運河分水問題始終未能盡善解決。

———————————————

① 〔清〕傅澤洪：《行水金鑑》卷 106 引《明史稿宋禮傳》。
② 《泉河史》卷 3《泉源志》："初，尚書宋公壩戴村，浚源，穿渠百里，南注之達於南旺，以其七比會漳衛而捷於天津，以其三南流會河淮。"
③ 《明史》卷 153《宋禮傳》："禮以會通之源，必資汶水。乃用汶上老人白英策，築埝城及戴村壩，橫亘五里，遏汶流，使無南入洸而北歸海。匯諸泉之水，盡出汶上，至南旺，中分之為二道，南流接徐、沛者十之四，北流達臨清者十之六。"
④ 〔清〕張伯行：《居濟一得》卷 1《運河總論》，商務印書館 1936 年版。
⑤ 民國《濟寧縣志》卷 1《疆域略》。
⑥ 〔清〕張伯行：《居濟一得》卷 2《南旺大挑》，商務印書館 1936 年版。
⑦ 〔清〕張伯行：《居濟一得》卷 3《分水口上建閘》，商務印書館 1936 年版。
⑧ 民國《濟寧縣志》卷 1《山川篇》："今之汶水南流者竟至十之七八，嫁禍於南，無歲不災。"濟寧地區水利局 1978 年 9 月 28 日來函告知：解放後開挖舊河前，汶水至南旺仍"三北七南"。

四、江淮運河的水源問題

　　江淮運河是指春秋以來，溝通淮安和揚州的邗溝，隋唐的山陽瀆、邗溝、官河，宋代的淮南運河，明清的淮揚運河等，地勢是南高北低，水源是南引江水，北流經高、寶地區的湖泊群，折東北經射陽地區，北入淮河。高郵以北一路河湖密佈，似乎應該沒有水源問題。然而自唐代以來，東南漕糧北運，都是先集結於揚州，由揚州經江淮運河北上。從揚州起運的一段邗溝，以南端以江水為源，每年春上漕糧起運時，正當枯水季節，江水過低，無法引入，往往斷航，影響漕運。正如唐代裴耀卿所言："竊見每州所送租及庸調等，本州正二月上道，至揚州入斗門，即逢水淺，已有阻礙，須留一月已上。"[1] 為了解決這一矛盾，唐貞觀十八年（644），曾引揚州東十里的雷塘水補充運河水源。貞元四年（788）又在揚州城西築愛敬陂為水櫃，引渠以補枯水期水源的不足。寶曆二年（826）"漕渠淺，輸不及期。鹽鐵使王播自七里港引渠，東注官河，以便漕運"[2]。《新唐書·食貨志》："揚州疏太子港、陳登塘，凡三十四陂，以益漕河，輒復堙塞。淮南節度使杜亞乃浚渠蜀崗，疏句城湖、愛敬陂，起堤貫城，以通大舟。"但結果仍是"河益庳，水下走淮，夏則舟不得前"[3]。元和中，李吉甫任淮南節度使，先築富人、固本二塘，溉田萬頃，但最後也因"漕渠庳下，不能居水。"於是，改在運東低窪處築堤，號平津堰，以"防不足，洩有餘"[4]。平津堰約

---

① 〔後晉〕劉昫等：《舊唐書》卷 49《食貨志下》，中華書局 1975 年版。

② 〔宋〕歐陽修、宋祁：《新唐書》卷 41《地理志五》淮南道揚州江都縣，中華書局 1975 年版。

③ 〔宋〕歐陽修、宋祁：《新唐書》卷 53《食貨志三》，中華書局 1975 年版。

④ 〔宋〕歐陽修、宋祁：《新唐書》卷 146《李吉甫傳》，中華書局 1975 年版。

位於今高郵邵伯湖一帶，目的是節水通流，這是邗溝有堰的開始。此後，揚州段運河的水源一直困擾着當地政府，時通時塞。宋代以後，淮南運河又移至儀徵。明清後又還揚州瓜洲運口。主要都是為引江水為水源問題引起的。

五、江南運河的水源問題

江南運河地處長江三角洲地區，河湖眾多，水網密佈，按理不存在水源問題。然而事實也並非如此。從鎮江至杭州的江南運河，按其自然條件，大致可分為三段：鎮江至無錫為北段，無錫至嘉興為中段，嘉興至杭州為南段。中段地處太湖流域，河湖密佈，水系發達，水源沒有問題。而北段和南段運河水源多取之於江潮，所以都存在水源問題。

1. 北段運河水源問題

江南運河北段即"鎮江丹徒、丹陽二縣運河，為江浙漕運經由要道，水無來源，惟賴江潮灌注浮送，只因潮汐挾沙而行，退則水緩沙停，兼之兩岸陡立，土性鬆浮，一經雨水，便坍卸入河，不無淤墊。是以冬令潮枯水落，即有淺澀。歲初重運經臨，難免阻礙"[①]。這就是江南運河北段水源的基本情況。由於江潮來速去緩，而北段所處地勢高亢，自西北向東南傾斜，河床坡度較大，所謂"京口閘底與虎丘塔頂平"，故而"常州以西，地勢高仰，水淺易泄，盈涸不恆，時浚時壅"[②]。明人指出："江水汜漲，由京口閘入鎮江，河身迤邐夾岡，其勢昂，丹徒高於丹陽，丹陽又高於武進，以次而低，

---

① 《續行水金鑑》卷 96《南河成案》乾隆三十五年十二月二十二日高晉奏。

② 〔清〕張廷玉：《明史》卷 86《河渠志四‧運河下》，中華書局 1974 年版。

水勢下流，有若建瓴，易泄易涸，南去數百皆無水源，而冬春反成陸地矣。"[①] 河水易泄難蓄，江潮帶來的泥沙又易停滯於河口，所以自唐以來即於河口置京口埭，控制潮水進退[②]。兩宋時在今鎮江市北運河北口置京口閘，在丹徒鎮北置丹徒閘，兩閘引江潮入運以為水源。明張國維《吳中水利書》說："運河之水原係江潮，從京口、丹徒二閘而來，若江水涸時，則二閘之水不至，而運河不通。"所以宋一代京口段運河屢浚屢塞，至元初一經失修，河口即告淤廢。宋代在京口、丹徒二閘以東，還有諫壁、孟瀆等港同樣起着引潮濟運的作用。但這些港口都在京口港之東，更近長江口，潮水都比京口港先至，潮水至時，水面高出運河水面，並因這些河港皆垂直進入運河，潮水進入運河後，往往會南北分流，北流潮水與京口潮相遇，相互頂托，泥沙更易於淤澱。

引江潮為源常有江沙淤塞之患，故閘不敢常開，於是自鎮江至常州一段運河因乏水源常有淤淺之患。《宋史·河渠志·東南諸水下》記載：宣和五年（1123）時，鎮江至呂城段運河，因水源淺澀，靠車水濟運。南宋乾道五年（1169）樓鑰北使，次年返回，行至鎮江運河段時云："以水澀，良久方抵丹陽。"[③] 同年周必大經鎮江運河時，"候晚乘潮方能入閘，未至第三閘遇淺而止。巳卯，早入第三閘而連夕大雨水漲，裡閘不開遂止焉"[④]。由此可見，鎮江至常州段運河水源涸澀，嚴重影響航運。為此不得不採取補充水源的辦

---

① 〔清〕黎世序：《練湖志》卷 3《奏章》崇禎四年饒京《覆湖濟漕疏》，嘉慶十五年刻本。
② 〔宋〕歐陽修、宋祁：《新唐書》卷 41《地理志五》潤州丹徒縣，中華書局 1975 年版。
③ 〔宋〕樓鑰：《攻瑰集》卷 111《北行日錄》，商務印書館 1936 年版。
④ 〔宋〕周必大：《周益國文忠公集》卷 170 雜著述、卷 8《奏事錄》，清道光二十八年刻本。

法：一是修浚數條通江支渠引江潮以通運；二是在運河南岸引太湖西北部水入運濟漕，較大的有兩條，一為白鶴溪[①]，一是西蠡河[②]。採取此兩項措施後，按理水源情況有所改善，然事實並不理想。嘉泰元年（1201）常州刺史李珏說出了原由，他說：州境北邊揚子大江，南瀕太湖，東連震澤，西據滆湖，而漕渠介乎其間。漕渠南岸有白鶴溪、西蠡河、南戚氏、北戚氏、直湖港等與滆、洮二湖相通；北岸有利浦、孟瀆、烈塘、橫河、五瀉諸港與大江相通；其間"又自為支溝斷汊，曲繞參錯，不以數計，水利之源多於他郡，而常苦易旱之患，何者？"他認為原因有二：一是河床歲久淺淤，"自河岸至底，其深不滿四五尺，常年春雨連綿，江潮氾漲之時，河流忽盈驟減，連歲雨澤愆闕，江潮退縮，渠形尤亢，間雖得雨，水無所受，旋即走泄，南入於湖，北歸大江，東徑注於吳江，晴未旬日，又復乾涸，此其易旱一也"；二是運河兩旁通湖、通江的支渠，"日為沙土淤漲，遇潮高水氾之時，尚可通行舟楫，若值小汐久晴，則俱不能通應，自餘支溝別港，皆已堙塞，故雖有江潮之侵，不見其利，此其易旱二也"[③]。當時常州東北的深港、利港、黃田港、夏港、五斗港，其西的灶子港、孟瀆、泰伯港、烈塘，江陰東面的趙港、沙港、石頭港、陳港、蔡港、私港、令節港等支港，先後皆遭堙塞。運河兩旁支渠的淤塞，大大減弱了運河水源的來源，河床的淤塞更為加速[④]。

---

① 《宋史》卷 97《河渠志七·東南諸水下》："在（常）州之西南曰白鶴溪，自金壇縣洮湖而下，今淺狹特七十餘里，若用工浚治，則漕渠一帶無乾涸之患。"
② 《宋史》卷 97《河渠志七·東南諸水下》：常州"其南曰西蠡河，自宜興太湖而下，止開浚二十餘里，若更令深遠，則太湖水來，漕渠一百七十餘里，可免浚治之擾"。
③ 〔元〕脫脫等：《宋史》卷 97《河渠志七·東南諸水下》，中華書局 1977 年版。
④ 〔元〕脫脫等：《宋史》卷 97《河渠志七·東南諸水下》淳熙九年知常州章沖奏，中華書局 1977 年版。

　　兩宋時期江南運河北段的水源主要還是依靠京口閘取水江潮，故兩宋時期曾對京口閘進行多次修築，京口閘和河口段的情況當有所好轉，但是由於自然條件沒有根本改變，一旦維修工作沒有做好，淤廢還是難免的。到了元至元初，因興海運，京口五閘皆因久不修浚而告圮廢。直至天曆二年（1329）始復京口閘[1]。明一代各朝對京口閘皆有疏浚[2]。但是淤塞還是屢年不斷。萬曆五年（1577）因京口段運河水源缺乏，八月在京口旁別建一閘，引江流內注，"潮漲則開，縮則閉，可免涸轍之患"[3]。同時又修浚甘露港以便回舟停泊。

　　清代初年京口閘"因年久傾廢"，已不能啟閉以時了。"是潮之進也，因任其進，而潮之退也，亦任其退"[4]，也完全失去了原有的作用。以後雍正、乾隆年間都曾多次挑浚，且規模也相當大。然而隨浚隨淤，其勢已無可挽回。如光緒六年（1880）一次拆修京口大閘，從四月開工，至次年四月工竣，實足搞了一年，撥用了"樂生洲租八千八百六十七千有奇"[5]。結果沒有維持多久。到了1933年因京口閘久淤，乾脆填塞了京口閘河，鋪築了馬路名中山路，又名運河路，自後京口逐廢。

　　綜上所述，可知由於本段運河水源主要取給於江潮，河口淤塞給運河帶來了致命的困難，就是水源缺乏，再兼之其他地貌條件的決定，河身淤淺是勢所必然的了。即使水源的困難在某個時期得到

---

[1] 《至順鎮江志》卷二京口閘條："達魯花赤明里答失言：京口舊閘久廢，江皋一里，皆成淤塞。閘東又作土壩，以蓄河水，江潮雖漲，阻隔不通，莫若開掘淤沙，撤去土壩，仍於港置閘，以時啟閉為便。"

[2] 〔清〕張廷玉：《明史》卷86《河渠志四·運河下》，中華書局1974年版。

[3] 《明神宗實錄》卷66萬曆五年閏八月壬辰。

[4] 武同舉：《江蘇水利全書》卷18引《乾隆鎮江府志》，江蘇水利實驗處1949年版。

[5] 《光緒續纂江蘇浙江省旱全案·工役財用表》。

了一定的解決，也因河床坡度過陡，很快下泄，運河內淺涸依舊。每逢冬春枯水季節，外無江潮可入，內無支流可濟，"運舟鱗集，停閣不前"①。航運也只能處於停頓狀態。

江南運河北段引江潮為源，既然問題不少，於是就有利用練湖作為補充水源的舉措。據文獻記載，練湖開始出現在晉代②，在丹陽縣北，緊靠運河西北，地勢自北向南傾斜，是很理想的運河調節水庫。原先主要還是用於灌溉農田，到唐時才有補充運河水源的作用。唐永泰以前，沿湖豪強佔湖為田，在練塘中築堤十四里，將練湖橫截分為上下兩湖，阻礙練湖水流暢通，"其湖未被隔斷已前，每正春夏雨水漲滿，側近百姓引溉田苗，官河水乾淺，又得湖水灌注，租庸轉運及商旅往來，免用牛牽，若霖雨氾濫，即開瀆泄水，通流入江。自被築堤以來，湖中地窄，無處貯水，橫堤壅礙，不得北流，秋夏雨多即向南奔注，丹陽、延陵、金壇等縣良田八九千頃，常被淹沒，稍遇亢陽，近湖田苗無水溉灌，所利一百一十五頃，損三縣百姓之地"。永泰二年（766）刺史韋損重浚練湖，並在上下二湖置斗門、石磴，調節湖水，"依舊漲水為湖，官河又得通流"③。這樣練湖對運河水量的調節較前更為重要，有所謂"湖水放一寸，河水漲一尺。旱可引灌溉，澇不致奔衝。其膏田幾逾萬頃"④。

---

① 〔清〕黎世序：《練湖志》卷 3〔明〕郭思極《請復練湖並浚孟瀆疏》，嘉慶十五年刻本。

② 《嘉定鎮江志》卷 6："練湖，《水經注》曰晉陵郡之曲阿縣下，晉陳敏引水為湖，周四十里，號曰曲阿後湖。《元和郡縣圖志》：練湖在縣北百二十步，周回四十里。晉時陳敏為亂，據有江東務修耕織，令弟諧馬林溪以溉雲陽，亦謂之練塘。溉田數百頃。"

③ 《至順鎮江志》卷 2 丹陽縣下：練湖橫壩東西斗門、順瀆斗門，在上湖；南北斗門在下湖。唐時韋損置。

④ 〔清〕董誥等：《全唐文》卷 871 呂廷楨《復練塘奏狀》，中華書局 1983 年版。

唐末兵亂，"民殘湖廢，斗門圯毀"。南唐時修築練湖斗門，引湖水以資灌溉附近農田，放湖水注運河，並云"自今歲秋後不雨，河道乾枯，累放湖水灌注，便命商旅舟船往來，免役牛牽"[①]。

　　宋時練湖對運河水源補給作用更為重要，所謂"京口漕河自城中至奔牛堰一百四十里，皆無水源，仰給練湖"[②]。宋後期練湖"堤岸圮闕，不能貯水，強家因而專利，耕以為田，遂致淤澱，歲月既久，其害滋廣"[③]。《嘉定鎮江志》引蔡佑《雜記》："湖之作本緣運河，又有上湖在高仰處，京口諸山之南，水自馬林橋下皆歸練湖，湖之底高運河丈餘，昔年遇歲旱運河淺，即開練湖斗門放水入湖。古有石記言：放湖水一寸，則運河水長一尺。近歲練湖淺澱，上湖皆為四近民田所侵，蓄水不多，堤岸斗門多不修治，若遇旱則練湖不足以濟運河夾岡之淺。"兩宋時期練湖在開闢農田、灌溉、通航問題上的諸多矛盾，較唐時更為尖銳，雖經紹聖、宣和、紹興、乾道、淳熙、嘉泰、淳祐、景定等年屢浚，仍屢淤[④]。淳祐以後，練湖"又為流民侵佔愈廣，遂至湖水狹小湮塞者多"，當時練湖的石礎、石函、斗門全遭破壞，"風水洗湍，損壞泥塞，不通水流""舊時湖水滿而欲決，今上湖則褰裳可涉，下湖則如履平地"。上下練湖大部分被侵為田。因此景定年間（1260—1264），知丹陽縣趙必杖又一次大規模的修築。綜宋一代對練湖修築，可謂不遺餘力，然練湖反日益淤塞，容水量越來越小，對運河的調節作用遠不如唐代。

　　元代練湖對運河的調節作用較前代更為重要，當時"鎮江運

---

① 〔清〕董誥等：《全唐文》卷 871 呂廷楨《復練塘奏狀》，中華書局 1983 年版。

② 《嘉定鎮江志》卷 6 引蔡佑雜記。

③ 〔元〕脫脫：《宋史》卷 97《河渠志七·東南諸水下》，中華書局 1977 年版。

④ 皆見《至順鎮江志》卷 7 引《京口耆舊傳》；《嘉定鎮江志》卷 6 引陳伯《廣記》。

河，全藉練湖之水為上源，官司漕運，供億京師及商賈販載，農民往來，其舟楫莫不由此"。但"豪勢之家，於湖中築堤，圍田耕種，侵佔既廣，不足受水，遂致氾濫"①。元初練湖一度為"居民佔租為田"，至至元三十一年（1294）才浚田為湖，過了十一年，大德九年（1305）又一次大規模修治②。後又隔十數年至泰定元年（1324）發動了一萬三千五百餘人浚治運河和練湖，增闊練湖堤岸土基一丈二尺增堤斜高二丈五尺，並設修練湖兵百人"差充專任，修築湖岸"③。

　　明洪武年間因運河淺澀，曾在練湖堤東堤建二閘，引水濟運④。永樂以後對練湖的修浚十分注意，正統、景泰時更是重視⑤。成化年間下令"敢有佔湖田者，痛治如律"。嘉靖十五年（1536）又重申禁侵湖為田之令⑥。萬曆元年貢生許汝愚上言："自丹陽至鎮江，蓄為湖者三，曰練湖、曰焦子、曰杜墅，歲久居民侵種，焦杜二湖具涸，僅存練湖猶有侵者……請浚三湖故址。"後因焦、杜二湖"無源少益"，沒有疏浚。練湖雖經疏浚，未幾淤淺⑦。萬曆年間監察御史郭思極《請復練湖並浚孟瀆疏》指出，"常州丹陽以至鎮江，則見漕河淺涸，大異往時，運舟鱗集，停閣不前。蓋由天時久旱，外無江潮可入，內無支流可濟。雖竭盡挑浚之勞，末如之何？"於是他建議"請復練湖以永資蓄泄。蓋江南漕河綿亙四百餘里，其勢北高

① 〔明〕宋濂等：《元史》卷 65《河渠志二》練湖條，至治三年十二月江浙行省言，中華書局 1976 年版。
② 〔元〕俞希魯：《至順鎮江志》卷 7 丹陽縣練湖條，江蘇古籍出版社 1990 年版。
③ 〔明〕宋濂等：《元史》卷 65《河渠志二》練湖條，中華書局 1976 年版。
④ 〔清〕張廷玉：《明史》卷 86《河渠志四·運河下》，中華書局 1974 年版。
⑤ 〔清〕劉誥等修、徐錫麟等纂：《光緒丹陽縣志》藝文載張存《重修練湖碑記》，臺灣成文出版社 1983 年版。
⑥ 〔清〕黎世序：《練湖志》卷 2 興修，嘉慶十五年刻本。
⑦ 〔清〕張廷玉：《明史》卷 86《河渠志四·運河下》，中華書局 1974 年版。

而南下，自蘇州以至常州，則地形最下，水得流通，雖遇歲旱，不至甚涸。雖奔牛、呂城建有石閘二座，以時啟閉，蓄水以待運船，然而仰藉蓄水以濟運者，實有丹陽之練湖為之源也”。但是由於“傍湖民又私開函洞，張網其間，而利於取魚也。彼皆仍相視而為己有。雖嘗有建議請復者，而怵於謗讟，因循中止，年涸一年至今且揚塵矣。……臣愚以為佃湖租稅之入，為利甚微，漕河蓄泄無賴，為害甚大，理當請復無疑矣”。崇禎四年（1631）監察御史饒京特別指出：“丹陽之練湖，無異於汶上之南旺，東平之安山，濟寧之馬場，沛縣之昭陽等湖。是天下無水處生此湖以貯水濟運，非等閒也。”[1] 當時練湖淤淺最嚴重是在萬曆年間，主要是因為練湖是一積水窪地，正如林應訓言“蓋練湖無源，惟藉瀦蓄，增堤啟閘，水常有餘，然後可以濟運”[2]。練湖湖身較淺，由長山、高驪諸山沖積下來的有機物質沉澱下來，以及水生植物使湖泥腐殖質成分很高，土壤十分肥沃，沿湖灘地被墾殖後，收成很高，再則沿湖居民捕魚放水，加速湖面淤淺，逐漸沼澤化，對運河的調節作用少了。原來常年“糧船皆於冬春起運”，以後由於運河冬春水淺，“萬曆年間漕船移為夏秋之運，江潮盛來，不苦無水，兩湖棄為空曠之地，變為桑田上下湖之石閘，與奔牛、呂城、京口之石閘，俱成頹敗矣”[3]。到了清初順治年間，“侵田者多至九千餘畝”[4]。後官方雖力禁侵佔，然康熙十三年（1674）前後侵佔湖田“共至六千五百餘畝”，“幾廢練湖，以致湖傍田地，並絕灌溉之利”[5]。康熙十九年乾脆定以上練湖

① 〔清〕黎世序：《練湖志》卷 3 奏章，嘉慶十五年刻本。
② 〔清〕張廷玉：《明史》卷 86《河渠志四·運河下》，中華書局 1974 年版。
③ 〔清〕黎世序：《練湖志》卷 3 崇禎四年饒京《復湖濟漕疏》，嘉慶十五年刻本。
④ 〔清〕黎世序：《練湖志》卷 3 秦世楨《請復湖疏》，嘉慶十五年刻本。
⑤ 〔清〕黎世序：《練湖志》卷 3 馬佑《請復湖疏》，嘉慶十五年刻本。

改田升科，下練湖留資蓄水。未幾侵及於下湖，不久下湖一萬一千餘畝，被墾已七千餘畝。而湖閘久廢，湖惟水弗能蓄，於是下湖僅存四千餘畝亦被私墾了[①]。嘉慶、道光年間仍屢加浚治，但淤塞趨勢已定，無法挽回了。

2. 南段運河的水源問題

　　江南運河南段水源開始主要取給於錢塘江。錢塘江是潮汐性河流，海潮直抵杭州城下，引潮同時帶來大量泥沙，堵塞運口。以後由於錢塘江北岸沙灘外漲，來潮減弱，影響了運河的水源。唐代白居易任杭州刺史時，曾引用西湖水入運河，溝通了運河與西湖的關係，促進了杭州城市的發展[②]。但是西湖水源畢竟有限，難以滿足運河所需的水量，於是仍需江潮的補充。故五越錢鏐時在運河入錢塘江口置龍山、浙江二閘，龍山閘在今白塔嶺下龍山河口，浙江閘在今南星橋蕭公橋墩南面，以控制海潮泥沙進入運河[③]。北宋時期龍山、浙江兩閘因受錢塘江潮泥沙淤塞，而西湖已"湮塞其半"，運河水源告急。元祐五年（1090）知杭州蘇軾提出西湖五不可廢，其一即："西湖深闊，則運河可以取足於湖水，若湖水不足，則必取足於江潮。潮之所過，泥沙渾濁，一石五斗，不出三歲，輒調兵夫十餘萬開浚。此西湖之不可廢也"。又興役疏浚龍山、浙江二閘和茆山、鹽橋二河，自是"公私舟船通利，三十年以來，開河未有若此深快者""但潮水日至，淤塞猶昔，則三五年間，前功復棄"[④]。但是西湖在南宋"日就堙塞，昔之水面，半為葑田，霖潦之際，無所

---

① 〔清〕劉誥等修、徐錫麟等纂：《光緒丹陽縣志》卷33賀寬《湖心亭聖恩碑記》，臺灣成文出版社1983年版。

② 陳述：《杭州運河歷史研究》，杭州出版社2006年版，第95頁。

③ 陳述：《杭州運河歷史研究》，杭州出版社2006年版，第97頁。

④ 〔宋〕施鍔：《淳祐臨安志》卷10《山川》西湖條，臺灣成文出版社1970年版。

瀦蓄，流溢害田，而旱乾之月，湖自減涸，不能復及運河"。而引用浙江潮的運口置有浙江、龍山兩閘控制潮水泥沙，然"日納潮水沙泥渾濁，一汛一淤，積日稍久，便及四五尺"，每三五年必需開浚一次，勞役繁重[①]。故宋一代始終為運河南段水源問題煞費苦心，而不得妥然解決。元時運河口"沙塗壅漲，潮水遠去，離北岸十五里，舟楫不能到岸，商旅往來，募夫搬運十七八里，使諸物翔湧，生民所失，遞運官物，甚為煩擾"，於是又重開龍山閘河[②]。但因泥沙堆積，河高江低，諸河浚而不深，加上河口又有堰閘限潮，海潮難以入河，水源悉以西湖之水供給，而元代對西湖不事整治，湖西一帶葑草蔓延，如同野陂，受其影響，城內河道僅深三尺，不及宋代一半，以致舟楫之利，非兩宋可比[③]。明代前期雖曾多次疏浚龍山閘和運河，但不久即淤塞，後改閘為土壩。至明後期運河已不通錢塘江，船隻進出需用翻壩而過。清代南段運河水源以西湖為主。直至中華人民共和國成立後，才重新開河與錢塘江溝通。由此可見，歷代以來江南運河南段之水源始終為一大難題。

第二節
運河沿線的地貌高差問題

上文已述，歷史上的運河大都為彌補東西流向河道的不足而開鑿，而各大河流下游都有着自己大小不同的自然堤、沖積扇或沖積平原，如在中國東部平原上就有永定河沖積扇、滹沱河沖積扇、漳

---

① 〔宋〕施鍔：《咸淳臨安志》卷 35《山川十四·河》，臺灣成文出版社 1970 年版。
② 〔明〕宋濂等：《元史》卷 65《河渠志二·龍山河道》，中華書局 1976 年版。
③ 陳述：《杭州運河歷史研究》，杭州出版社 2006 年版，第 111 頁。

河沖積扇、黃河下游沖積平原、淮河沖積扇、長江中下游沖積平原等，同時平原東部還有着今山東境內汶泗沖積扇鑲嵌其間。由於各河流含沙量不同，沖積扇和自然堤的厚度、寬度也各不相同。這種不同厚度和寬度的沖積扇和自然堤的相互交疊，使平原地貌自北而南呈現着連綿的微度起伏，而縱貫南北的大運河必須溝通這些沖積扇和自然堤，因此運河河道的河床也是隨之有高差，起伏不平。今以京杭大運河為例，據今人考察，京杭大運河地經中國黃淮海平原東部邊緣地帶及長江三角洲的裡下河地區、太湖流域兩大碟形窪地。沿運地勢具有三起三伏的特點，起伏高差一般在二十至四十米之間。第一段降落段為從北京至天津的通惠河段，第二起伏段為臨清至徐州會通河段，第三降落段為從長江至崇德，從崇德至杭州河床又略隆起。

這樣的地貌條件給人工運河的開鑿和通運，帶來了很大的困難。這種困難表現為：一是運河河道的設計要求很高，不僅是開鑿一條人工河道，還需要修建適應這種地貌條件的一系列工程，使船隻在高低起伏河床上可以運行。因此開鑿工程巨大，耗費不貲。二是長期維持運河河道系列工程的正常運行，是十分艱巨的管理和維護工作。這需要歷代王朝維持正常、穩定的政治局面，定期加以修治和維護。但是歷代王朝均有治有亂，國家財政有富有貧，稍有懈怠，就會影響整條運河的通航。因此，運河沿線所處的地貌條件及其經歷的歷史背景，決定了運河的時通時塞，最後趨於淤廢的歷史命運。今舉數例說明之。

1. 通惠河

從金代的金口河到元代的通惠河，雖然水源有所不同，但河道基本逕流是相同的，都是從北京城西北發源，逕繞北京城，東流至通州入白河（今北運河）。金口河引盧溝河為水源，來水不穩有暴起暴落的特點，且泥沙量高，故最後失敗。元代通惠河引昌平白浮泉水，水源應該比較穩定，但是運河所經為永定河沖積扇，地勢從西北向東南傾斜，水流湍急，從昌平至北京城 "地勢高下，沖擊為患"[1]。"水勢陡峻，直達艱難"[2]。所以元代建成後，建閘二十四座分段控制水流，節水通流[3]。否則一沖而下，漕船無法逆水而上。以後又重開金口河，結果還是 "因流湍勢急，沙泥壅塞，船不可行"[4]。明初通惠河已廢。永樂年間曾重開通惠河，因運河只能通至城外大通橋，故名為大通河。但 "大通橋至白河僅四十里，其地形高下相去陸丈有餘"[5]。這樣的地形條件，使河道 "地勢陡峻，土皆流沙""夏秋天雨，河流暴漲，堤岸河身不無沖決淤塞""沖決堤壩，勢所必有"[6]。但未幾 "河道淤塞"，"閘俱廢，不復通舟"[7]。明一代曾多次疏浚，然通航最終不理想。主要是 "水急岸狹，船不可泊，未幾即耗，船退幾不能全，遂不復行。正統七八年亦嘗挑浚，竟無成功。蓋京師之地，西北高峻，自大通橋以下，視通州勢如建瓴，而強為之，未免有害，非徒無益而已"。明人丘濬亦言："自通州陸挽至都城僅五十里耳，而元人所開之河總長一百六十四里，其間置閘壩凡二十處，所費蓋亦不貲，今廢墜已久。廢豐以東諸閘雖存，然河流淤淺，通運頗難"[8]。以後雖經多次疏浚，才勉強通航。清代前期曾沿

① 〔明〕汪一中：《通惠河志敍》，刊〔明〕吳仲《通惠河志》第 1 頁，中國書店 1992 年版。
② 〔明〕吳仲：《通惠河志》卷上《通惠河考略》，中國書店 1992 年版。
③ 〔明〕宋濂等：《元史》卷 64《河渠志一·通惠河》，中華書局 1976 年版。
④ 〔明〕宋濂等：《元史》卷 66《河渠志三·金口河》，中華書局 1976 年版。
⑤ 〔明〕吳仲：《通惠河志》卷下《奏議》《戶部等衙門右侍郎等官臣王[車兀]等謹題為計處國儲以永圖治安事》，中國書店 1992 年版。
⑥ 〔明〕吳仲：《通惠河志》卷下《奏議》《巡按直隸監察御史等官臣吳仲等謹題為計處國儲以永圖治安事》，中國書店 1992 年版。
⑦ 〔清〕張廷玉：《明史》卷 86《河渠志四·運河下》，中華書局 1974 年版。
⑧ 〔清〕傅澤洪：《行水金鑑》卷 104 引《小谷口薈蕞》，商務印書館 1936 年版。

明代規模多次疏浚，但嘉慶以後已多淤塞，當時從通州至北京城仍以陸運為主。

2. 靈渠

秦代開鑿溝通湘江灕江二水的靈渠，由於通過分水嶺海陽山，南北地勢高低懸殊，初開時即在發源於海陽山的海陽江上修築了一道分水的鏵嘴，將海陽江水劈分為二，一由南渠而合於灕，一由北渠而歸於湘。這就是靈渠分為南北的由來。同時為減緩渠道的比降，有意將某些段落的渠道開鑿得十分迂曲，因此運輸十分困難。船隻過渠，"雖篙工楫師，駢臂束立瞠眙而已""必徵十數戶乃能濟一艘"。唐代寶曆初，給事中李渤重修靈渠工程，"遂鏵其堤以扼旁流，陡其門以級直注，且使沴沿，不復稽澀"。就是築堤、修斗門，以節水通流。然工程用材質量甚差，不久即湮圮。咸通九年（868）桂州刺史魚孟威重修靈渠，"其鏵堤悉用鉅石堆積，延至四十里，切禁其雜束篠也。其陡門悉用堅木排豎，增至十八重，切禁其間散材也。浚決磧礫，控引汪洋，防扼既定，渠遂沟湧，雖百斛大舸，一夫可涉"。以後靈渠稱為陡河。到了宋朝嘉祐四年（1059）由提點廣西刑獄兼領河渠事李師中重修靈渠，將陡門增至三十六座。以後三十六座斗門為常制，歷代均按此標準修治。明萬曆年間廣西巡按御史蔡系周說："惟桂林至全州，中以興安縣陡河，原有陡門三十六座，向係五年大修，三年小修。十餘年來廢弛弗舉，舟楫艱通。遂致鹽運坐守日月，所費不貲。"[①]直至清代末年還不斷修築，每次修築都化費大量銀兩。1939年湘桂鐵路通車後，靈渠的交通功能為現代交通工具所替代，主要起着灌溉周圍農田作用。

---

① 〔唐〕魚孟威《靈渠記》；〔宋〕李師中《重修靈渠記》《明神宗實錄》卷188，均引見唐兆民編《靈渠文獻粹編》，中華書局1982年版，第148、164頁。

3. 山東運河

山東運河全長七八百里^①。沿運地勢是兩端低中間高，以南今山東汶上縣西南汶泗沖積扇的南旺地區為最高，稱為"運河之脊"。運河河床自此向南北傾斜，漕船運行其間，必須分段設置船閘，抬高水位，控制水量，以時啟閉，始能通運。此外，會通河水源"止泰山諸泉，自新泰、萊蕪等縣經流汶上，故曰汶河。雖以河名，而實諸泉之委匯也。然諸泉之水，浚則流，不浚則伏雨則盛，不雨則微。故汶河至南旺分流南北，則水勢益小。非有閘座，以時蓄泄，則其涸可立待也"^②。所以從元代開始在濟州河和會通河上就修建了一系列船閘以通運。元代置閘二十九座（見上文）。明代永樂以後，除修復舊閘外，還根據通航需要，不斷添置新閘。嘉靖以後在南陽新河、泇河都置有船閘，清代也有所增修，整條河道全部閘化了。

明清會通河船閘

（臨清至徐州運道，谷亭閘以下為明嘉靖四十五年開南陽新河前運道）

會通閘 —— 臨清閘 —— 南板閘 —— 新開上閘（以上屬臨清州）—— 戴家灣閘（屬清平縣）—— 土橋閘 —— 梁家鄉閘 —— 永通閘（以上屬堂邑縣）—— 通濟閘 —— 李海務閘 —— 周家店閘（以上屬聊城縣）—— 七級下閘 —— 七級上閘 —— 阿城下閘 —— 阿城上

---

① 元濟州河、會通河全長八百七十餘里，明永樂年間修復會通河時部分河段有所縮短，自臨清至徐州鎮口閘全長六百九十餘里。嘉靖年間開南陽新河後，全長七百一十里。萬曆年間開泇河後，從臨清至泇河的臺莊閘全長七百八十餘里。

② 〔清〕傅澤洪：《行水金鑑》卷 116《北河續記》嘉靖中河道都御史王廷奏，商務印書館 1936 年版。

閘——荊門下閘——荊門上閘——戴家廟閘——安山閘——靳家口閘——袁口閘（以上屬陽谷縣）——開河閘——南旺下閘——南旺上閘（又名柳林閘）——寺前閘——通濟閘（以上屬汶上縣）——分水閘——天井閘（又名會源閘）——在城閘——趙村閘——石佛閘——新店閘——黃棟林閘——仲家淺閘——師家莊閘——魯橋閘——棗林閘（以上屬濟寧州）——南陽閘——谷亭閘——八里灣閘——孟陽泊閘（以上屬魚臺縣）——胡陵城閘——廟道口閘——金溝閘——沽頭上閘——沽頭中閘——沽頭下閘——謝溝閘——新興閘——黃家閘（以上屬沛縣）

（資料出處：《元史河渠志》，《問水集》，《漕河圖志》，《萬曆兗州府志》卷 20《漕河》，《泉河史》卷 4《河渠志》，《山東運河備覽》卷 3—7）

明嘉靖四十五年南陽新河船閘 ①

南陽閘——利建閘——邢莊閘——珠梅閘——楊莊閘——夏鎮閘——滿家橋閘——西柳莊閘——馬家橋閘——留城閘——梁境閘——內華閘——古洪閘——鎮口閘

（資料出處：《泉河史》卷 4《河渠志》，《讀史方輿紀要》卷 129《漕河》，《山東運河備覽》卷 4）

---

① 萬曆《兗州府志》卷 20《漕河》："嘉靖四十四年奏開新河。……按舊河自南陽越沛上中下沽頭等處今淤平。新河自南陽越昭陽湖東經三河口夏鎮至留城，前都御史盛應期開未成者，即此。四十五年新河成。初朱公衡廬於夏村，同河道都御史潘公季馴治之，凡役夫九萬一千有奇，八餘月河成，自南陽至留城創新河一百四十一里八十八步，自留城至境山浚復舊河五十三里，又以留城至境山係黃水故道，乃築馬家橋東堤五十餘里為障禦計。計九月堤成，黃水始得順流南趨秦口，至冬飛雲橋之流遂斷，運道無阻。新建閘：珠梅閘、利建閘、楊莊閘、夏鎮閘、滿家橋閘、西柳莊閘、馬家橋閘、留城閘。"

明清泇河船閘

夏鎮閘──彭口閘（一名三河閘）──韓莊閘──德勝閘──六里石閘──張莊閘──萬年閘──丁廟閘──頓莊閘──侯遷閘──臺莊閘──黃林閘

從以上船閘名，可知明清會通河在臨清至徐州河段有閘五十座，南陽新河上有閘十四座，泇河上有閘十二座。整個河道全部閘化，故又稱閘河。船閘的設置，兩閘之間的距離是很有講究的，"夫閘近則積水易，而舟行無虞。閘遠則積水難，而舟行不免淺擱留滯之患。若上閘地近而下閘地遠，則其難其患尤甚矣。……蓋上閘與下閘地里遠近高下相當，則水勢常盈，舟行自速"。如原先沛縣的沽頭上閘與其北的胡陵城閘之間相距六十餘里，"遠近已懸絕矣。孟陽泊視胡陵城閘僅高四尺餘，而胡陵城閘視沽頭上閘乃高八尺餘，則高下亦倍蓰矣。夫地高則水難盈，閘近則水易涸。是胡陵城閘每遇開放，僅能挽運舟數十，而閘口之水已淺澀矣。又安能下濟六十餘里之舟邪！"於是在胡陵城閘北二十里廟道口置閘，"俾胡陵城、沽頭上下二閘之間，積水易盈"[1]。明清兩代不斷修復舊閘、添築新閘，從局部而言，方便了漕船的通行，從全線而言，則增加了漕船通行的時間和難度。

在全線幾十座船閘中，有幾座是特別重要的。明人萬恭說："其樞，在南旺，其機在柳林、寺前二閘。蓋南旺地聳，制之，固形便勢利也。汶平，則柳林、寺前復開，汶發，復閉，不言所利，大矣哉。"[2]清人張伯行說："山東一千餘里之運道，其關鍵

---

① 〔明〕劉天和：《問水集》卷6《建閘濟運疏》。
② 〔明〕萬恭：《治水筌蹄》卷2《運河》，朱更翎整理本，水利電力出版社1985年版。

在於南旺，則南旺之所繫，為最要也。"[1] 如南旺湖中柳林閘是南運第一閘，最為關鍵。當時運河的水源是南有餘而北不足。所以柳林閘常閉，如逢水源北有餘而南不足，才開此閘以濟南運。清初規定自柳林閘北上的糧船需積至兩百艘方可開放一次，過後即閉[2]。濟寧城南的天井閘（一名會源閘）也是十分重要的船閘，"凡江浙、江西、兩廣、八閩、湖廣、雲南、貴州及江南直隸蘇、松、常、鎮、揚、淮、太平、寧國諸郡軍衛有司，歲時貢賦之物道此閘趨京師，往來舟楫，日不下千百，則是閘為最切要也"[3]。在天井閘南一里的在城閘亦為"南運門戶，最關緊要"。它的啟閉根據南陽一帶水量大小而定。南陽一帶水大，則在城閘需漕船積滿一百二三十艘，方可啟閘。如南陽一帶水小，則在城閘啟板宜勤，船到一幫，過一幫，使南陽一帶運河水不患涸[4]。在城閘一帶"水勢甚溜，每過一船，需夫四五百名，一日過船，不過一二十隻，至多三四十隻，以致在城閘下，糧船積聚至數百隻或千餘隻"[5]。南旺湖以北的袁家口閘"為北咽喉"。所以也必待北上糧船積至二三百艘，水量充足，方可啟閘，"若水非有餘，船決不可放"[6]。

　　以上數例，可知沿運船閘啟閉都有嚴格規定的，過運是十分艱難的。

　　此外，在運河兩側還設置了許多進水、減水等壩、閘、堰、

---

① 〔清〕張伯行：《居濟一得》卷 4《閘座之制》，商務印書館 1936 年版。

② 〔清〕張伯行：《居濟一得》卷 2《柳林閘放船法》，商務印書館 1936 年版。

③ 陳文：《重建會通河天井閘龍王廟碑記》，引自王瓊《漕河圖志》卷 6《碑記》，水利電力出版社 1990 年版。

④ 〔清〕張伯行：《居濟一得》卷 1《在城閘》，商務印書館 1936 年版。

⑤ 〔清〕張伯行：《居濟一得》卷 1《在城閘》，商務印書館 1936 年版。

⑥ 〔清〕張伯行：《居濟一得》卷 4《袁家口放船之法》，商務印書館 1936 年版。

月河、淺等，起着調節運河水量、分泄運西積潦和防止黃河決入的作用[1]。各壩、減水、積水諸閘和沿運各淺，都起着調節運河流量的作用。安山以北的壩閘以減水閘為多，主要是宣泄運西的瀝水，尤其是夏秋季節，運西的積潦為運河所阻，都由這些減水閘排泄入海。如戴家廟的三空橋閘、沙灣的五空橋閘和聊城的減水閘，分別由馬頰河、徒駭河等入海[2]。安山以南運河兩側的壩閘主要是與兩岸湖泊窪地相通，調節運河流量。濟寧以南，尤其是南陽以下河身坡度很大，夏秋汛期魯中山地各水暴漲，來勢迅猛，就靠各減水壩閘分洪，如南陽新河闊不過十餘丈，"非有以宣泄必潰。於是乎有減水閘凡十四座，大者二各三洞，小者十有二，始事於隆慶元年秋，迄於今冬之十月，堤防既固，宣蓄得宜，規劃盡制"[3]。

　　總之，在會通河上各種壩閘都是根據運河水量大小，以及沿運兩岸地面水流的情況，有組織地進行啟閉，"蓄泄得宜，啟閉有方"[4]，"互相闔闢，勢如呼吸"[5]，運河才能順利暢通。但是沿運船閘是不同時期增築的，"閘面閘底高下不一，如下閘過低，積

---

① 《治河方略》卷 4 會通河條："然河源之最微者，莫如會通。黃水沖之則隨而他奔而漕不行，故壩以障其入；源微而支分，則流愈小而漕亦不行，故壩以障其出；流駛而不積涸，故閉閘以須其盈而啟之，以次而進，漕乃可通；潦溢而不泄必潰，於是有減水壩；溢則減河以入湖，涸則放湖以入河，於是有水櫃；櫃者蓄也，湖之別名也。而壅水為堰謂之堰，沙淤之處謂之淺，淺有鋪，鋪有夫，以時挑浚焉。"《問水集》卷 2 引嘉靖十四年管河工部侍郎楊旦、管閘工部郎中邵元志：《治河始末》："浚月河以備霖潦，建減水閘以司蓄泄。"

② 〔清〕張伯行：《居濟一得》卷 3《分水口上建閘》，商務印書館 1936 年版。

③ 萬曆《兗州府志》卷二十《漕河》引《南陽湖石堤減水閘記》。

④ 〔清〕張伯行：《居濟一得》卷 1《魚臺主簿》，商務印書館 1936 年版。

⑤ 〔明〕潘季馴：《河防一覽》卷 14 常居敬《欽奉敕諭查理漕河疏》，國家圖書館出版社 2009 年版。

水盈板，即須啟，則上閘之水必迅急而舟難入，必易涸而舟難行矣"。又因汶水等源含沙量很高，"當伏秋汛長發，挾而下，各閘關束，水去沙留，每發水一次，必受淤一次"[①]。所以運河各閘隨着時間的推移，先後被泥沙所淤沒。

元、明初所建諸閘，至嘉靖年間，"有僅露閘面者，有沒入泥底者，而閘口之泥深淺不一，乃一以閘面平石至泥水平面測之，時惟棗林閘露閘面三尺，餘各有差。師家莊、魯橋二閘面各露一尺五寸，谷亭、胡陵城二閘面各露一尺，孟陽泊閘面露一尺八寸餘，至底悉泥，淤深至一丈八九尺者。惟棗林閘以下南陽閘已沒入泥底，閘面泥淤，仍四尺六寸。八里灣閘面泥淤仍五尺。始知舊傳棗林閘之過高，而不知其下南陽閘之過低也。乃一以棗林閘為準，餘悉培而平之"[②]。沿運各減水閘也同樣多為泥沙所淤廢。如南陽一帶原有減水閘三十二座，至清初僅存二三座。滕、沛、魚臺三縣境內原有減水閘十四座，至清初僅存四座[③]。這些壩閘的淤廢，不僅影響了漕運的暢通，同時也危及運河兩岸地區，使積潦不能及時排除，常澇成災。

以上數例，說明歷史上運河在跨越不同河流下游不同沖積扇、不同水系分水嶺的過程中，存在着很大的困難。為了對付這種困難，中國古代勞動人民發揮高度智慧和創造力，付出了很高的精神和物質代價。然而終究因自然條件的限制，並未獲得相應的效果。

---

① 《續行水金鑑》卷 104《運河道冊》。

② 〔明〕劉天和：《問水集》卷 1《閘河》。

③ 〔清〕張伯行：《居濟一得》卷 1《河堤事宜》《減水閘》，商務印書館 1936 年版。

第三節
運河和天然河流交匯問題

　　歷史上運河的開鑿主要是為了彌補天然河流之不足，其選擇河道的路線，就是要溝通兩條不同的天然河流。如通惠河是為了溝通永定河和潞河（北運河），元明清修會通河的目的是溝通黃河和衛河，江淮運河溝通長江和淮河，江南運河溝通長江和錢塘江等。但天然河流水量的豐枯，河道的深淺，泥沙的淤積，主泓的擺動，都有各自的特點，與人工開鑿的運河不能完全適應。因此，人工運河和天然河流的交匯口，則成為歷史上運河通運上的一大難題。今擇其問題比較突出的幾條運河論述之。

1. 山東運河的南北運口問題

　　今山東臨清市是會通河北口所在，會通河在此與衛河交匯。衛河雖然經過人工改造，但基本上是天然河流，尚未形成地上河。所以"閘河地亢，衛河地窪"。每年三四月時，閘衛二河水都很淺，"高下陡峻，勢如建瓴"[1]。當時會通河入衛河口有兩閘：磚閘和板閘。板閘在北，磚閘在南。由於衛河低，會通河高，所以漕船從會通河進入衛河，要十分小心。明人萬恭指出：在閘河口必須留一淺（淺，指河道中淤積的淺灘），"長數丈，戒勿浚。以蓄上流，以一淺省多淺"。目的是由河口的淺灘先擋住河水，不讓一泄而下，同時"閘漕與（衛）河接，若河下而易傾，則萃漕船塞閘河之口數重，閘水為船所扼，不得急奔，則停迴即深。留一口牽而上，遞相為塞障而壅水也，命曰船堤。以船治船也"[2]。就是由河口的淺、漕船，

① 〔明〕潘季馴：《河防一覽》卷 3《河防險要》，國家圖書館出版社 2009 年版。
② 〔明〕萬恭：《治水筌蹄》卷 2《運河》，朱更翎整理本，水利電力出版社 1985 年版。

先擋住閘河的水流，不致一下而盡，留出一口，讓漕船以次漸漸而出，不使其他漕船擱淺。清人張伯行說："山東四十餘閘放船皆易，惟板閘放船獨難。蓋板閘之下即係外河，更無閘以蓄水也。而獨外河水小時放船尤難。蓋板閘一啟板，則塘內之水一泄無餘，糧船每致淺擱，須於磚閘灌塘之時，板閘放船之時，磚閘多下板塊，無使水勢下泄，直至塘內淺阻不能出口，然後亮磚閘板一塊或二塊，以接濟之。然又不可待其既淺而後亮板，則糧船一時恐難行動，順於將淺之時即行亮板，如放二十隻後始淺，則放至十五隻時即行亮板，則水足接濟到底不淺矣。"從前每次只放二三十隻船，後每出口一百二三十隻[①]。由此可見，閘衛二水在交會處，由於河流狀況不一，轉運是十分困難的。

會通河的南口，在明萬曆以前，是在徐州南茶城與黃河交匯。黃河含沙量高，河床高於運河。每年漲水季節，河水就倒灌入運。"茶、黃交匯之間，黃水逆灌，每患淤淺""茶城口之淺，十年患之。蓋閘河之口，逆接河流，河漲，直灌入召淤耳"[②]。於是茶城運口年年開浚，年年淤塞。當時規定北上漕船一過，即行關閉運口閘門禁行，待秋深黃河水退，方可啟閘，放回空船南下[③]。這一段時間內，會通河就不能使用。

從徐州以下至淮陰河段是京杭大運河中"咽喉命脈所關，最為緊要"的一段。但就是這段河道中巨石林立，有徐州洪、呂梁洪兩處險段。徐州洪又名百步洪，在徐州城東南三里處，分中洪、外洪、裡洪三道，形成"川"字形河道，"汴泗流經其上，沖南怒號，

① 〔清〕張伯行：《居濟一得》卷5《版閘放船法》，商務印書館1936年版。
② 〔明〕萬恭：《治水筌蹄》卷1《黃河》，朱更翎整理本，水利電力出版社1985年版。
③ 〔清〕靳輔：《治河方略》卷9《雜志十一》，嘉慶十七年刻本。

驚濤奔浪，迅疾而下，舟行艱險，少不戒，即破壞覆溺"[1]。呂梁洪在徐州城東南五十里，分為上下二洪，綿亙七里餘，水中怪石林立，過船必得纖夫牽挽。明袁桷《徐州呂梁神廟碑》稱：呂梁洪"涸則岩崿畢露，流沫懸水，轉為回淵，束為飛泉，頃刻不謹，敗露立見，故凡舟至是必禱於神"。[2]徐階《疏鑿呂梁洪記》亦云"舟不戒則敗，而莫甚於呂梁"[3]。明代漕運過此而覆舟者屢見，所以萬曆三十一年開泇河，就是為了避開這段運道。

2. 黃淮運交匯口運口的變遷

金元以後，黃河奪淮入海，今江蘇徐州以下原泗水河道和淮安市以下淮河河道都成為黃河河道，淮河變成黃河支流。於是淮南運河的北口為黃、運、水的交匯點。黃河奪淮後，河床淤高，而淮南運河水淺，漕船北上，難以入河。從洪武至永樂初年，在淮安城北先後築仁、義、禮、智、信五壩，南來漕船至此需將糧食卸下，車盤過壩，然後進入黃河。五壩雖為軟壩，漕船過壩均需牽挽，重載還需用卸貨，轉輸十分勞苦[4]。於是在永樂十三年（1415）曾循着宋代沙河的舊跡，開了一條清江浦河，長六十里，從淮安城西通往運口，因運口置新莊閘，故稱新莊運口。沿河置五閘，據水勢漲落，迭為啟閉，節水通流，水流滿槽放行，放後即閉[5]。但是黃河自北來高於淮河，淮河自西來又高於清江浦河。如逢河淮並漲，必然倒灌入新莊運口，淤塞清江浦河。以後運口不斷地調整、變化，幾乎數

① 明萬曆《徐州志》卷 3《河防》。
② 〔元〕袁桷：《清容居士集》卷 25，商務印書館 1936 年版。
③ 李德楠：《明代徐州段運河的乏水問題及應對措施》，《蘭州學刊》2007 年第 8 期。
④ 〔清〕張廷玉：《明史》卷 85《河渠志三 · 運河上》，中華書局 1974 年版。
⑤ 〔明〕潘季馴：《河防一覽》卷 3《河防險要》，國家圖書館出版社 2009 年版。

年一變①。即便新形成的運口，由於黃水的倒灌，墊高運河，年年疏
浚，然漕船過閘仍十分困難，"糧運一艘，非七八百不能牽挽過閘
者"②。這裡最典型反映天然河流與人工運河交匯形成的運輸困難。

　　清江浦開鑿之初，為了防止黃河濁水內灌，造成閘口淤塞，除
經常疏浚河淮交匯的清口外，對船閘的啟閉也控制甚嚴。船閘只在
漕運季節開放，並且只許過往糧船，船過即行閉閘。其他官民船隻
一律仍由仁、義、禮、智、信五壩車盤過淮。但後來閘禁鬆弛，濁
水倒灌入運河，水退沙存，閘口日益淤塞。嘉靖十五年（1536），
督漕都御史周金"請於新莊更置一渠，立閘以資蓄泄"③，目的為使
運河納清流拒濁流，以期不淤。這條新開的河渠名三里溝，在清江
浦南"淮水下流黃河未合之上"④。此渠開後，清口閉塞，船隻由通
濟橋（閘）溯溝出淮，以達黃河。

　　但是，夏季黃水漲溢，時常倒灌入淮數十里，仍灌入新河口。
至隆慶末，三里溝也遭淤塞，每年須發丁夫加以挑浚。又原來運舟
由新莊閘出淮，穿清入黃，費資較少。改從三里溝出淮後，運路迂
遠，船隻膠淺，更為不便。為此，萬曆元年（1573）總河侍郎萬恭
主張不必疏浚新河口，理由是"防一淤，生二淤，又生淮黃交匯之
淺……又使運艘迂八里淺滯而始達於清河"⑤，不如出天妃口（新莊
閘）便利。他請"建天妃閘，俾漕船直達清河，運盡而黃水盛發，
則閉閘絕黃，水落則啟天妃閘以利商船"⑥。於是，恢復天妃閘，運

①　鄒逸麟：《淮河下游南北運口變遷與城鎮興衰》，載中國地理學會歷史地理專業委員
　　會編《歷史地理》第六輯，上海人民出版社 1988 年版。
②　〔明〕潘季馴：《河防一覽》卷 8《查復舊規疏》，國家圖書館出版社 2009 年版。
③　〔清〕張廷玉：《明史》卷 83《河渠志一‧黃河上》，中華書局 1974 年版。
④　〔清〕張廷玉：《明史》卷 83《河渠志一‧黃河上》，中華書局 1974 年版。
⑤　〔清〕張廷玉：《明史》卷 85《河渠志三‧運河上》，中華書局 1974 年版。
⑥　〔清〕張廷玉：《明史》卷 85《河渠志三‧運河上》，中華書局 1974 年版。

舟仍由此出淮。不久,又依御史劉國光之建議,增築通濟閘,在夏秋時節用於通放回空漕船,以減少天妃閘的壓力。但也因閘禁不嚴、啟閉無時而淤塞日甚。萬曆六年,潘季馴拆毀新莊閘,在甘羅城南(今江蘇淮安碼頭鎮北)另建通濟閘作為運口,也稱天妃閘。然而此口距河淮交匯處也只有二百丈,黃水仍不免內灌,運河河床由此日高,年年挑浚無已。其次,因運口離河淮交匯處較近,水流沖激,重運出口危險異常。當時從南岸清江浦過閘北上,漕船一艘非七八百人牽挽不可[①]。至清康熙十七年(1678),靳輔察看清口形勢後,再次將運口南移到武家墩爛泥淺上(今江蘇淮安碼頭鎮南)。此處距河淮交匯處約十里,黃水難抵運口。同時,還在爛泥淺以上引河內開兩條河渠互為月河,以舒急溜。史言"由是重運過淮,揚帆直上,如履坦途"[②]。實際上情況遠非如此,據靳輔《治河方略》記載,重運過閘,每艘常七八百人,甚至千人,"鳴金合噪,窮日之力,出口不過二三十艘"[③]。嘉慶年間有人自北京南下已至淮河南面的馬頭鎮,因風緊流急,"舟人畏三壩五閘之險",停船七日,待水散落,方過閘至清江浦鎮[④]。17世紀葡萄牙傳教士安文思記載當時船舶過天妃閘時的艱難情況:"當船隻逆流而上,到達這座閘下時,船夫在船首繫上許多繩索,由四五百人,有時更多人,視船的輕重和貨物重量而定,在運河兩岸拖拉。同時,另一些人推動閘門牆上的絞盤;閘牆很寬,由砂石築成。除已提到的繩索外,還有很

---

① 〔明〕潘季馴:《河防一覽》卷8《查復舊規疏》,國家圖書出版社2009年版。

② 〔清〕趙爾巽:《清史稿》卷127《河渠志二》運河,中華書局1977年版。

③ 〔清〕靳輔:《治河方略》卷2南運口,嘉慶十七年刻本。

④ 〔清〕吳錫祺《南歸記》,見《小方壺齋輿地叢鈔》第五帙。按:三壩指御黃、鉗口等壩,五閘指福興、通濟、惠濟等閘,均在清江浦、馬頭鎮之間淮南運河的北運口段,嘉道年間屢有變化。

結實的繩索，繞在大石柱或木柱上，以便在縴繩萬一斷裂時把船隻繫住。當這些繩索都繫好時，他們開始逐漸用力拉拽，並與敲打一個水盆的聲音合拍，剛開始時只是輕輕敲打，敲打之間有些間歇，但當船隻至少升到上面渠道的高度的一半時，這時因水流更為兇猛，他們便加緊敲打水盆，同時那四五百人和高喊嘿嘿的男子一起拉縴，一鼓作氣，使船隻迅速上升，並且停靠在運河兩側和潮流之間的死水水面上。另一側的船隻迅速和輕易地下降，但危險更大。為了防止出現險情，他們將許多繩索繫在船尾，由那些在運河兩岸妨索的人小心觀察，放鬆或者拉緊繩子。這時候船的兩側有另一些人，用鐵頭長竿，指引船隻穿過運河中央，避免碰到關閉閘門的巨石。當船隻通過時，他們放開防止船隻降落的繩，這時潮水把船隻推向前行，迅如脫弦之箭，直到水勢逐漸減弱，船隻停住，再按正常的航道行駛。"[1] 這裡十分生動的過閘描述，充分顯示了當時漕船通過運淮交匯口有多麼困難。

康熙二十五年，靳輔以運道行經黃河，風濤險惡，遂從駱馬湖南端鑿渠，歷宿遷、桃源（今江蘇泗陽）、清河（今江蘇淮安）三縣後，由仲家莊出口，稱為中運河。中運河開通後，漕舟出淮可"逕度北岸，度仲家莊閘，免黃河一百八十里之險"[2]。康熙四十二年，因仲家莊閘"清水出口，逼溜南趨，致礙運道"[3]，兩江總督張鵬翮將中運河口移到楊家莊。咸豐五年（1855），黃河在河南銅瓦廂決口，改道山東利津入海後，對淮、運二河的威脅不復存在，為便利

---

① 〔葡〕安文思：《中國新史》，何高濟譯，大象出版社 2004 年版，第 72 頁。

② 〔清〕趙爾巽：《清史稿》卷 279《靳輔傳》，中華書局 1977 年版。

③ 〔清〕趙爾巽：《清史稿》卷 127《河渠志二》運河，中華書局 1977 年版。

起見，其後淮南運河的運口又移到與楊莊相對的今淮陰船閘[1]，才基本穩定下來。

3. 江淮運河南端與長江交匯

漢魏六朝時期，江淮運河南端與長江交匯處發生過變化。《水經·淮水注》："自永和中，江都水斷，其水上承歐陽埭，引江入埭，六十里至廣陵城。"至於"江都水斷"的原因，據《太平寰宇記》卷123云："江都古城在縣（今揚州）西南四十六里，城臨江水，今為水所侵，無復餘址。"又乾隆《江都縣志》卷1："江都在城西南四十里，別自為城……三國時，江都城圮於江，縣廢。"近年來考古界有人根據揚州出土的文物，認為不存在江都古城，但其說尚嫌證據不足[2]。《水經注》既稱"江都水斷"，應指運口淤塞，水流不通。而運口淤塞則與江岸變化有關。根據目前材料，漢末以前邗溝的引江口可能在今揚州市東北蜀崗南緣的灣頭鎮以南。證據是考古發現揚州地區的古代墓葬和遺址隨着時間由北向南逐漸推移。漢代及其以前的墓葬和遺址都在城北蜀崗上，蜀崗下的今揚州城內始有六朝青瓷被壓在唐代文化層底部的江岸淤土上[3]。這說明漢唐時期，長江揚州河段的岸線一直在南移。六朝時，人類的活動已移到了蜀崗以南的平原上，這與劉宋永初三年（422）檀道濟出任南兗州刺史時，見廣陵"土甚平曠"相吻合[4]。蜀崗下這片平曠的沖積平原當然非一朝一夕所淤成，有理由認為在東漢後期江灘開始淤漲，致使

① 鄒逸麟：《淮河下游南北運口的變遷和城鎮興衰》，載中國地理學會歷史地理專業委員會編《歷史地理》第六輯，上海人民出版社1988年版。
② 朱江：《從文物發現情況來看揚州古代的地理變遷》，《南京博物院集刊》1981年第3期。
③ 羅宗真：《唐代揚州古河道等的發現和有關問題的探討》，《南京博物院集刊》1981年第3期。
④ 〔梁〕蕭子顯：《南齊書》卷14《州郡志上》，中華書局1972年版。

順帝永和年間，江都運口已不甚暢通，所以《水經注》說"江都水斷"，需要將運口移到離廣陵六十里的歐陽埭。歐陽埭在今儀徵市東北十里，東晉、南朝時，它是進入廣陵的門戶，因其地位衝要，當時於此置歐陽戍。運口移於此處，大概考慮到六合—儀徵河段行經丘陵地帶，岸線比較穩定的緣故。自歐陽埭至廣陵的這段運河即今儀揚運河的前身。

終六朝之世，邗溝的南運口一直在歐陽埭。由於江邊沙淤，自漢魏起，今揚州以南的長江江道逐漸南遷。隋代，岸線已伸展到今揚州市南二十里的三汊河—施家橋—小江一線。當時，鎮揚河段中有包括瓜洲在內的不少沙洲將長江分為兩支，南為大江，北為曲江。位於曲江北岸的揚子津（今江蘇揚州邗江南揚子橋）臨近廣陵，優越的地理條件使它成為隋至唐代前期邗溝的另一運口，地位較歐陽埭更為重要。但是由於今鎮江市北近南岸的瓜洲逐漸向北擴展，至唐中葉，從京口渡江需繞道瓜洲沙尾，迂行六十里，船隻多遭漂損，開元二十六年（738），潤州刺史齊澣在瓜洲開伊婁河二十五里，直達揚子津。這是邗溝由瓜洲入江的開始[①]。伊婁河又名新河，唐中葉後出入廣陵多經此河。伊婁河開鑿後，揚子津仍為重要港口。

明清時期，儀徵運河與瓜洲運河會於揚子灣，來自上江湖廣、江西的漕船走儀河，來自下江兩浙的漕船走瓜河。清代，長江北岸儀徵、瓜洲一帶遭受強烈沖刷，江流北徙。道光二十三年（1843），瓜洲城南門塌陷，民居、河道悉淪於江，瓜洲運道因此而中廢達

---

① 《新唐書》卷 41《地理志五》江南道潤州丹陽郡丹徒縣條，謂開伊婁河在開元二十二年；據《舊唐書·玄宗紀》《舊唐書》卷 190、《新唐書》卷 128《齊澣傳》，開伊婁河均在開元二十六年。

二十多年。至同治四年（1865），才開瓜洲後河通運[①]。光緒十年（1884），瓜洲城完全坍沒，運道改由瓜鎮（舊瓜城西約里許）出江[②]。光緒二十七年江口炮臺、公署、瓦房全沒於江[③]。1958—1960年間，再次改建瓜洲運河，運口移至六圩。

由此可見，江淮運河與長江交匯口，因江岸的擺動和江中沙洲的變遷，南北渡江並非是十分順利的。

4. 江南運河北端與長江的交匯

此段長江經鎮江、揚州間，江面遼闊，北抵蜀岡腳下，南抵北固山，呈現喇叭形向外開展入海。六朝時"廣陵潮"是為名勝。江南運河北口引江潮為源，出現很多問題，上文已述，在此不贅。宋代江南運河運輸最為繁重，為了解決京口河口常淤的問題，故在丹陽以上運河河口段開鑿了許多支渠，作為漕渠的輔渠。見於記載的就有：宋仁宗天聖七年（1029）修鑿的潤州新河[④]；宋仁宗時（1023—1063）修鑿蒜山漕河，在鎮江府西三里蒜山下[⑤]；嘉定七年（1214）郡守史彌堅在修築京口閘的同時，在城東北北固山下修築甘露港，約在今甘露寺東，並置上下二閘，以時啟閉[⑥]；嘉定八年郡守史彌堅又修海鮮河，在城西北京口閘，東南接漕渠，既通漕運，

---

① 鄒逸麟：《瓜洲小史》，載羅衛東、范今朝《慶賀陳橋驛先生九十華誕學術論文集》，浙江大學出版社 2014 年版。

② 光緒《瓜洲續志》卷 13。

③ 《淮系年表》表 14。

④ 《嘉定鎮江志》卷 6："天聖七年五月兩浙轉運使言潤州新河畢工。降詔獎之。"此河約在鎮江府城之西，京口閘之東。

⑤ 《嘉定鎮江志》卷 6："鄭向為兩浙轉運副使疏潤州蒜山漕河抵於江，人便利之"。又云"蒜山在西北三里。"《讀史方輿紀要》卷 25 鎮江府："蒜山在府西三里江岸上，山多澤蒜，因名。……其下為漕渠所經，宋慶曆中，疏蒜山漕渠達江。"

⑥ 《嘉定鎮江志》卷 6《史彌堅浚渠記》。

又可泊防江之舟[①]；慶元二年（1196）總欽朱晞顏以漕渠乾涸，創建丹徒、諫壁二石，引江潮入渠[②]。

　　兩宋時期不惜勞費，在江南運河北口京口附近開鑿諸多輔渠，其目的主要有下列幾個方面：第一，運河河口主渠京口港常易淤塞，故在其附近分鑿支渠以引江水，豐富漕渠的水源，在主渠淤塞時替代主渠。第二，京口港狹窄，往來舟楫壅擠，故於咸淳六年時規定，江南漕船由京口港出口，回船由甘露港入漕渠[③]。第三，運河口江浪阻險，諸渠可作為避風港。

　　此外，歷史時期不僅在河口段修築支渠通江，在丹陽以南常州境內也修築了許多支渠與大江相通，並引江潮濟運。如孟瀆、九曲河、烈塘、申港、利港、黃田港、夏港、五斗港、灶子港、泰伯瀆、趙港、白沙港、石頭港、陳港、蔡港、私港、令節港等。這些支渠今天大多存在間接或直接溝通運河與大江，都曾起過調節運河水源和溝通江北的作用。其中孟瀆是京口運河最早的一條支渠，即今丹陽境內的孟河。唐時已開[④]。宋時孟瀆已遭淤塞，屢有疏浚[⑤]。明代初年鎮江運河"至常州以西地勢漸高仰，水淺易泄，盈涸不恆，時浚時壅"，故永樂年間，"漕舟自奔牛溯京口水涸，則改從孟瀆右趨瓜洲抵白塔以為常"。宣德六年（1431），又"從武進民請疏德勝

① 《至順鎮江志》卷7："海鮮河在京口閘外，宋嘉定八年郡守史彌堅請於朝，開海鮮河以泊防之舟，見史彌堅浚渠記。"
② 武同舉《江蘇水利全書》卷27江南運河引《光緒丹徒縣志》；樓鑰《攻瑰集》卷89《華文閣直學士奉政大夫致仕贈金紫光祿大夫陳公行狀》："造閘於丹徒鎮，欲取江潮以灌運。"
③ 《至順鎮江志》卷2："（咸淳六年）郡守長沙趙潛以啟閉泄渠水不便，故改二壩，上壩甘露港車江船之漕渠，下壩則車漕船之舟出京口港，民甚便之。"
④ 〔宋〕歐陽修、宋祁：《新唐書》卷41《地理志五》江南道常州武進縣，中華書局1975年版。
⑤ 〔元〕脫脫等：《宋史》卷97《河渠志七·東南諸水下》，中華書局1977年版。

新河四十里，八年竣工，漕舟自德勝北入江，直泰興之北新河，由泰州壩抵揚子灣入漕河，視白塔尤便。於是漕河及孟瀆、德勝三河並通皆可濟運矣"①。德勝新河即烈塘，宋時已有記載，宋元明三代都曾疏浚過②，在漕渠、孟瀆、得勝新河三河中，明時還以孟瀆最為方便。原因：一是不易淤淺，漕渠在京口入江，與對岸揚州運河接口，理應最為方便，然漕渠最易淤塞。故多走孟瀆③。二是孟瀆出口雖然要經過一段寬闊的江面，但"江流甚平，由此抵泰興之灣頭、高郵僅二百餘里，可免瓜儀不測之患"④。嘉靖以後，為了防禦倭寇，在孟瀆口建立孟河堡，孟河貫其中，自後孟瀆漸易淤塞⑤。清康、雍、乾三朝屢有修浚，入江處亦有改道。道光年間一度改道超瓢口入江即今出江的江港。但河口淤沙日積，水流緩慢，道光時一度淤為平陸⑥。"民田失灌溉者數萬頃"，其價值已遠非明時可比。其他如九曲河"在丹陽縣北，首起漕渠尾距江口委折七十里"，也是為了"利灌溉，資漕運"而開，元時已廢⑦。

　　江南運河自唐宋以降，是全國水運網中最為繁忙的一段，直至今日，除了長江水運外，如以運河而言，仍然全國水運最發達的河

① 〔清〕張廷玉：《明史》卷86《河渠志四・運河下》，中華書局1974年版。
② 《讀史方輿紀要》卷25："烈塘河在常州府西十八里，南枕運河，北流四十三里入大江。宋紹興中，郡守李嘉言開浚臨江置閘。淳熙九年郡守章沖言，西有灶子港（按即澡港）、孟瀆、烈塘，皆古人開導以為灌溉之利。今多堙塞，宜以時修浚。元時烈塘閘廢。明洪武三年，重建魏村閘。二十年復浚烈塘河。自是魏村閘屢經修治，今名得勝新河。"
③ 〔清〕張廷玉：《明史》卷86《河渠志四・運河下》，中華書局1974年版。
④ 〔清〕張廷玉：《明史》卷86《河渠志四・運河下》，中華書局1974年版。
⑤ 〔清〕顧祖禹：《讀史方輿紀要》卷25《江南七》，中華書局2005年版。
⑥ 〔清〕包世臣：《安吳四種》卷7上《中衢一勺》，臺灣文海出版社1960年版。
⑦ 《至順鎮江志》卷7："其後河口淤塞，潮水止到荊村，距縣十五里。又其後僅到東陽距縣三十里，歲久失疏鑿，七十里之水利廢矣。"

段。可是在歷史上北端與長江交匯，南端與錢塘江交匯，從自然條件而言，都是存在很大的困難。歷代王朝為此也費盡心機，耗盡財力，以維持其暢通，反映了中國歷史上人工運河的自然特點。

5. 浙東運河與錢清江、曹娥江、姚江交匯問題

浙東運河西起錢塘江南岸，東流至蕭山錢清鎮與潮汐河流錢清江（浦陽江下游一支）交匯，東南流至紹興城東曹娥鎮，與另一條潮汐河流曹娥江交匯，東至上虞通明壩與姚江相匯，由姚江經餘姚、慈溪、寧波，合奉化江始稱甬江，東流入海。由於運河阻隔於浙江、錢清江、曹娥江三條潮汐性河流之間，而會稽縣境內的一段利用東湖（古代鑑湖的一部分）通航，上虞通明鎮以東又利用了姚江河道，各段水位高低不同，因而運河和天然河流交匯處必須設置一系列堰壩才能通航，不僅各段河道通過的能力互不相同，而貨船的盤駁，更大大地浪費了勞力和降低了運輸速度。北宋知明州軍蔡肇記其州經越州至明州行程："三江重複，百怪垂涎，七堰相望，萬牛回首。"[1] 三江指浙江、錢清江、曹娥江，七堰指運河與天然河流相交處所置堰壩：西興堰（蕭山西與錢塘江交匯處）、錢清北堰、錢清南堰（兩堰在錢清江與運河交匯處）、都泗堰（紹興城東與鑑湖交匯處）、曹娥堰（上虞縣南運河與曹娥江交匯處西岸）、梁湖堰（上虞南運河與曹娥江交匯處東岸）、通明堰（在上虞縣東通明鄉，運河與餘姚江交匯處）。船隻通過這些堰壩，輕載牽挽而過，重載則必須賴畜力盤駁，十分困難[2]。

---

[1]　《明州謝到任表》；施宿等：《嘉泰會稽志》卷 10，杭州出版社 2006 年版。

[2]　陳橋驛：《浙東運河的變遷》，載唐宋運河考察隊編《運河訪古》，上海人民出版社 1986 年版。

中國大運河

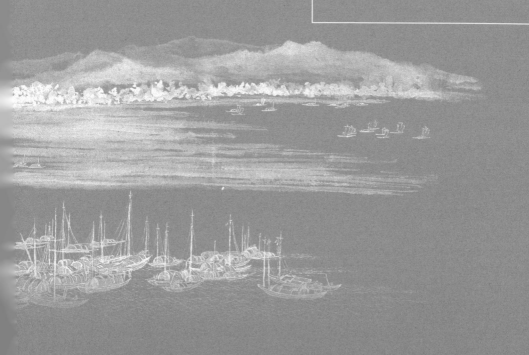

第三章

運河的運輸管理制度及其效果

第一節
歷代運河管理制度簡述

　　歷代對運河的利用，主要在於漕運。所以對運河水利的管理，主要是漕運的管理。中國最早的漕運制度，始在秦始皇時代。秦置敖倉於河濟分流處，即為蓄藏山東輸來之漕糧[1]。秦二世二年（前208）冬，陳涉起事，天下大亂，"將軍馮劫進諫曰：關東群盜並起，秦發兵誅擊，所殺亡甚眾，然猶不止。盜多，皆以戍漕轉作事苦，賦稅大也"[2]。說明秦代漕運的任務繁重，是廣大人民的沉重負擔。漢襲秦制，漢高祖劉邦選擇首都時，張良建議定都關中，以為"河渭漕挽天下，西給京師"[3]。漢初蕭何守關中，即以"轉運關中，給食不乏"而論功第一[4]。當時的漕糧是從黃河下游的山東地區輸送而來。《漢書·溝洫志》："河東守番係言：漕從山東西，歲百餘萬石，更砥柱之艱，敗亡甚多而煩費。"漢武帝時，鄭當時為大司農，漕糧從渭河上運，河曲多沙，時多道迂，於是開人工關中漕渠，"三歲而通。以漕，大便利"。秦嶺間的"襃水通沔，斜水通渭，皆可以行船漕"。漕糧來自於蜀漢。東漢時沿襲了這種漕運制度。《後漢書》卷八十上《杜篤傳》之杜篤《論都賦》："造舟於渭，北航涇流""鴻渭之流，徑入大河，大船萬艘，轉漕相過"。

　　秦漢時期管理農業的治粟內史（漢景帝後改稱大農令）、管理

---

[1]　《史記》卷 7《項羽本紀》正義引《括地志》："敖倉在鄭州滎陽縣西五十里，縣門之東北臨汴水，南帶三皇山，秦時置倉於敖山，名敖倉云。"《史記》卷 97《酈生陸賈列傳》："夫敖倉，天下轉輸矣，臣聞其下乃有藏粟甚多。"

[2]　〔漢〕司馬遷：《史記》卷 6《始皇本紀》，中華書局 1959 年版。

[3]　〔漢〕司馬遷：《史記》卷 55《留侯世家》，中華書局 1959 年版。

[4]　〔漢〕司馬遷：《史記》卷 53《蕭相國世家》，中華書局 1959 年版。

國家宗廟禮儀的太常（秦時為奉常）、管理天子私庫的少府、管理皇家園林的水衡都尉、管理京畿地區的內史等中央機構，屬下都有都水官，稱都水丞，各司其部門的渠堤水門等水利設施[①]。地方上有大水災，如黃河決氾，則臨時設"河堤使者""河堤都尉""使領河堤"等職，使塞河，事罷，職息[②]。沒有專設管理漕運和運道的官員。

魏晉以後，都水丞改稱都水使者，下增設河堤謁者以管理大江大河的河堤。同時魏時中央最高行政機構尚書下有水部，官名水部郎中，以管理全國水利，與都水使者並行。就是說尚書下的水利官，還有中央各有關門部的水利官，形成雙軌制[③]。歷晉、宋、齊、後魏、北齊，並有水部郎中，梁、陳為侍郎，後周冬官府，有司水中大夫，隋文帝為水部侍郎。煬帝但曰水部郎。宋、齊、梁、陳、後魏、北齊並都官尚書領之，隋工部尚書領之[④]。這些水利官除管理大江大河的水利工程外，還都兼管運河的水運。

唐朝沿襲了隋制，中央六部中工部下有水部郎中、員外郎、主事等官，掌天下河流、水渠、堤壩防、渡橋、漕運、水磑（水磨）等水利方面的政令。另有都水監，設都水使者若干，掌內外河渠、渡口、橋樑、堤堰、川澤疏浚之事[⑤]。

唐初武德、永徽間，京師官吏不多，每年漕糧二十萬石便足，所以當時並未設專官管理運河的水運。如逢漕運有事，則臨事派員知某某事，事後即撤。如唐太宗征高麗，"詔太常卿韋挺知海運，

① 〔漢〕班固：《漢書》卷 19 上《百官公卿表》，中華書局 1962 年版。
② 〔漢〕班固：《漢書》卷 29《溝洫志》，中華書局 1962 年版。
③ 《晉書》卷 24《職官志》："都水使者，漢水衡之職也。漢又有都水長丞，主陂池灌溉，保守河渠，屬太常。漢東京省都水，置河堤謁者，魏因之。及武帝省水衡，置都水使者一人，以河堤謁者為都水官屬。及江左，省河堤謁者，置謁者六人。"
④ 〔唐〕唐玄宗：《大唐六典》卷七工部，中華書局 1991 年版。
⑤ 〔唐〕魏徵：《隋書》卷 28《百官志下》《大唐六典》卷七工部，中華書局 1973 年版。

（崔）仁師為副，仁師又別知河南水運”[1]。又作“又別知河南漕事”[2]。可見均為臨時職差，官名亦未固定。運河水運事委專職，始於唐玄宗時。《新唐書》卷128《李傑傳》：“先天中，進陝州刺史、水陸發運使。置使自傑始。改河南尹。”當時，“河、汴之交舊有梁公堰，廢不治，南方漕弗通，傑調丁男復作之，不費而利”。可見水陸發運使不僅管理漕運事務，還負責運河的疏浚和治理。此後，發運使，常稱轉運使，成為唐代專門管理漕運和治理運河的官員。

　　宋代中央置都水監，有判監事、同判監事、丞、主簿等職，並以京朝官充。河道有事，遣丞一人外出，處理治河之事。元豐時置使者、丞、主簿，掌“中外川澤、河渠、津梁、堤堰疏鑿浚治之事”，“視汴、洛水勢漲涸增損而調節之”。元豐八年（1085）還置“提舉汴河堤岸司隸本監”，這是中央都水監管理運河河道的專職官員[3]。汴河有事往往由都水監丞措置[4]。另置有發運使、副、判官，“掌經度山澤財貨之源泉，漕淮、浙、江、湖六路儲廩以輸中都，而兼製茶鹽、泉寶之政，及舉刺官吏之事”，主管“六路上供米徑從本路直達中都，以發運司所拘綱船均給六路”[5]。這是專管運河水運的官員。

　　宋室南渡，黃河流域全入金境。金朝對境內的黃河和汴河由中央都水監下屬巡河官管理。黃河沿線上下凡二十五埽，六在河南，十九在河北，埽設散巡河官一員。雄武、陽武、滎澤、原武、延

---

① 〔後晉〕劉昫等：《舊唐書》卷74《崔仁師傳》，中華書局1975年版。
② 〔宋〕歐陽修、宋祁：《新唐書》卷99《崔仁師傳》，中華書局1975年版。
③ 〔元〕脫脫等：《宋史》卷165《職官志五》，中華書局1977年版。
④ 〔元〕脫脫等：《宋史》卷93、94《河渠志三、四》，中華書局1977年版。
⑤ 〔元〕脫脫等：《宋史》卷167《職官志七》，中華書局1977年版。

津五埽則兼汴河事,設黃汴都巡河官一員於河陰以蒞之[1]。對運河的漕運事務,在"諸路瀕河之城,則置倉以貯傍郡之稅,若恩州之臨清、歷亭,景州之將陵、東光,清州之興濟、會州,獻州及深州之武強,是六州諸縣皆置倉之地也。其通漕之水,下黃河行滑州、大名、恩州、景州、滄州、會川之境,漳水東北為御河,則通蘇門、獲嘉、新鄉、衛州、浚州、黎陽、衛縣、彰德、磁州、洺州之饋,衡水則經深州會於滹沱,以來獻州、清州之餉,皆合於信安海壖,溯流而至通州,由通州入閘,十餘日而後至京師。其他若霸州之巨馬河,雄州之沙河,山東之北清河,皆其灌輸之路也。到了泰和六年(1206)尚書省決定,"凡漕河所經之地,州縣官以為無與於己,多致淺滯,使綱戶以盤淺剝載為名,奸弊百出。於是遂定制,凡漕河所經之地,州府官銜內皆帶'提控漕河事',縣官則帶'管勾漕河事',俾催檢綱運,營護堤岸。為府三:大興、大名、彰德。州十二:恩、景、滄、清、獻、深、衛、浚、滑、磁、洺、通。縣三十四:大名、元城、館陶、夏津、武城、歷亭、臨清、吳橋、將陵、東光、南皮、清池、靖海、興濟、會川、交河、樂壽、武強、安陽、湯陰、臨漳、成安、滏陽、內黃、黎陽、衛、蘇門、獲嘉、新鄉、汲、潞、武清、香河、漷陰。十二月通濟河創設巡河官一員,與天津同為一司,通管漕河閘岸,止名天津巡河官,隸都水監"。[2]可見金代運河沿岸各州縣置巡河官以管理運河的水運,上屬都水監。

元代平宋後,於至元十九年(1282)"十二月置京畿、江淮二都轉運司,又各置分司,以督綱運。每歲令江淮漕運司運糧至中

---

① 〔元〕脫脫等:《金史》卷 27《河渠志》黃河,中華書局 1975 年版。
② 〔元〕脫脫等:《金史》卷 27《河渠志》漕渠,中華書局 1975 年版。

灤，令京畿漕運司自中灤運至大都"。此轉運司以管理漕運為主[①]。中央專設有都水監，"掌治河渠並堤防水利橋樑閘堰之事"[②]。其職責主要是關注大運河的通塞。通惠河就是都水監郭守敬奉詔所修[③]。元代開通濟州河後，於至元二十二年增置濟州漕舟三千艘，役夫一萬二千人。並置濟州漕運司，管理濟州河漕運[④]。二十五年改濟州漕運司為都漕運司，並領濟之南北漕。以後地方上開始設行都水分監，至元二十六年"會通河成之四年，始建都水分監於東阿之景德鎮，掌河渠壩堰之政令，以通朝貢，漕天下，實京師。地高平則水疾泄，故為堨以蓄之，水積，則立機引繩以挽其舟之下上，謂之壩。地下迆則水疾涸，故為防以節之，水溢則繩起懸板以通其舟之往來，謂之閘。皆置吏以司其飛挽啟閉之節，而聽其訟獄焉"[⑤]。"至正八年二月，河水為患，詔於濟寧鄆城立行都水監。九年，又立山東河南等處行都水監"[⑥]。這兩次設行都水監，都是因為黃河決口，漫及山東運河，嚴重影響漕運。所以這兩個行都水監之設也是為了運河的通塞。

---

① 〔明〕宋濂等：《元史》卷 93《食貨志一·海運》，中華書局 1976 年版。

② 〔明〕宋濂等：《元史》卷 90《百官志六》，中華書局 1976 年版。

③ 《元史》卷 64《河渠志一》御河："至元三年七月六日，都水監言：運河二千餘里，公私物貨，為利甚大。自兵興以來，朝廷役夫四千，修築浚滌，乃復行舟。今又三十餘年，無官主領。滄州地方，水面高於平地，全藉堤堰防護。其園圃之家掘堤作井，深至丈餘，或二丈，引水以溉蔬花。復有瀕河人民就堤取土，漸至闕破，走泄水勢，不惟澀行舟，妨運糧，或致漂民居，不禾稼。其長蘆以北，索家馬頭之南，水內暗藏椿橛，破舟船，壞糧物。部議以瀕河州縣佐貳之官兼河防事，於各地分巡視，如有闕破，即率眾修治，拔去椿橛，仍禁園圃之家毋穿堤作井，栽樹取土。都省准議。"

④ 〔明〕宋濂等：《元史》卷 13《世祖紀十》，中華書局 1976 年版。

⑤ 〔元〕揭傒斯：《文安集》卷 10《建都水分監記》，四庫全書本；〔元〕揭傒斯：《揭傒斯全集文集》卷 5《建都水分監記》，上海古籍出版社 1985 年版。

⑥ 〔明〕宋濂等：《元史》卷 92《百官志八》，中華書局 1976 年版。

　　而大運河的修治工程，則是由中央都水監主持[①]。對會通河的修治也是由中央都水監、行都水監[②]派員視察運河工程的。如會通河開通的次年，即至元二十七年，"是後，歲委都水監官一員，佩分監印，率令史、奏差、濠寨官往職巡視，且督工，易閘以石，而視所損緩急為後先。至泰定二年始克畢事"。泰定四年（1327）四月御史臺言："巡視河道，自通州至真、揚，會集都水分監及瀕河州縣官民，詢考利病，不出兩端：一曰壅決，二曰經行。"[③]這是為督視運河工程通運時臨時派遣巡視的官員，事畢即還，並非專門管理運河日常運行的官員。至於沿運各閘，各州縣有"監閘官"，各閘有"提領"官管理[④]。由於水源等問題，運河並未得到充分的利用，元一代漕糧仍以海運為主，已見上文。所以，元代對會通河的管理沒有一套完整的管理系統。

　　京杭大運河在明代，正式的名稱為漕河，故有王瓊《漕河圖志》、朱衡《漕河奏議》等。所謂漕河，主要指京東通州至揚州瓜洲間的運河，這是因為每年江南漕糧都是集中在瓜洲起運的，所以稱瓜洲以北的運河為漕河。但又時有全指京杭大運河的，主要區別在於是否包括浙漕，即江南運河是由巡撫江南都御史兼理還是由專設的工部郎中管理。如屬後者，則漕河亦包括浙漕在內。

────────

① 《元史》卷14《世祖紀十一》："（至元）二十四年三月……命都水監開汶泗以達京師。"
② 《元史》卷90《百官志六》："都水監，秩從三品。掌治河渠並堤防水利橋樑閘堰之事。"卷92《百官志八》："行都水監。至正八年二月，河水為患，詔於濟寧鄆城立行都水監。九年又立山東河南等處行都水監。"
③ 〔明〕宋濂等：《元史》卷64《河渠志一·會通河》，中華書局1976年版。
④ 《元史》卷64《河渠志一·會通河》："移文工部，令委官與有司同議。於是差濠塞約會濟寧路官相視，就問金溝閘提領周德興。"《兗州閘》："若已後新河水小，直下濟州監閘官，並泰安、兗州、東平修理。……又東阿、須城蜀安山閘，為糧船不由舊河來往，江淮所委監閘官已去，目今無人看管，必須之貞修理，以此權委人守焉。"

明清兩代因為從徐州至淮陰的一段黃河即運道，所以治河和治運是合一的，所謂“治河即治運”。不論治河還是治運，其最終目的還是保證漕運的暢通無阻。所以管理漕運和運河各級官員的任務有二：一是負責對運河即漕河的治理，包括疏浚河道、補給水源、修築閘壩堤堰等；一是保證漕糧按時按數運抵京城。歸納起來為河、漕兩務。明清兩代對運河的管理體制十分複雜且又多變。歸納起來為三大系統：

（1）中央委派專員全面管理漕運和運河官員——總理河道，多由憲職（都御史）或部臣（工、兵、刑）兼憲職擔任，主要是增加其職責和威望。

明洪武元年（1368）置京畿都轉運使司，設漕運使。十四年罷[1]。永樂十五年（1517），命平江伯陳瑄充總兵官，掌漕道、河道[2]。就是由總兵官率兵卒按時疏浚和治理黃河和漕河。景泰二年（1451）增設“總督漕運都御史”，因駐地淮安，故有稱“淮安漕運都御史”，與漕運總兵官同理漕務，而治河的職責乃轉命總督漕運都御史兼理。天順元年（1457）又裁漕運都御史，由漕運總兵兼理河道。然而工部則力主運河分段已有工部派官分段治理，不宜由總兵官兼理河道。天順七年又復置總督漕運都御史，與漕運總兵官共理漕務。

成化七年（1471）十月，因河道經常淤塞，需要有專員統籌河務，乃命南京刑部左侍郎王恕，以刑部左侍郎銜出任“總理河道”[3]，

① 《明史》卷73《職官志二》：“總督漕運兼提取督軍務巡撫鳳陽等處兼管河道一員。太祖時，嘗置京畿都轉運司，設漕運使。洪武元年置漕運使……十四年罷。永樂間，設漕運總兵官，以平江伯陳瑄治漕。”
② 〔明〕王瓊：《漕河圖志》卷3《漕河職制》，水利電力出版社1990年版。
③ 《明憲宗實錄》卷97成化七年十月己亥。

這是首任總理河道官,也是明代河、漕分治之始。然為時甚短,次
年底,王恕治河事竟,即回京,調任南京戶部,未再任命總理河道
官。河道由工部郎中、巡河御史和各省管河按察副使各就所屬分
理。直至弘治時,仍由各級管河官分管河道。故弘治朝以前,漕、
黃二河,僅成化七年十月至成化八年底之間,曾設置總理河道官;
其餘時間,成化七年前,屬漕運總兵官或總督漕運都御史兼理;成
化九年後,則由工部直接管轄派遣駐外各級管河官[①]。

正德四年(1509)因黃河東決沖擊運河,再度置總理河道官,
崔岩以"工部左侍郎兼右副都御史總理河道"[②],此後這一官職長期
設置。總理河道官"駐紮濟寧",而南北直隸、河南、山東境內的
運河皆為其所統轄[③]。

然在萬曆以後又有變化。萬曆四年(1576)因黃河下游大肆氾
濫,駐紮在濟寧的總理河道官無法顧及南北河道,於是以黃淮交匯

---

① 蔡泰彬:《明代漕河之整治與管理》,臺灣商務印書館1992年版,第308頁。

② 《明武宗實錄》卷58正德四年十二月丙辰。原文作"修理河道"。按:《明武宗實錄》
卷85,正德七年三月丙午朔,"升鴻臚寺卿劉愷為都察院右副都御史總理河道。"
卷126,正德十年六月己未,"升巡撫山東右僉都御史趙璜為工部右侍郎兼都察院
左僉都御史總理河道。"《明神宗實錄》卷197萬曆十六年四月甲寅條:"正德四年
乃議專設憲政臣為總理。"則正德四年始設總理河道說可信。《河防一覽》卷十三
姜璧《條陳治安疏》謂:"至正德十一年,始專設總理河道,駐紮濟寧,而南北直隸、
河南、山東皆為統轄之地"不確。

③ 《明神宗實錄》卷46,萬曆五年八月戊子條:"設總理河道大臣,則漕河自張家灣直
抵瓜、儀,黃河自河南、山東上源至淮安入海皆其地也。"潘季馴《河防一覽》卷
14常居敬《酌議河道善後事宜疏》:"竊惟今所稱漕河者,南盡瓜儀,北通燕冀,
天下所由飛挽粟,而通塞之機,所關國計甚重也。……先年設尚書侍郎或都御史
一員總理河道,以故事體劃一,興作甚便,議定行行。無敢格者,諸臣經略之跡,
至今班班可考。……今後河工之事,似應專責掌印官,督同管河官管理,各照該
地方堤岸,冬春踏勘,隨地修補,休秋水漲,督率防護,如有疏虞,掌印官一體參
治,庶責任有歸,而事功易就矣。伏乞聖裁。"

之清口為界，將漕河分為兩段：其北命總理河道都御史專理，其南屬總督漕運都御史兼理。六年因總理河道官與總督漕運都御史往往在治理方面意見不一，於是又革除總理河道官，命總督漕運都御史兼理河道。到了萬曆十六年因黃河氾決頻繁，河務繁重，於是復置總理河道官[①]。

萬曆二十六年又因總理河道官與總督漕運都御史在治河問題上意見不一，於是又革總督漕運都御史，其職務由總理河道官兼管，此是明代首次河臣正式兼理漕務。萬曆三十一年因河、漕兩事非一人能兼任，又復設總督漕運都御史，河、漕分治。

以上是正德四年設置總理河道官以來，河、漕二臣因治河議相左，導致二職時分時合，最終因一人無法綜理二務，遂復分設各理本務[②]。

在明代中後期，河道總督除全面管理運河外[③]，還兼督軍務。因為明代中葉山東礦盜四起，漕糧成為劫掠目標。因此總河節制軍務，如正德七年命沿河兵備、守備、軍衛有司聽其節制，防禦劫掠。[④]

（2）監察風紀的巡河監察御史，位於總理河道或總漕大臣（未設總理河道官時）之下，職責是糾彈沿運部司道州縣各級官員。明代初永、宣年間，初以濟寧為中心，將漕河分為南北兩段，令刑部主事、監察御史各一員分巡。後又增至四員。景泰間，裁革兩名，

---

① 蔡泰彬：《明代漕河之整治與管理》，臺灣商務印書館1992年版，第311頁。
② 蔡泰彬：《明代漕河之整治與管理》，臺灣商務印書館1992年版，第313頁。
③ 《河防一覽》卷1《敕諭》：萬曆十六年命潘季馴為河道總督，"命爾前去總理河道，駐紮濟寧，督率原設管河、管洪、管泉、管閘郎中、主事及各該三司、軍衛、有司、掌印、管河、兵備、守巡等官。將各該地方新、舊漕河，並淮、揚、蘇、松、常、鎮、浙江等處河道及河南、山東等處上源，着實用心往來經營。"
④ 《明武宗實錄》卷5正德七年三月辛未。

命長蘆和兩淮巡鹽御史兼管。此時漕河以臨清、濟寧、淮安分成
四段（不包括浙漕）：臨清以北，屬長蘆巡鹽御史，臨清至濟寧，
濟寧至淮安，則分有二名巡河御史，淮安至瓜洲、儀真，屬兩淮巡
鹽御史。以後又有變化。至弘治年間，遂定為濟寧以北至張家灣，
有長蘆巡鹽御史兼理，濟寧至南京，由兩淮巡鹽御史兼理。嘉靖以
後，通惠河浚通，天津以北至京運道，由巡倉御史兼理。巡河御史
其職權：整飭河官風紀；懲辦剝削漕卒；緝拿運載私貨；審辦地
方污吏[①]。

　　（3）工部派遣駐外的管河工部郎中，位居總理河道之下。因運
河三千里，非一人所能獨任，故明一代管河郎中設置變化很大。有
時按行政區分，即北直隸、山東、南直隸；有時按河段落分，即通
惠河、白漕、衛漕、閘漕、河漕、湖漕分；有時按距離分，以濟
寧為中心分南北兩段。官員有時設置兩員，有時三員，有時六員。
如自永樂至成化，以濟寧為中心分為南北兩段：濟寧以南由工部
郎中管轄，濟寧以北由副都御史管轄。成化七年又將漕河分三段：
北段自通州至德州（屬北直隸），命工部郎中分理，稱北河郎中；
中段自德州至沛縣（屬山東），命山東按察副使提領；南段自沛縣
至瓜洲、儀真（屬南直隸），由工部郎提取督，稱南河郎中。成
化十三年又改以濟寧為中心分為兩段。弘治七年（1494）又分為三
段：除了原先北、南河郎中外，山東河段由通政司右通政司提督，
於是山東河段又單獨成一段。隆慶元年（1567）南陽新河開竣，南
陽新河地處南直隸和山東兩省，原分省悉理辦法不合適，於是又以
宋家口（利建閘所在）為界分為兩段：其北屬北河郎中，其南屬南
河郎中。萬曆年間開泇河成，管河郎中分界始定五段：通惠河郎

①　蔡泰彬：《明代漕河之整治與管理》，臺灣商務印書館 1992 年版，第 339—342 頁。

中督理北京至天津（屬通惠河和白漕）河段，駐通州；北河郎中督
理天津至南陽（屬衛漕與閘漕北段）河段，駐張秋；夏鎮工部郎中
督理沛縣夏鎮至徐州鎮口閘之泇河（屬閘漕南段及泇河北段），駐
夏鎮；中河郎中督理徐州口閘至淮安清江浦運口及嶧縣梁王閘至
宿遷直河口之泇河（屬河漕和泇河南段），駐呂梁二洪；南河郎中
督理淮安清江浦運口至瓜洲河段（屬湖漕），駐高郵。上述為比較
固定駐地。如逢運糧盛時，則南河郎中移駐儀真，北河郎中移駐濟
寧，通惠河郎中移駐河西務。其主要職責：提督沿河所屬州縣軍衛
之掌印、管河與閘、壩官員挑浚運道和修築堤、閘、壩，以負運道
通塞之責；出納河工錢糧；盤查運載私貨；整飭漕河風紀；清理
沿河蘆地；管理倉廠木料[1]。

　　管河郎中下有管洪、管閘、管泉主事，即運河沿線徐、呂二
洪，山東泉源，重要船閘，均由工部主事專管。管洪、管閘主事，
受管河郎中提調，管泉主事直屬總理河道官。上節已述，京杭大運
河在運行中有許多困難，徐州以南運道上呂梁、徐州二洪，是運河
的險段，運舟至此有觸礁覆舟之危。運道因地勢高下之差，必須置
閘節水通流，故沿運船閘必須嚴格管理。運河水源更是運河的生命
線，尤其是山東運河靠泉水以運行。明代由工部主事主持泉政，後
又稱“管泉主事”，三年一更代。主要職責在於每年春初提督泉夫
挑浚山東諸泉源泉以裕運河水[2]。這是一份十分辛苦的工作，弘治年
間管泉主事有詩曰：“巡行三月始周遭，半宿民間半野蒿，莫道此
官閒到底，十分中有五分勞。”[3] 此外，山東兗州府有管泉同知，各

---

[1]　蔡泰彬：《明代漕河之整治與治理》第六章漕河之管理組織及其演進，臺灣商務印
　　　書館 1992 年版。

[2]　〔明〕胡瓚：《泉河史》卷 2《職制志》，清順治四年刊本。

[3]　〔明〕胡瓚：《泉河史》卷 13《人物志》引弘治十三年管泉主事張文淵詩，清順治四年刊本。

州縣均有管泉專官^①。

　　正統年間即置工部分司專任工部主事，管理二洪運行過程中，督率洪夫、閘夫、溜夫牽挽，以及繳納稅銀等事務。萬曆以後責職歸入中河郎中。運河上的每一船閘均有閘官，然在一些重要船閘，如通惠河的慶豐五閘、汶上縣的南旺上下閘、濟寧的天井閘、沛縣之沽頭上中下閘均設有工部分司主事，其職掌閘板之啟閉。管泉主事掌理山東十八州縣之泉政，駐南旺，職責是每年春初提督泉夫挑浚山東諸泉源以裕運河，並出辦浚泉錢糧^②。

　　（4）地方布按二司行政系統屬下各級管河官，在總理河道官之下。漕、黃二河流經南北直隸、山東、河南二省。為加強二河管理，由按察司內增設管河按察副使一員，有時增設管河按察僉事；由布政司內增設管河布政參議一員，專理河道。南北直隸雖無布按二司，仍設管河按察副使、僉事，令山東或河南代管。在按察副使、僉事以下，各河道所在守巡道、兵備道、郵傳道等，都有兼理本境內河道之職責。同樣，在各省轄下各府都設有管河同知、管河通判，山東兗州府還設有管泉同知。明代規定"府、州、縣之瀕漕河者，增設通判、判官、主簿各一員，以司河防之務，因事繁簡，廢置不常"^③。故明代沿河各州、縣、衛、所也各設有管河專官：府設管河通判，州設管河判官、管河同知，縣設管河縣丞、主簿，衛設管河指揮，所設管河千戶。"專管本州縣河堡夫役錢糧"等事^④。山東各州縣還設有管泉判官、縣丞，山東各閘還有閘官。"凡府州縣添設通判、判官、主簿與門壩官，專理河防之務，不許別委幹辦

---

① 蔡泰彬：《明代漕河之整治與管理》，臺灣商務印書館 1992 年版，第 381 頁。
② 蔡泰彬：《明代漕河之整治與管理》，臺灣商務印書館 1992 年版，第 355—357 頁。
③ 〔明〕王瓊：《漕河圖志》卷 3《漕河職制》，水利電力出版社 1990 年版。
④ 〔明〕劉天和：《問水集》卷 4《改設管河官員疏》。

他事，妨廢正務，違者罪之"[1]。運河沿線各地均有水驛，備有船隻、水夫，以備漕運時所需。明時從杭州至通州有水驛 54 站，重要的水驛規模不小。如揚州廣陵驛有站船十七隻，水夫一百七十名；邵伯驛有站船十六隻，水夫一百七十名；孟城驛有站船十八隻，水夫一百七十名；界首驛有站船十八隻，水夫一百七十名。"這些驛站，因地處運河要衝，水位落差大，牽損任務重，所設水夫特別多"。[2]可見明代對運河沿線的管理十分嚴密。

　　至於整治黃、運二河具體執行者為大量徭役河夫，那非屬管理階層，不在此討論。

　　總結明代對漕、黃二河的管理，中央委派的總理河道官或總漕都御史居最高位，其下分為幾個層次：巡河監察御史、管河郎中、各省管河按察副使和沿河各兵備等按察分司及管泉工部主事為一層次，管洪、管閘工部主事為一層次，府級管河同知、管泉同知為一層次，州、縣、衛、所各管河判官、主簿、指揮僉事、千戶等和閘官為一層次。其來源分為幾個系統：中央專員、憲職、工部、地方各級佐貳官組成[3]。朝廷每年對黃、運兩河的治理還規定有年報制度，"凡一歲中修理閘座、堤岸、空缺（即決口）、淤淺、泉源、物料、丁夫，並皆書之，疏以聞。"[4]

　　明代管理雖密，但弊端不少：第一，總理河道與總漕都御史各有所司，常常意見相左，相互掣肘，以致影響治理。第二，河官多不久任，未滿兩年的，有 75%，故缺乏熟悉河務和長期規劃。第

①　〔明〕王瓊：《漕河圖志》卷 3《漕河禁例》，水利電力出版社 1990 年版。

②　范金民：《朝鮮人眼中的中國運河風情》，載中國地理學會歷史地理專業委員會編《歷史地理》第 20 輯，上海人民出版社 2004 年版。

③　蔡泰彬：《明代漕河之整治與管理》，臺灣商務印書館 1992 年版，第 498 頁。

④　〔明〕萬恭《治水筌蹄》卷 1，朱更翎整理本，水利電力出版社 1985 年版。

三，管河郎中以下各河官多兼他務，不能專一。第四，管河郎中和各按察使職守重疊，彼此推諉。第五，府州縣各級印正官皆視河務非己責，而佐貳官位卑權輕，調動困難①。所以這種多頭管理，貌是重視，但在具體執行過程中，往往會互相推諉、互相牽制，未能達到應有的效果。

清與明代一樣治河和治運合一。管理運河的最高官員是河道總督，順治元年（1644）清軍入關，因正當崇禎河決，故於該年七月即授楊方興為河道總督，綜理黃河、運河一切事務，簡稱"總河"②，駐濟寧③。康熙十六年（1677）後，因江南省河道工程需要，河道總督移駐清江浦。二十七年還駐濟寧。三十一年還駐清江浦。四十四年因山東境內河道離總河駐地清江浦甚遠，命山東巡撫兼管山東境內運河河道。雍正二年（1724）因河南河務緊要，設副總河一員，駐武陟，專管河南河務。雍正七年後，河道總督分為三：改總河為總督江南河道，簡稱"南河"，駐清江浦，專管黃淮會合以下河道；副總河為總督河南山東河道，簡稱"東河"，駐濟寧，專管河南山東黃運兩河；均加兵部尚書都察院右都御史銜。直隸河道由直隸總督兼管，八年置直隸河道總督駐天津。自後地方河務由直隸、江南、山東三河道總督分轄。十年又添副總河一員，協理河務。乾隆元年（1736）副總河移駐徐州，次年罷④。咸豐八年（1858）裁撤南河總督，河務由漕運總督兼理。光緒二十四年（1898）裁東

①　蔡泰彬：《明代漕河之整治與管理》，臺灣商務印書館 1992 年版，第 499 頁。

②　〔清〕趙爾巽：《清史稿》《楊方興傳》，中華書局 1977 年版。

③　《清史稿》《朱之錫傳》："順治十四年楊方興乞休，上特擢之錫，以兵部尚書銜總督河道，駐濟寧。"

④　〔清〕陸耀：《山東運河備覽》卷 2《職官表》，江蘇廣陵古籍刻印社 1992 年版，第77 頁、79 頁。

河河道總督，事務由山東巡撫兼管。同年十月復設。二十八年因
"漕米改折，運河無事，河臣僅司堤岸，撫臣足可兼顧"，於是裁撤
東河河道總督。從此"河務無專官矣"①。

　　清代河道總督以下，各省有管河道，其品秩及升補與地方守、
巡道同。管河道以下有管河同知、通判、州同、州判等，其官署通
稱為廳，州同以下的官署稱汛。雍正年間設管泉通判一員，但因顧
幅員方數百里地，而泉水又在山溝泥穴之中，一員難以顧及，於是
各州縣皆有管泉佐雜十二員，督率泉夫分地疏浚②。其品秩均與同級
地方官同。沿運各縣均有佐貳官管理運河，如嶧縣縣丞"專以蓄微
山湖水為職"，滕縣主簿"亦以收水入（昭陽）湖為職"，沛縣主簿
"專以收水入（微山）湖為職"③。如乾隆年間，山東運河分為四段：
第一段為泇河廳河道，駐郯城，管"由江南下邳梁王城至黃林莊入
山東嶧縣境為兗州府泇河通判所轄"④。第二段為運河廳河道，駐濟
寧，管"山東全省運河之上流，其水則汶、泗、沂、洸，其瀦泄則
蜀山、南旺、馬踏、馬場、南陽、獨山、昭陽諸湖，而署在濟寧，
又為河帥監司治所，號稱繁劇"⑤。第三段為捕河廳河道，駐張秋，
"所屬自靳口閘上起至官窯口止，計程一百五十五里入聊城縣境"⑥。
第四段為上河廳河道，主要管東昌府境運河，駐府城，"所屬自陽
谷縣官窯口起至直隸清河縣界鹽店止，計程一百七十七里"⑦。

---

①　〔清〕趙爾巽：《清史稿》卷 116《職官志三》，中華書局 1977 年版。

②　〔清〕陸耀：《山東運河備覽》卷 8《泉河廳諸泉河道》，江蘇廣陵古籍刻印社 1992
　　年版。

③　〔清〕張伯行：《居濟一得》卷 1，商務印書館 1936 年版。

④　〔清〕陸耀：《山東運河備覽》卷 3《泇河廳河道》，江蘇廣陵古籍刻印社 1992 年版。

⑤　〔清〕陸耀：《山東運河備覽》卷 4《運河廳河道上》，江蘇廣陵古籍刻印社 1992 年版。

⑥　〔清〕陸耀：《山東運河備覽》卷 6《捕河廳河道》，江蘇廣陵古籍刻印社 1992 年版。

⑦　〔清〕陸耀：《山東運河備覽》卷 7《上河廳河道》，江蘇廣陵古籍刻印社 1992 年版。

　　自道員以下各級官員均受河道總督節制。河道總督所屬綠營標兵稱為"河標""河營"，專掌河工調遣及守汛、防險之事。沿會通河各閘均有閘官，掌司各閘啟閉，按時蓄泄及維修事宜[①]。

　　清代對運河河道的整治主要有下列幾個方面：第一，定期挑浚有大修和小修之別，小修一般一年一修，大修一般數年一修。有的河段容易淤塞的如山東運河，每年十一月開工疏浚，次年正月開壩。在此期間運河停運。其他河段視情況而定。第二，修治工程包括開鑿新道，疏浚水源，修築閘壩等。已詳見上述各節，在此不贅。

　　明清兩代對運河管理的機構龐大，層次複雜，官員人數眾多，管理成本極高，成為朝廷財政支出一大負擔，客觀上阻礙了社會經濟的繁榮和發展。同時，由於缺乏有效的監督體制，治河官員的貪污、腐敗，治河經費往往落入他們私囊，河務衙門的奢侈、糜爛，已成為社會上共知之事而不以為怪。這是傳統官僚專制主義社會體制下的痼疾，是無法治癒的。

第二節
運河在運輸過程中的管理

　　歷代王朝為了保證運河在漕運時的暢通無阻，建立了周密的管理機構、管理層次，設置了各種規章制度和規定了各級官員的職責。但是落實到具體運輸過程中的管理，由於種種原因，卻非原來設想中那麼順便。對運河在運輸中的管理，具體而言，其任務主要

---

① 〔清〕陸耀：《山東運河備覽》卷2《職官表》，江蘇廣陵古籍刻印社1992年版；劉子揚：《清代地方官制考》，紫禁城出版社1994年版，第405—411頁。

是讓運河暢通無阻，漕船能順利按時、按量通過，最終到達規定的目的地。然而由於運河在不同時期的自然和社會政治、經濟條件的不同，漕運在進行過程中，產生過種種不同的困難和阻礙。因而在歷史時期，歷代王朝都曾採取不同措施，應對來自不同方面的困難，以冀達到最佳效果。

秦漢開始，基本上是利用戰國以來形成的運河水系進行漕運，由於這些運河大多處於自然狀態，且年運輸量不大，在運輸過程中，除了預見到的三門峽一段險阻外，一般都比較順利，所以並沒有設置一套嚴格的、完整的管理制度。隋唐以後情況不同了。隋文、煬帝兩代在短短的二十幾年裡，開鑿了廣通渠、通濟渠（汴河）、山陽瀆（邗溝）、永濟渠、江南河一系列運河，形成了全國性的南北水運交通網，於是"諸州物調，每歲河南自潼關，河北自蒲坂，輸長安者相屬於路，晝夜不絕者數月"[1]。年運輸量和運河上往來船隻的驟增，管理的問題就比較複雜了。然而隋朝和唐朝前期的漕糧主要來自黃河中下游地區，輸送的最終地點是大興（長安）、洛陽，路途不遠，且所經河道的特性相同，駕駛的船丁、漕卒對河道水性熟悉；同時隋朝為方便漕糧卸運，加速周轉，在運河沿線設立多處糧倉。如在洛陽之東、洛水入黃河處置洛口倉，在洛陽城北置回洛倉，在偃師縣北置河陽倉，在陝州置太原倉，在渭水入黃河口處置廣通倉（又名永豐倉），在衛州黎陽（今河南浚縣）西南大伾山麓置黎陽倉[2]。各方向來的漕船至此即可卸糧回程，這樣加速了漕糧的運轉，取得了良好的效果。隋末群雄相爭，洛口倉、回洛倉、黎陽倉成為各路英雄爭奪的目標，可知隋時通過運河在這裡

---

[1] 〔宋〕司馬光：《資治通鑑》卷 180 隋大業元年三月、卷 181 隋大業四年正月，中華書局 2009 年版。

[2] 鄒逸麟：《從含嘉倉的發掘談隋唐時期的漕運和糧倉》，《文物》1974 年第 2 期。

儲藏了不少糧食。唐代初年貞觀、永徽之際，祿廩數少，每年轉運不過一二十萬石，所用裕足，漕事簡便，因此朝廷對運道雖疏於管理，照舊能以久得居安。但是到了開元年間，"漕運數倍於前"[1]，情況就不同了。當時許多漕糧起運自長江下游，漕運路途遙遠，且運河因水流淤淺，航行緩慢。如南方諸州所輸租米及庸調，每年春上"正月二月上道，至揚州入斗門，即逢水淺，已有阻礙，須留一月以上。至四月以後，始渡淮入汴，多屬汴河乾淺，又船運停留，至六七月始至河口，逢黃河水漲，不得入河。又須停一兩月，待河水小，始得上河。入洛即漕路乾淺，船艘隘鬧，般載停滯，備極艱辛。計從江南至東都，停滯日多，得行日少，糧食既皆不足，欠折因此而生。又江南百姓不習河水，皆轉雇河師水手，更為損費"。從當時日程估算，從長江下游至洛陽差不多要十個月。到了洛陽再往西還有三門峽之險，而渭河又多沙迂曲，如改陸運，則車馬顛簸，無由廣致[2]。三門峽一段為當時漕運險路，江淮漕糧租米至東都輸含嘉倉，以車或馱陸運至陝。"而水行來遠，多風波覆溺之患，其失嘗十七八，故其率一斛得八斗為成勞。而陸運至陝，才三百里，率兩斛計傭錢千。民送租者，皆有水陸之直，而河有三門砥柱之險。顯慶元年，苑西監褚朗議鑿三門山為梁，可通陸運。乃發卒六千鑿之，功不成。其後，將作大匠楊務廉又鑿為棧，以挽漕舟。挽夫繫二䋏於胸，而繩多絕，挽夫輒墜死，則以逃亡報，因繫其父母妻子，人以為苦"[3]。

原來的直運法顯然不能適應遠距離的輸送。於是在開元二十二年（734），朝廷採納京兆尹裴耀卿建議的分段運輸法，事先在原

① 〔後晉〕劉昫等：《舊唐書》卷 98《裴耀卿傳》，中華書局 1975 年版。

② 〔後晉〕劉昫等：《舊唐書》卷 49《食貨志下》，中華書局 1975 年版。

③ 〔宋〕歐陽修、宋祁：《新唐書》卷 53《食貨志三》，中華書局 1975 年版。

來隋朝遺留下來的糧倉外，又在運河沿線新建了許多糧倉，如改原來在洛陽城內的含嘉城為糧倉，在汴河入黃河口河陰縣置河陰倉，在河清縣（今河南濟源西南舊河清）置柏崖倉，在三門峽之東置集津倉，三門峽之西置三門倉（又名鹽倉）。在三門峽北岸山崖上鑿開陸道十八里，以避三門湍險。經過這番整頓，江淮漕船至河陰倉將租米納入倉內，即可回本州。貯在河陰倉的租米俟河水稍落，由官方另雇運船，一部分租米入洛陽含嘉倉，以備所需。另一部分找熟悉河水水性的水工運經柏倉、集津倉，再走一段十八里陸路至鹽倉，再由此轉走水路至陝州太原倉，溯河水至渭南倉（咸亨三年置），最後抵長安城。經過運河漕糧分段運輸的改革，凡三歲就運了租米七百萬入至關中，達到唐代漕運史上空前的高額[①]。以後天寶年間，以長安令韋堅兼水陸運使。韋堅治漢、隋運渠，起關門，抵長安，通山東租賦。乃絕灞、滻，並渭而東，至永豐倉與渭合。又於長樂坡憑苑牆鑿廣運潭於望春樓下，以聚漕舟。堅因使諸舟各揭其郡名，陳其土地所產寶貨諸奇物於栿上。是歲，漕山東粟四百萬石。自裴耀卿言漕事，進用者常兼轉運之職，而韋堅為最[②]。

　　安史之亂後，漕運阻絕。安史之亂平定後，朝廷第一件事就是恢復漕運。寶應二年（763）由劉晏任轉運使，首先疏浚汴河恢復漕運之道。其次，是在裴耀卿分段輸送法的基礎上，加以改進。裴耀卿時規定江南各地租米一次直運至河陰倉，一般需要六七個月的時間，劉晏時改以揚州為起運點。江南各州租米自本州先運至揚州集中，再由朝廷另行組織漕船循汴河運至河陰倉，這樣可以縮短

---

①　鄒逸麟：《從含嘉倉的發掘談隋唐時期的漕運和糧倉》，《文物》1974 年第 2 期。

②　〔宋〕歐陽修、宋祁：《新唐書》卷 53《食貨志三》，中華書局 1975 年版。

等候水位漲落所需的時間。同時又"以江、河、渭水力不同""各隨便宜造運船,教漕卒",使"江船不入汴,汴船不入河,河船不入渭。江南之運積揚州,汴河之運積河陰,河船之運積渭口,渭船之運入太倉""其間緣水置倉,轉相受給"[①]。同時在漕船的組織、裝運、水工人員的配備和訓練,以及船隻的設計製造方面都有所改進,結果"歲轉粟百一十萬石,無升斗溺者"[②]。關中地區的供應又得到了暫時的保證。

元和九年(814)又在汴河入淮口南岸盱眙縣都梁山上築都梁倉,以備汴河航道淤淺受阻時,江南的漕糧可暫貯於此。元和十二年曾在此發倉米二十八石西運,可見倉儲的規模不算太小[③]。

由此可見,唐代的漕糧在大運河運行過程中的管理還是相當見效的,才能最終維持唐王朝長治久安。

北宋由於建都城開封,當時主要大運河是圍繞了汴京的漕運四渠。《宋史·河渠志·汴河》載:京師開封周圍"有惠民、金水、五丈、汴水等四渠,派引脈分,咸會天邑,舳艫相接,贍給公私,所以無匱乏"。其實這幾條運河中,金水河只是五丈河的水源,並無漕運之利。只因均在北宋初年進行過人為加工,故習稱"漕運四渠",當時真正對京城有輸送物資之功的,是去金水而代之以黃河的"漕運四河"。

漕運四渠輸送有所分工:江南、淮南、浙東西、荊湖南北六路之粟自淮入汴至京師;陝西之粟自三門白波轉黃河入汴至京師;陳、蔡之粟自閔河、蔡河(即惠民河)入汴至京師;京東之粟自五

---

① 〔宋〕歐陽修、宋祁:《新唐書》卷 149《劉晏傳》,中華書局 1975 年版;〔宋〕司馬光:《資治通鑑》卷 226 唐建中元年七月,中華書局 2009 年版。

② 〔宋〕歐陽修、宋祁:《新唐書》卷 53《食貨志三》,中華書局 1975 年版。

③ 〔唐〕沈亞之:《文苑英華》卷 808《淮南都梁山倉記》,中華書局 1966 年版。

丈河歷陳、濟及鄆至京師。四河所運，惟汴河最重[①]。

宋代漕運四渠運送天下諸路的租糧、物資，其路線有具體的規定：江南、淮南、兩浙、荊湖路租米，先運至真、揚、楚、泗州，置倉收納，分調舟船溯流入汴，經達京師，置發運使領之，諸州錢帛、雜物、軍器上供亦如之；陝西諸州菽粟，自黃河三門沿流入汴，以達京師，亦置發運司領之；京東十七州的粟帛，由廣濟河（即五丈河）運至京師；河南地區陳、潁、許、蔡、光、壽諸州物資，皆由石塘河、惠民河運至京師，皆有京朝官廷臣督之；運至河北前線的物資，由衞州通過御河達乾寧軍（今河北青縣），由廷臣主之；廣南地區進口的金銀、香藥、犀象、百貨，先陸運至虔州（今江西贛州）而後通過贛江水運北上；川益諸州金帛及租、市之布，自劍門列傳置，分輦負擔至嘉州（今四川樂山），再水運至荊南（今湖北荊州），自荊南遣綱吏運送京師[②]。管理十分有序。

宋代漕運終點在開封，較唐代縮短了許多路程，既無三門之險，又無渭水多曲之患。在運輸制度上又作了不少改進，故與唐代相較，取得了良好的效果。第一，江南、淮南、兩浙、荊湖路諸州的租米物資每年按時運至揚、真（儀徵）、楚（淮安）、泗四州後，待汴河水漲，再分別由此運往開封。起自揚、真二州者定八十日一運，歲可三運。楚、泗二州因即在淮河沿岸，如自此"間運米入船，至京師輦米入倉，宜各宿備運卒，皆令實時出納。如此每運可減數十日。楚泗至京千里，舊定八十日一運，一歲三運，今若去淹留之虛日，則歲可增一運矣"[③]。此後自楚、泗二州起運，規定一歲四運，

---

① 《通考·國用考三》引《止齋陳氏》語。

② 〔元〕脫脫等：《宋史》卷175《食貨志上三·漕運》，中華書局1977年版。

③ 〔宋〕李燾：《續資治通鑑長編》卷13開寶五年秋七月，中華書局1979年版。

立為永制^①。尤以泗州正處淮汴之交，"最為近便"，故大多從泗州起運，元豐初還將貯藏在揚州的百萬石穀徙貯泗州，以便發運^②。第二，船隻載負量的減輕。唐時漕船共兩千艘，每艘載一千斛，一年一運，開元時凡三年，運米七百萬石至關中。宋時綱船常六千艘，每艘載重只三百石^③。真宗景德四年（1007），規定汴河每歲定額是六百萬石^④。宋時單個漕船載負量雖輕於唐代，然船隻數量多，且其周轉率較唐時為高。第三，唐代後期雖經劉晏的整頓，漕運效率明顯提高，但晚唐軍閥割據，社會動盪，管理制度廢弛。史載"自太和以來，歲運江淮米不過四十萬斛，吏卒侵盜沉沒，舟達渭倉什不三四，大墜劉晏之法"^⑤。而宋代無軍閥割據之患，而對漕運管理尤特別重視，制度較為齊全。宋代設有專職漕運事務的發運司兩員^⑥：一員設在真州，掌管把江南兩浙等路的漕糧運到真州；一員設在泗州，掌管把漕糧從真州運到京師^⑦。發運司除管理漕運外，並有"錢一百萬貫為糴糶之本，每歲於淮南側近趁賤糴米。而諸路轉運司上供米至發運司者，歲分三限：第一限自十二月至二月，第二限自三月至五月，第三限自六月至八月了。遠限不至，則發運司以所糴代之，則取直於轉運司"^⑧。王應麟亦云："祖宗設制置發運，蓋始於

---

① 〔宋〕釋瑩文：《玉壺清話》卷 8。

② 〔宋〕李燾：《續資治通鑑長編》卷 300 元豐二年冬十月辛丑，中華書局 1979 年版。

③ 〔宋〕王應麟：《玉海》卷 182《漕運》，江蘇古籍出版社 1987 年版；〔宋〕沈括《夢溪筆談》卷 12，上海古籍出版社 1987 年版。

④ 〔元〕脫脫等：《宋史》卷 175《食貨志三》，中華書局 1977 年版。

⑤ 〔宋〕司馬光：《資治通鑑》卷 249 大中五年，中華書局 2009 年版。

⑥ 發運司之設，始於唐末。《資治通鑑》卷 253 廣明元年（880）"二月……高駢奏改揚子院為發運使。"胡注："揚子院舊置留後，今改為發運使，宋朝江淮發運使本此。"

⑦ 〔宋〕王應麟：《玉海》卷 182《漕運》，江蘇古籍出版社 1987 年版。

⑧ 〔宋〕蘇轍：《論發運司以糴糶代諸路上供狀》，《欒城集》卷 37，上海古籍出版社 2009 年版。

王樸之議。朝廷捐數百萬緡以為糴米，使總六路之計，通融移用，與三司為表裡，以給中都。六路豐凶不常，稔則增糴以充漕計，饑則罷糴，使輸折斛錢，上下俱寬，而京師不乏。……自仁宗朝至崇寧初，發運司常有六百餘萬石米，百餘萬緡之蓄，真、泗二倉常有數千石之儲。"① 由於實行了糴糶制度，不待江淮漕運船至，亦可按時上運，不致誤時，其周轉率較唐時增加兩三倍。

元代漕運以海運為主，所以對京杭大運河上漕運管理沒有一套完整的制度，以致造成航運上的混亂。首先，當時因為運河淺狹，規定漕船不能超過百五十料，但是權貴、大賈為了增多載負量，造了三四百料甚至五百料的大船，在運河中航行，以致造成運河擁擠，"阻滯官民舟楫"。朝廷為了對付權貴的違章，在運河某些船閘處加置小石隘閘，束狹閘口，只許行百五十料船隻，禁止二百料以上船隻通行。是否有效，不得而知。其次，本來在濟州置漕運司，管理南北漕運。以後濟州漕司革罷，濟州以南河道，"從此無人管領，不時水勢氾濫，堤岸摧塌，澀滯河道。又濟州閘，前濟州運司正官親臨監視，其押綱船戶不敢分爭。即目各處官司差人管領，與綱官船戶各無統攝，爭要水勢，及攙越過閘，互相毆打，以致損壞船隻，浸沒官糧"② 。所以元一代運河管理混亂，因當時以海運為主，朝廷也未着力改革。

明代朝廷徵用糧食的地區，主要是南直隸、浙江、江西、湖廣、河南、山東六省，前四省稱為"南糧"，後二省稱為"北糧"。輸送漕糧的辦法前後有變化。初年水運與海運兼理。永樂十三年（1415）會通河建成後，罷海運，改為由京杭大運河運糧京城，在

① 〔宋〕王應麟：《玉海》卷 182《漕運》，江蘇古籍出版社 1987 年版。
② 〔明〕宋濂等：《元史》卷 64《河渠志一》，中華書局 1976 年版。

運河沿線置淮安、徐州、臨清、德州四倉。先用支運法（亦稱轉運法），即由各地糧長將糧食就近輸送至國家糧倉，再由運軍分段運至通州、京師。如江西、湖廣、浙江民運糧至淮安倉，再分遣官軍就近挽運。"自淮至徐，以浙、直軍，自徐至德以京衛軍，自德至通以山東、河南軍。以次遞運，歲凡四次，可三百餘萬石，名曰支運"。宣德五年（1430）後，因江南民船運糧儲倉往返幾一年，有誤農時，改用兌運法，即各地江南諸省民糧運至淮安、瓜洲，兌於運軍，由運軍直運京師，是為兌運；八年"立水次倉，先是諸處稅糧，俱里胥糧長就私家徵索，推斂無藝，乃於附城水次設倉，總徵並蓄，而時出之，今民徑自送納，較之往昔，省減二分之一"[①]。以後凡靠近會通河的各縣均設有水次倉，如曹州、曹縣、定陶、鄆城、壽張、范縣、濮州、朝城都有水次倉。如隆慶二年（1568）沛縣改水次倉於夏鎮，豐縣水次倉也改在夏鎮[②]。但每石米根據路途近遠要加耗，"給於路費耗米，則軍民兩便"。規定每石湖廣八斗，江西、浙江七斗，南直隸六斗，北直隸五斗。當時也沒有全部廢除支運，"不願兌者，亦聽其自運"。以後民間"亦多以遠運為艱。於是兌運者多，而支運者少矣"。以後兌運法出現不少弊病，如"軍與民兌米，往往恃強勒索"。於是至成化七年（1471）改用長運法，即江南州縣運糧至水次（主要是淮安、瓜洲），糧戶除加耗外，每石加過江費一斗，由運軍直運京師，遂為定制[③]。清襲明制，漕糧運輸方式大體沿用明代後期的長運法。

　　明代憲宗時還規定運船至京期限，北直隸、河南、山東五月初

---

① 〔清〕顧炎武：《天下郡國利病書》卷 24《江南十二》"徵收則例"條引"文襄公事跡"，清光緒辛丑石印本。

② 〔清〕顧炎武：《天下郡國利病書》卷 40《山東六》"水次倉"條，清光緒辛丑石印本。

③ 〔清〕張廷玉：《明史》卷 79《食貨志三·漕運》，中華書局 1974 年版。

一日，南直隸七月初一日，其過江支兌者，展一月，浙江、江西、湖廣九月初一日。通計三年考成，違限者，運官降罰。武宗時列水程圖格，按日次填行止站地，違限之米，頓德州諸倉，曰寄囤。世宗時定過淮程限，江北十二月，江南正月，湖廣、浙江、江西三月，神宗時改為二月。又改至京限五月者，縮一月，七八九月者，遞縮兩月。後又通縮一月。神宗初，定十月開倉，十一月兌竣，大縣限船到十日，小縣五日。十二月開幫，二月過淮，三月過洪入閘。皆先期以樣米呈戶部，運糧到日，比驗相同則收[1]。

　　明清時期大運河在運輸漕糧過程中所出現的問題基本相同，因此運河在通運過程中的管理也基本相同。這類管理大體上可以分為兩類：

　　一是對運河自然要素的管理。明清時期運河由不同河段組成，有白漕、衛漕、閘漕、河漕、湖漕、江漕、浙漕之分，根據不同河段的特點，有不同的整治管理方法。如對白漕，即白河"從密雲而南下，霽十日，則平沙彌河，雨溢則氾，運卒急則挽舟，又急則直易舟耳。其節短，不併運，故其法治之以'不宜治'也"。衛漕，即衛河"渠其斂而流甚深，渠斂則流專，流深則渠利，故其法治之以'不必治'也"[2]。閘漕，即山東運河主要是對水源和閘壩的管理，這段運河水源主要來自汶泗諸水及泰山山脈西麓各地泉源，匯入沿運的南旺、安山、馬場、昭陽四大水櫃，以資漕運，"漕河水漲，則減水入湖；水涸，則放水入河，各建閘壩，以時啟閉"。所以閘門按時啟閉，保證運河在通運時有足夠的水源，是運河管理的重點[3]。又因山東運河中間南旺地區高，南北兩端低，

① 〔清〕張廷玉：《明史》卷79《食貨志三·漕運》，中華書局1974年版。
② 〔明〕萬恭：《治水筌蹄》自序，朱更翎整理本，水利電力出版社1985年版。
③ 《泉河史》卷2《職制志》：有"漕河禁例：凡十七條"，此其一。

需分段置閘以控制水流。根據漕船過時的水情、船情，分段啟閉，沿途控制各段運河內水量，才能安全通航。河漕即徐州至清江浦以黄河河道為運道，重點在整治和鏟除徐州東南的徐、呂二洪的峭立怪石，以免漕船有覆舟之患，徐州府還專設管洪主事。這段河道着重在"崇堤約之以專其流，隨流堤之以弱其性，運畢則修以清漕，漕畢則靜以待運，歲相循環也。故其法治以'數治'也"。湖漕即淮安、揚州間運河，因該地湖泊成串，"地卑積水，匯為澤國"，多築堤並開月河以通運，如築高郵、寶應、氾光、白馬諸湖堤，堤皆置涵洞，互相灌注；又慮淮東侵，在洪澤湖東築高家堰，"為淮揚門戶，堤防不可不嚴，修守不可不預，內除石堤三千丈外，兩頭土堤，每歲伏秋，劃地分守，隨汕隨葺"[1]。堤以禦洪，並在堰上分水口以泄洪[2]。萬恭認為此段運河"夏秋多雨，則脹悶而決堤，冬春多旱，則涸竭而膠舟，脹之既不可，涸之又不可……此豈能一日忘備哉！故其法治以'亟治'也"。浙漕即江南運河，河道條件較好，只要來年疏浚一次即可，所謂"直踰年一深通之耳。故其法治之以'間治'也"[3]。每一不同河段由於河性不同，需要不同的治理和管理方法。所以每年從春上起運開始，運河是在十分周密的系統管理條件下，才能完成一年的漕運任務。

　　二是對運河在通運過程中各類社會因素的管理。明清兩代與運河有關的有不同的利益人群，如控制或操作以及通過運河有關船隻的有官府領漕官員、官府船隻管船官員、漕司官員、閘官、漕卒、船丁、夫役、豪門富商、過往客商等，這些不同人群，在

---

① 〔明〕潘季馴：《河防一覽》卷3《河防險要》，國家圖書館出版社 2009 年版。

② 〔清〕張廷玉：《明史》卷 85《河渠志三·運河上》，中華書局 1974 年版。

③ 〔明〕萬恭：《治水筌蹄》卷下，朱更翎整理本，水利電力出版社 1985 年版。

運河運行中有不同利益，這種不同利益在運河航行中往往會發生
矛盾衝突，這種矛盾的爆發或尖銳化，就會造成運河的阻塞或淤
淺，嚴重影響運河正常運行。於是朝廷需要制定一系列制度加
以管理。例如，由於運河水淺、河狹，過往漕船大小、載重、吃
水都有嚴格規定，超過規定就會阻塞運道。明代漕船大小、尺
寸俱有規定，萬恭《治水筌蹄》云：每艘漕船"載不得過四百石，
入水深不得過六拏。六拏者，三尺也"。又云："理閘如理財，
惜水如惜金。糧艘入水，深不逾三尺五寸，浚至四尺則水從下
過，廣不逾一丈五尺，浚至四丈則水旁過，皆非惜水之道也。"①
劉天和《問水集》云："臣等審驗糧船自面至底尺寸，及遍詢回船
運軍，舉云裝米五百餘石，用水亦不甚深。而帶貨過重，未免淺
擱，前船一滯，後幫皆遲……尤望乞敕戶部通行漕運衙門曉示運
軍，遇淺即剝，仍申明帶貨舊例，不許例外重載。""官軍故違，
即便訪拏究治。"②清代基本沿襲明制，據清初朱之錫《河防疏略》
記載，規定漕運船式俱有定式，龍口樑闊不一丈，深不過四尺。
如糧船過淮驗烙之時，查有不如式者，該管官員不分軍職有司，
一體參奏。江西、湖廣、浙江漕船，樑頭闊至一丈六七尺，深至
七八尺不等。空船入水已四五捄，又因船隻不足，往往倍載票
糧，入水多至十捄以外。而一遇重船，在黃河則合幫人夫，逐船
倒縴，始得過溜。在運河則守板蓄水，集船起剝，倍費日時③。為
了多載運輸物資，"其江西、湖廣、浙江之船，則巍然如山，隆然
如樓……入水多至五尺以上"，每船"復攜二三剝船以隨之"。致
使渡黃入運，到處擱淺。嘉、道之際，"山東、河南之船亦復仿

---

① 〔明〕萬恭：《治水筌蹄》自序，朱更翎整理本，水利電力出版社 1985 年版。
② 〔明〕劉天和：《問水集》卷 3《修浚運河第一疏》。
③ 〔清〕傅澤洪：《行水金鑑》卷 134 引，商務印書館 1936 年版。

效逾制，繼長增高，日甚一日"。所載漕糧米麥"不過六百餘石"，其增大部分"悉為攬鹽攬貨之物，沿途販售"①。由於漕船造式超長超重，吃水過深，以致航行過程中，擱淺、阻塞之事經常發生，影響了漕運的暢通。

又如，運船過閘河次序，明代規定"糧船盛行，運舟過盡，次則貢舟，官舟次之，民舟又次之"②。只有鰣魚與楊梅、枇杷等江南新鮮物品，是皇帝宗室最喜享用的食品，這是一種特殊物資，運送的船隻稱為貢鮮船隻，為保證供應皇帝享用，不限時間，船到即啟閘。因此規定凡船隻到閘，必待積水至六七板放可啟閘。"宣德四年，令凡運糧及解送官物並官員、軍民、商賈等船到閘，務積水至六七板方許開。若公差內外官員人等乘座馬快船或站船，如是急務，就與所在驛分給馬騾過去，並不許違例開閘。進貢要緊者，不在此例。成化間，令凡閘惟進鮮船隻隨到隨開，其餘務待積水。若豪強逼勒擅開，走泄水利，與門開不依幫次，爭開者，聽閘官將應問之人拿送並巡河官處究問。……干礙豪勢官員，參奏究治。其閘內船已過，下閘已開，積水已滿，而閘官夫牌故意不開，勒要客船錢物者，亦治罪"③。"惟進貢鮮品船隻到即開放，其餘船隻務要等待積水而行。若積水未滿，或積水雖滿而船未過閘，或下閘未閉，並不得擅開"④。然而權勢之家的船隻一到，根本不將官方禁令放在眼裡，逼迫閘官即行開閘放

---

① 《清經濟文編》卷 52 魏源《籌漕運篇》下，轉引自李文治、江太新《清代漕運》（修訂版），社會科學文獻出版社 2008 年版，第 381 頁。
② 〔明〕萬恭：《治水筌蹄》卷上，朱更翎整理本，水利電力出版社 1985 年版。
③ 〔明〕楊宏、謝純：《漕運通志》卷 8 漕例略，荀德麟、何振華點校本，方志出版社 2006 年版，第 159—160 頁。
④ 〔明〕王瓊：《漕河圖志》卷 3《漕河禁例》，水利電力出版社 1990 年版。

行，甚至毆打閘官，落水死人而不顧①。

又如，南京與北京之間來往的公差人員裝載官物的船隻稱為黃船、馬快船、貢船。黃船有大、小之分，大黃船專為皇帝所乘，小黃船負責運載江南時鮮肉蔬果品至京城。馬快船運送各種上供物品。貢船主要運送宮廷辦公及日常生活用品。總之，都是朝廷的官船，總數多時達三千多艘，少時也有上千艘，約佔漕船的四分之一②。這些船隻按規定與漕糧船、商船同樣需俟運河積水情況開閘過船，如逢到閘積水未滿，不能過船，"就於所在驛分給馬驢過去，並不許違例開閘"③。但是"兩京往來內外官，多不恤國計，不候各閘積水滿板，輒欲開放，以便己私。而南京進貢內臣尤甚，以此走泄水利，阻滯糧運"④。有的"馬快船隻遞運官物，其管船官員有索要船夫銀兩者，有裝官物三分，而帶私貨七分者，有沿途責打官吏，而多派人夫者，有縱令家人逼要茶

---

① 《行水金鑑》卷110《明憲宗實錄》：宣德四年四月丁亥，"上語都御史顧佐等曰：臨清以南諸閘，專為蓄水以便行舟，比聞閘官軟罷，多為權勢所脅，不時開放，輕泄水利，強梁者即度，良善者候經旬日，甚至忿鬥溺死者有之。爾即揭榜禁區約。惟進薦新物者舟行不禁，其餘不分公私，必候積水及則，方得開閘，若有公事不可緩者，即於所在官司轉給馬驢以行。有仍前脅制聽從者，皆論罪不貸"。宣德四年宣宗就下旨："沿運閘官都不盡心堤防水利，往往為權豪勢要所脅，不時將閘開放，以致強梁潑皮的得以搶先過去，本分良善的動輒經旬日不得過，甚至爭鬥廝打，淹死人也是不顧，十分無理。恁都察院便出曉諭多人知道，今後除進用緊要的船不在禁例。其餘運糧、解送官物及官員、軍民、商賈府船到閘，各俟積水至六七板，方許開放。若公差、內外官員人等，或乘馬快船及遞運站船，如果事務緊急，就於所在驛分馬驢過去，並不許違例開閘。敢有仍前倚權豪勢要逼凌閘官及廝鬥爭先過去的，許閘官將犯人拿赴巡官處及所在官司，或巡檢察御使處問的得實，輕則如律處治，重則奏聞區處。那沿河管閘官以前所犯姑容不問，今後若再不用心依法開管，仍聽權豪勢要之人逼脅，啟閉不時，致水走泄，阻滯舟船，都拿來重罪不饒。"
② 李泉、李芹：《明代的宮廷運輸與運河交通》，《故宮月刊》2010年第6輯。
③ 〔明〕王瓊：《漕河圖志》卷3《漕河禁例》，水利電力出版社1990年版。
④ 〔清〕傅澤洪：《行水金鑑》卷110《明憲宗實錄》，成化七年正月甲申。

錢者。似許奸弊，難以枚舉，凌辱官吏，苦害軍民，攪擾公私，莫此為甚"[1]。有的甚至在其駕黃船、馬快船上將在朱牌上書寫金字"御用""上用"字樣，高持在船頭旗幟之上，有的則在朱牌上寫上墨字"欽差""欽取"持在桅檣之間，乘勢快速北上。[2] 還有的官員"回籍省察、丁憂、起復及升除、外任文武大小官員，或由河道，或從陸路，俱無關文，往往倚勢於經過衙門取具印信、手本，轉遞前途，照數起撥人夫、車輛、馬匹、船隻及受要廩米、雞鵝、酒肉、蔬果等物，有司阿意奉承，科用民財，略不顧恤其中。又有販賣物貨，滿車滿船，擅起軍、民夫拽送。一遇閘壩、灘淺、盤墊疏挑，開泄水利，以致人夫十分受害，糧運因而遲滯"。明廷也明曉"此等弊病，若不痛加懲治，則上下相貪，人民荼毒，何有紀極。恁都察院便出榜，去各地方一帶掛張，曉諭禁約，仍行與各巡撫都御史並巡按、巡鹽御史，管洪、管閘部屬及分巡風憲官，各照節次降去禁例，嚴督所屬巡司、官吏常川往來巡視。遇有前項倚勢索取夫馬、車船、廩食等項，官員及公差內外官多討馬快船隻，就便從公盤詰私鹽、私貨俱見數入官，無籍之徒及關文內無名之人擒拿問罪，干礙內官並五品以上官，指實奏來處治；其餘應拿來者，即拿問如律。軍衛、有司、驛遞衙門，敢有前徇人情，懼勢要、應付者，事發一體治罪不饒"[3]。但事雖明有禁令，法規俱在，然天高皇帝遠，那能禁得了？因此終明之世，黃船、馬快船強行過閘，導致河水過量流失，造成河道壅淺，令漕船及官民船隻停泊、擱淺問題始終沒有得到解決，

---

① 〔明〕王瓊：《漕河圖志》卷 3《漕河禁例》，水利電力出版社 1990 年版。

② 〔明〕胡瓚：《泉河史》卷 2《職制志》，清順治四年刊本。

③ 〔明〕王瓊：《漕河圖志》卷 3《漕河禁例》成化十二年六月二十一日都察院右都御史屠滽等於奉天門欽奉憲宗皇帝聖旨，水利電力出版社 1990 年版。

嚴重干擾了運河的正常運行^①。

這種問題終明一代並未解決，至清初仍然如此。《行水金鑑》卷 134 朱之錫《河防疏略》："聖祖仁皇帝康熙二年九月十九日總河朱之錫題：……查會典一款，凡運糧及解送官物，並軍民商賈等船到閘，務積水至六七板，方許開放。若公差內外人等，乘坐馬快船或站船，緊急公務，就於所在驛，分給與馬驢過去。不許違例開閘，進貢要緊，不在此例。又一款，凡閘，惟進鮮船隻，隨到隨開，其餘務待積水。若豪強擅開，走泄水利，及閘開不依幫次爭鬥者，聽閘官拿送管閘並巡河官究問。因而閣壞船隻，損失進貢對象，及漂流官糧並傷人者，各診律例，從重問罪。干礙豪勢官員，參奏究治。而且附搭黃馬快船有禁，貢鮮船隻夾帶有禁，令申森嚴，歷歷可考。……奈邇來官差船隻，只顧一己速行之私，罔念朝廷京儲之重，每到閘口，輒聽船役喝令啟板，么髒官夫，稍有違拗，則捶楚繼之。積水既泄，閘內糧船，不免淺擱，即使泄而復蓄，亦不免加倍耽延。甚或有隨帶貨船，須水浮送，則上閘應閉而不聽閉，下閘當開而不容開，年來爭競之端，實由於此。"

凡此種種，可了解到明清時代大運河的通運，是在自然條件十分不利和人文背景又相當惡劣的情況下進行的，為了維持運河運輸的暢通，其管理成本是很高的，然因體制問題所限，最終未必達到應有的效果。

---

① 李泉、李芹：《明代的宮廷運輸與運河交通》，《故宮月刊》2010 年第 6 輯。

第三節
運河的運輸能力及其限度

　　歷史上運河運輸的能力視河道條件和社會政治環境的變化而
定。例如，西漢初年，社會經濟凋零，"漕轉關東粟以中都官，歲
不過數十萬石"。漢武帝時代，國力強盛，朝廷特別注意水利建
設。"歲漕關東穀四百萬斛以給京師，用卒六萬人"每年從關東運
輸大批糧食入京師，以至"太倉之粟陳陳相因，充溢露積於外，腐
敗不可食"，造成極大的浪費①。不過當時經常情況是從山東漕運至
關中，"歲百餘萬石"，然因途徑經三門砥柱之險，"敗亡甚多而煩
費"。於是計劃在距離關中較近汾河下游開渠田灌溉，估計可以輸
入關中漕糧在兩百萬石以上，能避三門之險。不料最終因黃河河道
移動而罷。此後又開襃斜道溝通襃、斜二水通漕，最後因"水多湍
石，不可漕"而罷②。總之，西漢一代正常情況下，每年從各地通過
運河輸入關中的糧食大約一百萬石。魏晉時期因資料缺乏，對運河
運輸能力的詳情，難以備述。

　　唐代初年，貞觀、永徽年間，國用簡省，每年漕運二十萬石便
足應用。以後國用漸廣，漕運數倍於前。到盛唐開元初，河南尹
李傑為水陸運使，運米歲二百五十萬石。開元二十二年（734），
裴耀卿主漕事，最盛時凡三歲，運七百萬石漕糧至京，平均每年
二百三十餘萬石。及耀卿罷相，北運頗艱，米歲至京師才一百
萬石。開元二十五年，遂罷北運。而崔希逸為河南陝運使，歲運
一百八十萬石。其後以太倉積粟有餘，歲減漕數十萬石。天寶元年

① 〔漢〕班固：《漢書》卷 24 上《食貨志第四上》，中華書局 1962 年版。
② 〔漢〕班固：《漢書》卷 29《溝洫志》，中華書局 1962 年版。

(742)韋堅主漕事,是歲,漕山東粟四百萬石^①。這可能是唐代漕運的最高數字。

　　安史之亂以後,社會動盪,戰爭頻仍,政治腐敗,而運河修治不時,運輸量大減。如在代宗廣德年間,"歲轉漕粟百一十萬石"^②。"大中五年(851),以戶部侍郎裴休為鹽鐵轉運使。明年漕米歲四十萬斛,其能至渭倉者,十不三四"^③。對唐朝財政產生嚴重影響。

　　北宋一代文臣主政,雖國力不強,但國內軍事爭戰很少,社會相對安定,運河運輸的能力也相對穩定。再則建都開封,漕運省卻三門之險,且有四渠通漕,其效果當然是超過唐朝的。

　　宋初開寶年間,汴、蔡兩河由江淮地區運往都城東京的漕米每年不過數十萬石。太平興國初,兩浙歸附,漕運數增至四百萬石。太平興國六年(981)時,"汴河歲運江淮米三百萬石,菽一百萬石;黃河粟五十萬石,菽三十萬石;惠民河粟四十萬石,菽二十萬石;廣濟河粟十二萬石:凡五百五十萬石"。至道初,汴河運米增至五百八十萬石。景德四年(1007)定汴河歲額六百萬石。大中祥符時,汴河運米最高達七百萬石。^④神宗熙寧五年(1072)時規定年額,汴河每年上供六百萬石,廣濟河六十二萬石,惠民河六十萬石。廣濟河所運內十二萬石為雜色粟豆,只能充作馬料。惠民河所運內二十五萬石只給太康、咸平(今通許)、尉氏等縣軍糧。惟汴河所運一色粳米相兼小麥,是太倉儲糧的主要來源^⑤。

---

① 〔宋〕歐陽修、宋祁:《新唐書》卷53《食貨志三》,中華書局1975年版。

② 〔宋〕歐陽修、宋祁:《新唐書》卷53《食貨志三》,中華書局1975年版。

③ 〔後晉〕劉昫等:《舊唐書》卷49《食貨志》,中華書局1975年版。

④ 〔元〕脫脫等:《宋史》卷175《食貨志上三·漕運》,中華書局1977年版。

⑤ 〔元〕脫脫等:《宋史》卷93《河渠志三》汴河,中華書局1977年版。

以上是常年正常情況之下而言，其實運河種種不利於航運的因素不少，許多年份往往達不到以上運輸的要求。例如，汴河水源不足，含沙量高，河道易於淤淺等因素，限制了航運的能力。此外比較固定不利航行的是每年冬季淮河以北段運河封凍，只能停運。唐人杜牧有《汴河阻凍》詩云："千里長河初凍時，玉珂瑤佩響參差。浮生恰似冰底水，日夜東流人不知。"[1] 宋代初年有冬十月閉汴口的規定，推想當時汴河封凍在十月以後，解凍後頭綱起運時初在清明日，導洛入汴後，改在二月初一[2]。以後引洛失敗，仍引黃入汴，仍以清明日起運。可見汴河一年能通運的不過八個月，大致是漕運的一個來回，其運輸能力是有限的。

元代每年通過大運河的漕糧，歲漕米一百萬石，自冰開發運至河凍時止，計二百四十日，日運糧四千六百石[3]。其餘利用海運。

明清兩代朝廷對大運河的依賴更甚於前代。由於自然和人為因素，每年朝廷通過運河將漕糧運至京師，過程也不是很順利的。一方面是自然方面的原因，上文已提及運河水源不足，運道水量淺澀，往往是運舟不能順利通行的重要原因；此外是運道多處置閘，特別是山東運河全為閘河，漕船過閘需要十分小心，稍不留意，或水太大沖毀船隻，或水太小而船隻擱淺。另一方面是人為原因，當時漕船北上稱"重運"，到通州卸糧後，南歸稱"回空"。漕船北上攜帶土宜過多，載量過重也是不能如期航行的一個重要原因。漕

① 〔唐〕杜牧：《樊川文集》卷4，上海古籍出版社1978年版。
② 《續資治通鑑長編》卷302："元豐三年元月……三司言：發運司歲發頭運糧綱入汴，舊以清明日，自導洛入汴，以二月一日。"
③ 〔明〕宋濂等：《元史》卷64《河渠志一》成宗大德六年三月京畿漕運司言，中華書局1976年版。

船攜帶土宜，原是朝廷允許的。但運丁為了多獲商利，經常超額多帶，每每因途經關卡，為查驗土宜納稅之事爭執不下，以至延宕時日。如明代規定糧運"過淮完糧期限，山東北直隸正月以裡完報，五月初一日完；江北官軍十二月以裡過淮，限七月初一日完；南京江南正月以裡過淮，八月初一日完；湖廣、浙江、江西三月以裡過淮，九月初一日完。皆依地理遠近，大率過淮之後，在途延往，有違原限，問以罪名，情法皆當"[1]。清代漕運從瓜洲起運至通州入倉，北上重運和南歸的日程，順流或逆流都有一定的規定。但在實際運行過程中，往往因為不同時間的水情不同等自然條件等原因，不能如期到達。如山東境內一段閘河原定為四十二日，但嘉慶十四年（1809），湖南三幫漕船走了一百四十七日，嘉慶十五年走了一百二十五日，超過原定期達數月之久[2]。從運河自然通運能力而言，也不十分理想。

明清兩代大運河通運的能力與其所運輸的物資有關，當時通過大運河北上的物資主要有下列三個方面：

（1）漕糧。明永樂初，會通河尚未開通，河、海兼運。永樂十三年（1415）開會通河後，罷海運，漕糧全由會通河北運[3]。初未有定額，永樂十六年會通河運往北京，為四百六十四萬六千五百三十石；宣德八年（1433）五百餘萬石；正統二年（1437）四百五十萬石；景泰二年（1451）四百二十三萬五千石；天順四年（1460）四百三十五萬石；成化八年（1472）始定四百萬石，"自後以為常"。

---

① 〔明〕楊宏、謝純：《漕運通志》卷8《漕例略》，荀德麟、何振華點校本，方志出版社2006年版，第170頁。

② 李文治、江太新：《清代漕運》（修訂版），社會科學文獻出版社2008年版，第130頁。

③ 〔明〕楊宏、謝純：《漕運圖志》卷4《始罷海運從會通攢運》，方志出版社2006年版。

加上沿途損耗，每年實通運正耗糧五百一十八萬九千七百石^①。漕糧之外，蘇、松、常、嘉、湖五府每年還要輸送當地生產的白熟粳糯米二十一萬四千餘石，以供宮廷、宗人府以及京官祿糧，稱為“白糧”，均由民運，“自長運法行，糧皆軍運，而白糧民運如故”^②。

明代漕船初無定數，天順以後大致為一萬一千七百七十七艘，由南京並南直隸、浙江、江西、湖廣、山東四都司衛所官軍運輸，運軍共十二萬一千五百餘名。^③

清代漕糧主要徵自江蘇、浙江、江西、安徽、湖南、湖北、山東、河南八省，其徵收數大致與明代相同，順治二年（1645）即規定“每歲額徵漕糧四百萬石”^④。每年漕糧數，在嘉慶以前，平均在四百萬石以上或接近四百萬石。道光以後逐漸減少，由四百多萬石減至三百多萬石乃至兩百多萬石^⑤。清代運糧漕船數量時有變動，康熙以前，全國漕船凡一萬零四百五十五艘，雍正以後逐漸減少。雍正四年（1726）為七千一百六十八艘，乾隆十八年（1753）為六千九百六十九艘，嘉慶十七年為六千三百八十四艘，道光十九年（1829）為六千三百二十六艘，咸豐元年（1851）為六千二百九十六艘^⑥。

對這項朝廷主要任務的漕運，由於體制腐敗，官吏貪婪以及種種不合理弊政，在運輸過程中，嚴重影響漕運的效率。如在明代有

---

① 〔明〕李東陽等：《大明會典》卷 27《會計三 · 漕運》，廣陵書社 2007 年版。
② 〔明〕楊宏、謝純：《漕河圖志》卷 8《漕運糧數》，荀德麟、何振華點校本，方志出版社 2006 年版；〔清〕張廷玉：《明史》卷 79《食貨志三 · 漕運》，中華書局 1974 年版。
③ 〔明〕楊宏、謝純：《漕河圖志》卷 8《漕運官軍船隻數》，荀德麟、何振華點校本，方志出版社 2006 年版。
④ 〔清〕趙爾巽：《清史稿》卷 122《食貨三 · 漕運》，中華書局 1977 年版。
⑤ 李文治、江太新：《清代漕運》（修訂版），社會科學文獻出版社 2008 年版，第 42 頁。
⑥ 李文治、江太新：《清代漕運》（修訂版），社會科學文獻出版社 2008 年版，第 154 頁。

"官軍在途買賣私貨，故意遷延，候至天寒，覬以往來寄收對放"，又如軍衛主要責職是運送漕糧，但"該管上司往往遣理辦他務，稍有遲違，輒便加咎，以此管河官員畏懼刑憲，奔走奉承，卻將本等河道置之度外"。如此情況，不免造成漕運的滯緩。另外，運軍們過着十分悽慘的生活，他們終日辛勞，卻得不到生活的基本保證。嘉靖年間總兵官顧仕隆奏："照得漕運軍士頻年勞役，寒暑暴露，天下至困，莫過於斯，所望者獨行月糧拯救而已。近年以來，節據各總衛所領運官程稱，有三五個月，或七八個月，甚至一二年間全不支給，至於各軍行糧，亦有連年拖欠者，家口缺食，軍裝無辦，妻子號寒，命多不保，將欲使之出死力挽重舟以溯千里長河，亦難矣哉！""各衛運軍或遭兵火，或為災傷，月糧不得救口""該支月糧有一二年或十數個月至少三五個月不曾關給，家口嗷嗷，張頤待哺。又加運道債負，百端凌逼，苦不得已，遂多逃亡。"運軍們在如此惡劣條件之下，唯有逃亡一途。據載，當時運軍逃亡之事屢有發生，結果"每船見軍不上五七名，少者止三二名，甚至全船皆無。而滿船錢糧須要雇人拽運"，於是還得另花銀兩雇人運行，"大約每船用銀一二十兩，俱累見在官軍"。如弘治八年（1495）總兵官奏，"逃亡事故不止一萬四五千名，管運官旗只得雇覓遊食光棍湊數，致壞清規"①。按理漕運是運河的首要任務，竟然出現如此問題，其最終效率可想而知。

　　（2）一般商品。大運河上商品，大致包括三個方面：第一，主要指政府規定運軍隨漕船所帶的土宜。明清兩代都規定漕運軍卒隨漕船北上時，可以隨船搭載一定數量"土宜"，沿途販賣，"免其

① 〔明〕楊宏、謝純：《漕運通志》卷8《漕例略》，荀德麟、何振華點校本，方志出版社2006年版，第127、137、169、170頁。

抽税"。這種土宜的數額曾不斷地增加。明弘治規定每船"不得過十石",嘉靖時增至四十石,萬曆時再增至六十石;在清代,康熙時六十石,雍正時增至一百二十六石,乾隆時又准江南、浙江漕船廠每船增帶四十石,嘉慶時增至一百五十石。道光時增至每船土宜一百八十石[①]。道光年間漕船以六千三百二十六艘計,共有免税土宜一百一十三萬八千六百八十石[②]。第二,漕船至京師卸糧後,回空船所載各類貨物。回空船所載商貨主要是農產品及農副產品,如梨、棗、核桃、瓜子、柿餅、豆、麥、棉花、煙草等[③]。第三,民間商船運帶的商品。在大運河運行的純粹民間商船,為數恐不多。因為會通河每年十一月開始臨清以北的運河結冰,次年二月解凍,一年只有八個月通航時間[④],而這段時間內主要供漕船航行,民船很難擠入,商人進行商品貿易,主要與運軍漕丁合作。一則商船在此河航行,宕延時日,運輸成本太高。二則是商船過臨清鈔關手續十分麻煩,同時還要遭受鈔關官員、地方胥吏的敲詐勒索,妄加罪責,肆意誅求。沿運官員敲詐勒索,無以復加。故而民間商人在大運河貿易活動大受限制。

(3)貢品。鰣魚與楊梅、枇杷等江南新鮮物品,是皇帝宗室最喜享用的食品,這是一種特殊物資,運送的船隻稱為貢鮮船隻,為保證供應皇帝享用,明時規定"凡閘惟進貢鮮品船隻,到即開放,其餘船隻務要等待積水而行"[⑤]。清初同樣規定,貢鮮船不限時間,

① 《萬曆會計錄》卷35《漕運》;光緒《大清會典事例》卷207《漕運》。
② 李文治、江太新:《清代漕運》(修訂版),社會科學文獻出版社2008年版,378頁。
③ 李文治、江太新:《清代漕運》(修訂版),社會科學文獻出版社2008年版,380頁。
④ 〔清〕賀長齡、魏源等:《清經世文編》卷46林起龍《請寬糧船盤詰疏》,中華書局1992年版。
⑤ 〔明〕楊宏、謝純:《漕運通志》卷8《漕例略》,荀德麟、何振華點校本,方志出版社2006年版。

船到即啟閘[①]。這對運河的通航增加很大麻煩。一是黃淮交匯口的清江浦通濟閘，每年都在伏秋黃水未發之前築攔河土壩，以遏黃流內灌。徐州城北的鎮口閘即黃河和會通河交匯處，也要黃漲之前築壩遏黃。所以要求進貢的楊梅、鰣魚船在五月初過淮，六月初一築壩合口。趁伏水未發，早日進鎮口閘河。所以正常情況下，如正德嘉靖年間，五月份楊梅、鰣魚已到京師。到了萬曆年間，"進鮮每於採鮮既完之後，方行措辦裝具，附載貨物，勾當稽留，運逾旬日，沿途淹頓，又致愆期，比至京師，則色味俱變，不惟有礙築壩，且於薦鮮之義，亦甚無當也"。同時也影響了築壩，黃水倒灌，淤塞運口[②]。因此，每年貢鮮船北上，都要"明白開寫數目，以憑沿河官司查照應對"。如每年起運各項對象若干起，用船若干隻，甚麼物品多少杠，實用船多少隻，均需一一寫明，以便沿河官司逐一核對[③]。一般情況，每年貢鮮船大致在一百六十艘，這樣過閘時間必定很長，影響運河的暢通。

由上可見，明清兩代大運河的運輸能力，無論從運河的自然條件，還是從其組織、管理能力而言，已經達到了飽和程度。

到了清代嘉道年間，漕運制度之弊端日現，成為當時社會一大問題，為朝野所議。有學者認為："如果單從財政管理的角度來看，漕運是一項極不'合理'的制度。也就是說，漕運的成本遠高於漕運本身的價值。國家為此在京通、淮安及各省維持着龐大的倉場、漕運官僚系統，又於各省衛所贍養了數以萬計的丁弁，每歲為運送四百餘萬石漕糧而附徵的耗米耗銀，以及作為運輸經費的漕項銀

---

① 〔清〕朱之錫：《河防疏略》卷 17《敬陳河漕事宜疏》，上海古籍出版社 2002 年版。
② 〔明〕潘季馴：《河防一覽》卷 12《申飭鮮船疏》，國家圖書館出版社 2009 年版。
③ 〔明〕胡瓚：《泉河史》卷 2《職制志》成化九年二月二十三日兵部尚書白圭等題，清順治四年刊本。

米，數量同以數百萬計。然而在咸同年間以前，明清兩代政府一直延續着這一'不計成本'的制度，因漕糧關涉天庾，漕運更為國脈所繫，絕不能輕議更張。"[1] 因此，不能將歷史上的大運河的運輸效應理想化，任何改造自然的措施，都需要付出一定的代價。

---

[1]　周健：《嘉道年間江南的漕弊》，《中華文史論叢》2011 年第 1 期。

中國大運河

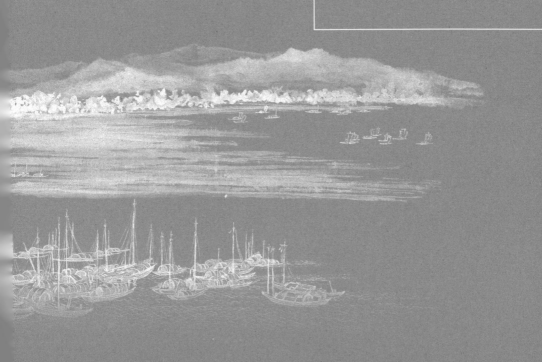

第四章

運河在中國社會發展中的作用

第一節
對維護多民族大一統國家發展的作用

公元前 2 世紀，中國歷史上第一次出現的秦漢統一王朝建立後，為了維持和鞏固其對內統治、對外防禦的功能，中央政權必須有大量物資的支撐，由此產生向全國各地徵收財物經水路輸往京師或其他指定地方的漕運制度，而這種制度貫穿了中國歷史兩千多年。

歷史上各王朝對都城地點的選擇，首先考慮的是進可以攻、退可以守的政治地理形勢，未必是全國經濟最發達的地區。因此，居住在首都的皇室、勳戚、官宦、軍隊、富商大賈以及為他們服務的各色人等，形成了龐大消費群體。他們所需要的包括糧食在內的各種物資，必須通過漕運從全國富庶的各地攫取而來，水運是最廉價運輸方式，而運河則是為此服務最好的工具。與此同時，"漕運自產生之日起，便是一項社會性很強的經濟活動，觸及到社會的許多領域，諸如國家政局的穩定、戰爭的成敗、農業經濟的發展、商業經濟的繁榮、交通運輸的暢達、區域社會的開發、社會生活的安定等。尤其是封建社會中期以後，漕運發揮越來越廣泛的社會動能，糧食的運輸僅只是漕運的一種形式，漕運實則已經轉變為統治者手中調節器，對社會進行廣泛的調控，對許多不安定的社會因素和失衡的社會現象，統治者都藉助和倚重漕運（或漕糧），以達到平息和制衡的目的。此外，漕運還起着一些不屬於封建朝廷控制範圍、客觀上卻十分積極的社會作用，諸如促進商品的流通，刺激商業城市的繁要、促運商業性農業的發展，加強各地經濟文化的交流等"[1]。由此可見，運河在中國長期專制主義中央集權的傳統社會

---

① 　吳琦：《漕運與中國社會》，華中師範大學出版社 1999 年版，第 3 頁。

裡，已不僅僅是一種交通載體，而在客觀上起了加強、鞏固和維護統一國家的作用。

　　秦代利用戰國以來已經形成鴻溝水系運河，為了保證關中咸陽的供應，在鴻溝運河與黃河交匯處的敖山建立了國家級的糧倉——敖倉，從而鞏固了新建的統一王朝，又開鑿了靈渠，溝通湘江和西江的水運而平南越。西漢初年，社會經濟凋弊，"自天子不能具鈞駟，而將相或乘牛車，齊民無蓋藏"。當時"漕轉山東粟，以給中都官，歲不過數十萬石"。後經文景七十年的休養生息，社會經濟得到充分恢復。"京師之錢累巨萬，貫朽而不可校。太倉之粟陳陳相因，充溢露積於外，至腐敗不可食"。這無疑是多年來通過運河將漕糧運至京師的結果。到了武帝時代，社會經濟得到充分發展。"諸農各致粟"，元封年間，桑弘羊為治粟都尉，"山東漕益六百萬石，一歲之中，太倉、甘泉倉滿。邊餘穀，諸均輸帛五百萬匹。民不益賦而天下用饒"[1]。由於運河功能的充分發揮，大大增強了漢朝的國力。司馬遷在《史記·貨殖列傳》中說："故關中之地，於天下三分之一，而人眾不過什三，然量其富，什居其六。"首都地區集中天下大部分財富，蓋運河之功也。武帝時代由於國力強盛，北伐匈奴，南通西南夷，東至滄海之郡，"轉漕遼遠，自山東咸被其勞，費數十萬巨萬，府庫益虛"。唐司馬貞《索隱》云："《說文》云'漕，水轉穀也。'一云車運曰轉，水運曰漕。"元狩四年（前 119），北伐匈奴，"漢軍馬死者十餘萬匹，轉漕車甲之費不與焉"。可見武帝時代對外征伐的軍秣所需也均由運河輸送。此外，北逐匈奴開拓北疆後，在河套地區置朔方郡及其南新秦中地區，遷口七十餘萬，

---

① 〔漢〕司馬遷：《史記》卷 30《平準書》，中華書局 1959 年版。

衣食皆仰給縣官（指朝廷）[①]。由此可知，當時中央朝廷所有的財政支出，包括國防軍事費用以及保衛邊疆的戍守的邊民衣食皆仰給於漕運，由此可知運河對於漢王朝統治之鞏固具有十分重要的作用。如果沒有運河的轉輸，這個中國歷史上大漢統一王朝的所謂豐功偉績是難以實現的。

　　隋朝文、煬二帝開鑿的南北大運河，對結束三百多年南北分裂的局面，重建大一統的國家，無疑是起了重要的作用。隋文帝開山陽瀆，一舉滅陳，統一了南北。隋煬帝於"大業六年冬十二月，敕穿江南河，自京口至餘杭，八百餘里，廣十餘丈，使可通龍舟，並置驛官、草頓，欲東巡會稽"[②]，為的是加強中原王朝與分離了三個世紀的南方地區的聯繫，進一步鞏固新建的統一政權。隋煬帝大業四年（608）開永濟渠至涿郡（今北京西南），將從全國徵集來的兵員、軍械、糧食及有關物資，運送集中於北方重鎮涿郡，是為了征伐高麗的需要，以保衛北方的邊陲。

　　《隋書》卷 24《食貨志》："諸州調物，每歲河南自潼關，河北自蒲坂，達於京師，相屬於路，晝夜不絕者數月。……開皇三年，朝廷以京師倉廩尚虛，議為水旱之備，於是詔於蒲、陝、虢、熊、伊、洛、鄭、懷、邵、衛、汴、許、汝等水次十三州，置募運米丁。又於衛州置黎陽倉，洛州置河陽倉，陝州置常平倉，華州置廣通倉，轉相灌注。漕關東及汾、晉之粟，以給京師。又遣倉部侍郎韋瓚，向蒲、陝以東，募人能於洛陽運米四十石，經砥柱之險，達於常平者，免其征戍。其後以渭水多沙，流有深淺，漕者苦之。四年，詔曰：京邑所居，五方輻湊，重關四塞，水陸艱難。大河之

---

① 〔漢〕司馬遷：《史記》卷 30《平準書》，中華書局 1959 年版。
② 〔宋〕司馬光：《資治通鑑》卷 181《隋紀五》，中華書局 2009 年版。

流，波瀾東注，百川海瀆，萬里交通。雖三門以下，或有危慮，但發自小平，陸運至陝，還從河水，入於渭川，兼及上流，控引汾、晉，舟車來去，為益殊廣。而渭川水力，大小無常，流淺沙深，即成阻閡。計其途路，數百而已，動移氣序，不能往復，泛舟之役，人亦勞止。朕君臨區宇，興利除害，公私之弊，情實愍之。故東發潼關，西引渭水，因藉人力，開通漕渠，量事計功，易可成就。已令工匠，巡歷渠道，觀地理之宜，審終久之義。一得開鑿，萬代無毀。可使官及私家，方舟巨舫，晨昏漕運，沿溯不停，旬日之功，堪省億萬。……於是命宇文愷率水工鑿渠，引渭水，自大興城東至潼關，三百餘里，名曰廣通渠。轉運通利，關內賴之。諸州水旱凶饑之處，亦便開倉賑給。”據上記載，南北大運河對隋統一王朝的建立和鞏固，無疑是起了關鍵的作用。

　　唐代首都長安地處關中平原，但“關中號稱沃野，然其土地狹，所出不足以給京師，備水旱，故常轉漕東南之粟”[1]。韓愈說：“賦出天下而江南居十九。”[2]還有人說：“常州為江左大郡，兵食之所資，財賦之所出，公家之所給，歲以萬計。”[3]當時朝廷全仰每年東南漕運數百萬石糧食以維持唐王朝統治的正常運行。天寶末，安史之亂起，州縣多為藩鎮割據，貢賦不入朝廷，中央府庫耗竭。時人指出：“今兵食所資在東南”“官兵守潼關，財用急，必待江淮轉輸乃足”[4]。而運河因洛陽陷於安史，史朝

① 〔宋〕歐陽修、宋祁：《新唐書》卷 53《食貨志三》，中華書局 1975 年版。
② 〔唐〕韓愈：《韓昌黎集》卷 10《送陸歙州詩序》，商務印書館 1958 年版。
③ 〔清〕董誥等：《全唐文》卷 522 梁肅《獨孤公行狀》，中華書局 1983 年版。
④ 〔宋〕歐陽修、宋祁：《新唐書》卷 202《蕭穎士傳》，中華書局 1975 年版。

義又出兵宋州（今商丘），"淮運於是阻絕"①。致使"京師米斛萬
錢，官廚無兼時之食。百姓在畿甸者，拔穀授穗以供禁軍"②。朝
廷糧食發生極端的恐慌。貞元初，關中"米斗千錢，太倉供天子
六宮之膳不及十日，禁中不能釀酒，以飛龍駝負永豐倉米給禁
軍，陸運牛死殆盡"③。貞元二年（786）久阻的汴河一時暢通，江
淮三萬斛米運至陝縣（今縣西南），唐德宗聞知後，對他的太子
說："米已至陝，吾父子得生矣！……又遣中使諭神策六軍，軍士
皆呼萬歲"④。汴河的通塞對唐王朝命運攸關的情景，從德宗父子溢
於言表的赤裸表現⑤而暴露無遺。唐末黃巢起義平後，全國各地均
為軍閥所據，"皆自擅兵賦……江淮轉運路絕，兩河、江淮賦不上
供，但歲時獻奉而已。……大約郡將自擅，常賦殆絕，藩侯廢置，
不自朝廷，王業於是蕩然"。王夫之說：安史之亂後，"而唐終不
傾者，東南為根本也"⑥。蓋指運河延長了唐朝的生命。唐朝人對運
河的社會功能有不同看法。皮日休《汴河懷古》："盡道隋亡為此
河，至今千里賴通波。若無水殿龍舟事，共禹論功不較多。"⑦李
敬方《汴河直進船》："汴水通淮利最多，生人為害亦相和。東南
四十三州地，取盡脂膏是此河。"⑧雖然對運河的功過評價不一，但
認為對唐王朝的重要性卻是一致的。

---

① 〔後晉〕劉昫等：《舊唐書》卷 138《韋倫傳》，中華書局 1975 年版；〔宋〕歐陽修、
　　宋祁：《新唐書》卷 53《食貨志》，中華書局 1975 年版。
② 〔後晉〕劉昫等：《舊唐書》卷 49《食貨志》，中華書局 1975 年版。
③ 〔宋〕歐陽修、宋祁：《新唐書》卷 53《食貨志三》，中華書局 1975 年版。
④ 〔宋〕司馬光：《資治通鑑》卷 232 唐紀四十八貞元二年二月，中華書局 2009 年版。
⑤ 〔後晉〕劉昫等：《舊唐書》卷 19《僖宗紀》，中華書局 1975 年版。
⑥ 〔清〕王夫之：《讀通鑑論》卷 26《唐宣宗九》，中華書局 1975 年版。
⑦ 〔清〕彭定求等：《全唐詩》下冊，上海古籍出版社 1985 年版。
⑧ 〔清〕彭定求等：《全唐詩》下冊，上海古籍出版社 1985 年版。

北宋定都開封，實與運河有關。按理，開封並不是理想的定都所在。這裡位於黃河下游平原，地勢平坦，無險可恃。但是它有發達的水運條件，史云"宋都大梁，有四河以通漕運，曰汴河，曰黃河，曰惠民河，曰廣濟河。而汴河所漕為多"①。開封城北有黃河，可通長安、洛陽以及輸送西北材木；汴河和蔡河貫穿城中，汴河溝通江淮，蔡河既通江淮，又可溝通南陽盆地；金水河在城西北架槽接五丈河（廣濟河）連通山東地區。當時的東京城是全國水運的樞紐中心。而宋代鑑於唐末五代藩鎮割據之禍，推行"強幹弱支"之策，在首都開封駐紮了大量禁軍，以守衛京師。所謂"今天下甲卒數十萬眾，戰馬數十萬匹，並萃京師，悉集七亡國之士民於輦下，比漢唐京邑，民庶十倍。旬服時有水旱，不至艱歉者，有惠民、金水、五丈、汴渠等四渠，派引脈分，咸會天邑，舳艫相接，贍給公私，所以無匱乏。唯汴水橫亙中國，首承大河，漕引江、湖，利盡南海，半天下之財賦，並山澤之百貨，悉由此路而進。然則禹力疏鑿以分水勢，煬帝開畎以奉巡遊，雖數湮廢，而通流不絕於百代之下，終為國家之用者，其上天之意乎！"其中汴河"歲漕江、淮、湖、浙米數百萬，及至東南之產，百物眾寶，不可勝計。又下西山之薪炭，以輸京師之粟，以振河北之急，內外仰給焉。故於諸水，莫此為重"②。所以熙寧年間張方平說："今日之勢，國依兵而立，兵以食為命，食以漕運為本，漕運以河渠為主。……今仰食於官廩，不惟三軍，至於京師士庶以億萬計，大半待飽於軍稍之餘，故國家於漕事，至急至重。"③因為宋代對漕運的要求，不僅需要運河輸送與歷代王朝那樣，為皇室、貴戚、官宦、富商大賈以及相關服務人

① 〔元〕脫脫等：《宋史》卷175《食貨志上三·漕運》，中華書局1977年版。
② 〔元〕脫脫等：《宋史》卷93《河渠志三·汴河上》，中華書局1977年版。
③ 〔宋〕張方平：《樂全集》卷27《論汴河利害事》，宋刻本。

員等提供包括糧食在內的各種物資外，還要為幾十萬禁軍提供軍食①。由此可見，北宋政權建都汴京，很大程度是依靠以汴河為主的運河水系保證首都的安全。

此外，北宋一代，河北地區為國防前線，常年駐紮了大量軍隊，而這些邊防軍所需物資，均"有河漕以實邊用"②。當時"河北州軍賞給茶貨，以至應接沿邊榷場要用之物，並沿黃河運至黎陽出卸，轉入御河，費用止於客軍數百人添支而已。向者，朝廷曾賜米河北，亦於黎陽或馬陵道口下卸，倒裝轉致，費亦不多。昨因程防等擘劃，於衛州西南，循沙河故跡決口置閘，鑿堤引河，以通江淮舟楫，而實邊郡倉廩"③。可見北宋雖然國力較弱，但還能維持一百六十餘年的統治，實與運河的作用有關。

明代永樂年間定都北平後，恢復元代以來京杭大運河，朝廷對其依賴更甚於前代。"國家財賦，仰給東南"，是明代大臣論及漕運問題的奏章裡最常普遍、常見的用語。劉天和《問水集》卷5《治河功成舉劾疏》："臣竊惟運河國計所繫，凡宗廟軍國之需，營建宴賞之費，與夫四夷薄海之朝貢，京師萬姓之仰給，舉由是以達。"當時燕京"九重之供億，六軍之儲需，咸取急焉。所賴以灌輸者河道也"④。每年漕運之京師"歲江南四百萬之糧，以給官軍數十萬之用，上有關於國計，下有繫於民生"⑤。此非僅指朝廷而已，而是京師億萬民眾生活所需皆仰給出於運河。所謂"京師之地，素稱瘠土，衣食百貨仰給東南，漕河既廢，商賈不通，畿旬之民，坐受其

---

① 〔元〕脫脫等：《宋史》卷175《食貨志上三》，中華書局1977年版。
② 〔元〕脫脫等：《宋史》卷86《地理志二》河北路，中華書局1977年版。
③ 〔元〕脫脫等：《宋史》卷95《河渠志五》，中華書局1977年版。
④ 〔明〕潘季馴：《河防一覽》卷14常居敬《酌議河道善後事宜疏》，明萬曆十八年刻本。
⑤ 〔明〕潘季馴：《河防一覽》卷13尹瑾《科臣進圖疏》，明萬曆十八年刻本。

困”①。大運河是京城和江南之間唯一交通運輸線,除了糧食佔據首
要地位外,其他物品包括新鮮蔬菜和水果、家禽、紡織品、木料、
文具、瓷器、漆 —— 幾乎所有中國所產的各種物品都通過大運河
輸送至京師②。可見大運河是明代京師能賴以生存的生命線。“然漕
河甚可慮,年年淤塞,年年修築”③,故明一代運河必需常通,如遇
阻塞,則必需通之,成為國家級的主要水利工程。因“國家財賦,
仰給東南,而運道少阻,猶人嗝噎之病,為飲食之阻,救之尤不可
不亟也”④。

　　清代對漕糧的需要超過歷朝歷代,清朝少數民族入主中原,
為了鞏固其統治,朝廷官吏實行漢滿雙軌制,故機構龐大,京師附
近十多萬的八旗駐軍及其數十萬不勞而食的家屬均由朝廷供養米
糧,故其需求遠超過其他朝代⑤。漕糧的另一支付,是全國各地駐
防軍餉。

　　清代前期沿明之舊,每年從山東、河南、江蘇、浙江、安徽、
江西、湖北、湖南八省徵收錢糧和白銀,運貯北京通州各倉,
以供皇室食用和王公官員俸祿及八旗兵丁口糧。其中除白銀外,
計糧正米四百萬石,耗米二百三十五萬兩千一百三十七石,合計
六百三十五萬兩千一百三十七石。除折耗、蠲免、改折及截撥等
項外,歷年實運抵京通的為三百多萬石,不僅在國家歲收中佔重
要地位,對解決京師民食方面也起着十分重要作用。清人張伯行

①　〔明〕倪岳:《明經世文編》卷 286 蕭端蒙《治運河議》,中華書局 1962 年版。
②　黃仁宇:《明代的漕運》,張皓等譯,新星出版社 2005 年版,第 15—16 頁。
③　〔明〕倪岳:《明經世文編》卷 302 高拱《論海運漕河》,中華書局 1962 年版。
④　〔明〕倪岳:《明經世文編》卷 133 胡世寧《治河通運以濟國儲疏》,中華書局 1962
　　年版。
⑤　李文治、江太新:《清代漕運》(修訂本),社會科學文獻出版社 2008 年版,第 47—
　　48 頁。

說："我國家歲漕東南數百石，以實京師，所藉者，會通河一線之水耳。"[1] 所謂 "東南歲漕四百萬石轉輸天庾，關係軍國第一大事"[2]。這些通過運河輸至京師的糧食，起着平糶京城糧價、調劑畿輔民食等穩定社會的作用[3]。這對清王朝的統治來說是何等重要的功能啊！1816 年英國阿美士德使團訪華，途經白河，"這一天裡，我們從許多運糧去北京的帆船旁經過，其數量之多，運輸量之大，與以前使團的作家們所做的描述完全相符；這些帆船排列的方式和順序，其情景給人留下了深刻的印象；它們沿着河岸整齊地排成一排停泊在那裡，我們溯流而上時，迎面看到的是它們那高大、裝飾講究的方形船尾"[4]。19 世紀的西方人可能只是從經濟角度來觀察帆船的數量和運輸量。他們不了解，這一成排帆船，實際是清王朝的生命線，對清王朝的鞏固和維護，厥功至偉。

第二節
全國城市、交通網絡的形成（沿運城市的發展和城市帶的形成）

中國古代的傳統城市大多是全國或一地區不同層次的政治中心，其後又以其權力中心功能的帶動，發展成為全國或地區的商業

---

[1] 〔清〕張伯行：《居濟一得》卷 6《治河議》，商務印書館 1936 年版。
[2] 〔清〕賀長齡、魏源等：《清經世文編》卷 46 漕運總督林起龍《請寬糧船盤詰疏》，中華書局 1992 年版。
[3] 李文治、江太新：《清代漕運》（修訂本），社會科學文獻出版社 2008 年版。
[4] ［英］克拉克阿裨爾：《中國旅行記》，劉海岩譯、劉天路校，上海古籍出版社 2012 年版，第 83 頁。

消費中心。然自春秋戰國時期各國開鑿區間性運河以來，以交通貿易為主要功能區間城市也應運而生。秦漢以降，全國性南北大運河造就，沿運出現了一批以商品流通為主要功能的城市，有的還是一方都會，從而形成了全國性的城市與交通網絡。這對促進各地的經濟文化交流、加強多民族的統一國家產生過重大影響。

綜觀中國歷史上運河的開鑿、發展和變遷，與沿運城市的發展和變遷有着密切的關係。由此也可以觀察到中國古代城市發展的特點、命運和軌跡。

一、戰國秦漢時期的運河和城市

先秦春秋戰國時代隨着各國商品經濟的發展，黃河中下游和長江中下游地區已經出現了一批除各國都城以外以商業、交通發展起來的商業都會，這批都會的形成莫不與運河有關。

邗溝的開鑿，使邗成為江淮間一名城，《吳越春秋》曰："吳將伐齊，自廣陵掘溝通江淮。"[1] 以後著名的廣陵即在此基礎上發展起來。戰國魏惠王開鑿鴻溝運河水系後，沿運湧現出了一批主要以商業貿易為主要職能的名城。陶（亦稱定陶，今山東定陶西南）位於鴻溝水系濟、泗交匯處，春秋時為曹國國都，春秋末年曹國為宋國所滅，陶地屬宋。起初陶未得到充分發展，戰國鴻溝水系形成後，陶因地處東西水運交通的樞紐，成為中原地區商業最繁榮的都會。史載范蠡以"陶為天下之中，諸侯四通，貨物所交易也"，就在陶經營商業，十九年之中三致千金，故言富者皆稱"陶朱公"[2]。

---

① 〔宋〕李昉等：《太平御覽》卷 169《州郡部一五》楚州，中華書局 1960 年版。
② 〔漢〕司馬遷：《史記》卷 129《貨殖列傳》，中華書局 1959 年版。

濮陽（亦稱衛）也是地處水運要衝，繁榮可與陶相匹，史稱"富比陶、衛"[1]。洛陽位於鴻溝水系上端，藉助運河"東賈齊、魯，南賈梁、楚""洛陽街居在齊秦楚趙之中"，成為中原一大都會。魏之大梁（今河南開封）為鴻溝水系中樞，及其沿運的睢陽（今河南商丘）皆為"都會"。臨淄位於濟、淄二水交匯，亦為"海岱之間一都會"[2]。壽春、合肥因"受南北湖皮革、鮑、木之輸，亦一都會也"[3]。秦漢時代基本上繼承了戰國時代運河的格局，因此，都會的基本格局未變，就是秦代開鑿的靈渠和漢武帝時代開鑿的關中漕渠，使長安收括了天下財富，"人眾不過什三，然量其富居什六"。而遠在南海的番禺（今廣東廣州），"處近海，多犀、象、毒冒、珠璣、銀、銅、果、布之湊"，因有靈渠可以與中原溝通，使"中國往商賈者多取富焉"，成為南方"一都會"[4]。

二、魏晉南北朝時期的運河和城市

東漢末年以來，天下長期戰亂，給黃河流域的城市造成嚴重破壞。京師所在"三輔大饑，人相食，城郭皆空，白骨蔽野"[5]。黃河下游地區"山東饑饉，人庶相食，兵所屠滅，城邑丘墟"[6]。曹操任冀州牧後，在他統治的地域，開鑿了一系列的運河，對河北平原上城市的佈局，產生過重大影響。建安年間開鑿的白溝、平虜渠、泉州

---

① 〔西漢〕劉向：《戰國策·齊策六》，上海古籍出版社 1978 年版。
② 〔漢〕司馬遷：《史記》卷 129《貨殖列傳》，中華書局 1959 年版。
③ 〔漢〕班固：《漢書》卷 28 下《地理志第八下》，中華書局 1962 年版。
④ 〔漢〕班固：《漢書》卷 28 下《地理志第八下》，中華書局 1962 年版。
⑤ 〔劉宋〕范曄：《後漢書》，《劉玄劉盆子傳》，中華書局 1965 年版。
⑥ 〔劉宋〕范曄：《後漢書》，《公孫述傳》，中華書局 1965 年版。

渠、新河、利漕渠，使原先是一個普通小縣的鄴城（今河北臨漳西南）一躍而成為河北平原上水運交通的樞紐，因而成為政治中心，曹魏和東魏、北齊都以此為都城，也是當時北中國最重要的商業都會。《後魏書》："文帝太和十八年卜遷都經鄴，登銅雀臺，御史等曰：鄴城平原千里，漕運四通。"①《魏都賦》載：鄴都"廓三市而開廛，藉平達而九達，班列肆以兼羅，設闤闠，以襟帶，濟有無之常偏，距日中而畢會"。城內"街沖輻輳，朱闕結隅""疏通溝以濱路，羅青槐以蔭途""營客館以周坊，餞賓侶之所集"。儼然為北中國第一都會，超過傳統邯鄲的地位，這完全是白溝運河系統促成的。

再以洛陽為例。洛陽經東漢末年戰亂，"宮室燒盡，街陌荒蕪，百官披荊棘，依丘牆間"②。然經曹魏時代的經營，更由於其在運河的西端重鎮，不久即恢復昔日的繁榮。曹魏時洛陽"其民異方雜居，多豪門大族，商賈胡貊，天下四會，利之所聚"③。西晉平吳統一，洛陽"納百萬而罄三吳之資，接千年而總西蜀之用"④。西晉末年，永嘉之亂，洛陽再次遭到破壞。而到北魏遷都洛陽，洛陽再度成為中原一大都會。楊衒之《洛陽伽藍記》記載，北魏洛陽城內有二百多里坊，還有許多商業區，有通商、達貨、調音、樂律、退酤、治觴、慈孝、奉終、準財、金肆等十里，"凡此十里，多諸工商貨殖之民，千金比屋，層接對出，重門啟扇，閣道交通，迭相臨望。金銀錦繡，奴婢緹衣，五味八珍，僕隸畢口"。富商們"舟車所過，足跡所履，莫不商販焉。是以海內之貨，咸萃其庭，產匹銅

① 〔宋〕李昉等：《太平御覽》卷161《州郡部七》相州，中華書局1960年版。
② 〔晉〕陳壽：《三國志》卷6《魏志董卓傳》裴注引班彪《續漢書》，中華書局1959年版。
③ 〔晉〕陳壽：《三國志》卷21《傅嘏傳》裴注引《傅子》，中華書局1959年版。
④ 〔唐〕房玄齡：《晉書》卷26《食貨志》，中華書局1974年版。

山，家藏金穴。宅宇踰制，樓觀出雲，車馬服飾，擬於王者"。這些富商有的經營酒業，"遠相餉饋，踰於千里"；有的以經營棺槨、喪車為業。這些商品當以水運為便[①]。因此，河淮之間運河的通運，給洛陽城內的富商以遠距離經商之便。東魏侯景之亂後，洛陽"城郭崩毀，宮室傾覆，寺觀灰燼，廟塔丘墟，牆被蒿艾，巷羅荊棘"[②]。然而到了隋唐時代，洛陽再度成為名城東都。一個城市為何能三度起落而不衰，究其原因即是縱貫東西和南北的運河的存在，如同輸血一般，能使死亡的機體恢復生機。

與此同時，黃淮地區還因運河的修鑿帶動了不少名城，如河淮之間有賈逵為豫州刺史，"堨汝水，造新陂，又通運渠二百餘里，所謂賈侯渠"。有鄧艾"行陳、項以東，至壽春地"。建議在河淮間"宜開河渠，可以大積軍糧，又通運漕之意"。於是興修"淮陽、百尺二渠，上引河流，下通淮潁，大治諸陂於潁南、潁北，穿渠三百餘里，溉田二萬頃，淮南、淮北皆相連接。自壽春到京師，農官兵田，雞犬之聲，阡陌相屬。每東南有事，大軍出征，泛舟而下，達於江淮，資食有儲，而無水害，艾所建也"[③]。河淮間一系列運河的開鑿，沿運城市有的是經過戰火又恢復了昔日的繁榮，有的則由原先普通的城市發展成為商業都會，皆與運河有關。

汴泗交匯的徐州彭城因"左右清汴，城隍峻整，襟衛周固"，而成為河淮間具有三十萬戶人口的一個都會中心[④]。位於淮河沿岸的楚州（今淮陰）因"公私商運，充實四遠，舳艫千計，吳王所以富

---

①　〔北魏〕楊衒之：《洛陽伽藍記》卷4城西法雲寺，中央編譯出版社 2010 年版。

②　〔北魏〕楊衒之：《洛陽伽藍記》原序，中央編譯出版社 2010 年版。

③　〔唐〕房玄齡：《晉書》卷 26《食貨志》，中華書局 1974 年版。

④　〔宋〕李昉等：《太平御覽》卷 160《州郡部六》徐州，中華書局 1960 年版。

國強兵而抗漢室也"①。淮河沿岸的壽州（今壽春）"南引荊海之利，東連三吳之富，北接梁宋……利盡蠻越，金石皮革之具萃焉，苞木管竹之族生焉"②。《南齊書》卷14《州郡志上》："壽春，淮南一都之會。"而江淮間的合肥城更是"南臨江湖，北達壽春"③。如此等等，均與魏晉時在河淮間開鑿了一系列運河有關。

　　長江以南地區由於六朝經營的運河，再連接江南河流密佈的天然優勢，使水運成為當地主要交通選擇，沿運的城市佈局出現了新的面貌。建康（今南京）不僅是傳統的政治中心，同時因破崗瀆、上容瀆的開鑿，使建康與三吳地區的溝通，不必經大江之風險，成為一重要商業都會。左思《吳都賦》："都輦殷而四奧來暨。水浮陸行，方舟結駟，唱棹轉轂，昧旦永日。開市朝而並納，橫闤闠而流溢。混品物而同塵，並都鄙而為一。士女佇眙，商賈駢坒。紵衣絺服，雜遝從萃。輕輿按轡以經隧，樓船舉帆而肆，果布湊而常然。"李善注云："四隩來暨，言四方之人皆來；唱棹轉轂，言遠人唱歌擿船，乘車轉轂，以向吳都。"建康城有大市、東市、北市、秣陵關四市，皆"交易因成市"④。東晉時來建康的商船動以萬計，安帝元興三年（404）一次風災，造成"貢使商旅，方舟萬計，漂敗流斷，骸胔相望"的慘劇⑤。此外，在東晉南朝的中心地區，如淮陰、廣陵、京口、吳興、會稽等，都是因臨運河而成為商業都會。淮陰因"地

---

①〔宋〕李昉等：《太平御覽》卷169《州郡部一五》楚州引《南兗州記》，中華書局1960年版。

②〔宋〕李昉等：《太平御覽》卷169《州郡部一五》壽州引伏滔《正淮論》，中華書局1960年版。

③〔宋〕李昉等：《太平御覽》卷169《州郡部一五》廬州引《魏志》，中華書局1960年版。

④〔宋〕李昉等：《太平御覽》卷827引山謙之《丹陽記》，中華書局1960年版。

⑤〔梁〕沈約：《宋書》卷33《五行志四》，中華書局1974年版。

形都要，水陸交通……沃野有開殖之利，方舟運漕，無他屯阻"[1]，京口因丹徒水道入口地處浙東運河沿線而成為一重要商業都會。時謂山陰"海內劇邑"[2]，是因浙東運河商舟往來繁忙。其西端起點西陵鎮（今浙江杭州蕭山西興鎮）"商旅往來，倍多常歲"。其牛埭稅（過堰稅），一年境地可達四百萬之多[3]，可見商業貿易之盛。

三、隋唐兩宋時期的運河和城市

　　隋唐統一王朝建立，魏晉南北朝分裂混亂局面結束，社會經濟逐漸復甦過來，又因新的南北大運河水系的出現，形成一條比較穩定的運河城巾帶，對沿運地區的經濟和文化的繁榮和發展，產生過重大影響。

　　隋唐兩宋時期，南北大運河的河道和航運路線都已固定。除了唐後期因安史之亂而引起的長期藩鎮割據和五代十國的分裂局面外，大部分時間運河處於正常通運的情況下，官方漕運有固定的路線和轉輸的倉廩，民間經商也有約定俗成的航行路線。於是由大運河溝通的各條天然河流都成為行商、遊客必由的航路。在天下南北，凡是天然河流可到達的地方，均因運河主體的帶動，水運功能已發揮到當時條件下的極致。史載：隋煬帝開通濟渠後，"自大梁之東引入泗，連於淮，至江都宮入於海，亦謂之御河。河畔築御道、植柳，煬帝巡幸乘龍舟而往江都，自楊、益、湘南至交、廣、閩中，公私漕運商旅舳艫相接"[4]。唐代全國水運業十分發達。"天

---

① 〔梁〕蕭子顯：《南齊書》卷 14《州郡志上》北兗州，中華書局 1972 年版。

② 〔梁〕沈約：《宋書》卷 81《顧覬之傳》，中華書局 1974 年版。

③ 〔梁〕蕭子顯：《南齊書》卷 46《顧憲之傳》，中華書局 1972 年版。

④ 〔宋〕李昉等：《太平御覽》卷 158《州郡部四》東京開封府，中華書局 1960 年版。

下諸津，舟航所聚，旁通巴、漢，前指閩、越，七澤十藪，三江五湖，控引河、洛，兼包淮、海。弘舸巨艦，千軸萬艘，交貿往還，昧旦永日"[1]。唐人李肇《唐國史補》載："凡東南郡邑無不通水，故天下貨利，舟楫居多。轉運使歲運米二百萬石輸關中，皆自通濟渠（即汴河）入河而至也。……揚子、錢塘二江者，則乘兩潮水發棹，舟船之盛，盡於江西，編蒲為帆，大者或數十幅，自白沙泝流而上，常待東北風，謂之信風。……江湖語曰：水不載萬。言大船不過八九千石。然則大曆、貞元間，有俞大娘航船最大，居者養生、送死、嫁娶悉在其間，開巷為圃，操駕之工數百，南至江西，北至淮南，歲一往來，其利甚博，此則不啻載萬也，洪鄂之水居頗多，與屋邑殆相半。凡大船必為富商所有，奏商聲樂，眾婢僕，以據舵樓之下，其間大隱，亦可知矣。"[2] 由此可見，南北大運河的開鑿和穩定，帶動了全國性水運的發展，商品的流通和城市經濟發展應是必然的結果。

隋唐時代大運河西端的長安城（隋時為大興）是當時的都城，也是通過運河將全國收括來的物資財富的最後集中之地。皇族、貴戚、官宦、富商大賈以及大批軍隊的麋集，使城內經濟之繁榮，自不待言。與此同時，長安作為當時世界上東方大國的都城，吸引大量西域胡商來華，主要聚居在長安、洛陽、洪州、揚州、廣州等地，也都是由大運河為主幹的全國水運綱沿線城市，隨着這些胡商的往返，長安城也成為當時陸、海絲綢之路起點。

洛陽在隋唐時期因南北大運河的開鑿，又恢復其"天下之中"的地位。《隋書·地理志》："洛陽得土之中，賦貢所均，故周公作

---

[1] 〔後晉〕劉昫等：《舊唐書》卷 94《崔融傳》，中華書局 1975 年版。

[2] 〔唐〕李肇、趙璘：《唐國史補》卷下，上海古籍出版社 1957 年版。

洛，此焉攸在。其俗尚商賈，機巧成俗。"當時漕運因渭水多沙，且迂曲，不利航行，再東又有三門之險，故逢關中地區有災情，隋煬帝遷都"舟車所會"的洛陽，就是因為了利用運河之便。唐代建洛陽為東都，唐高宗在位二十七年中竟有一半時間在洛陽，大多數原因是長安一帶旱饑，就食洛陽。當時洛陽因運河之便，"帑藏積累，積年充實，淮海漕運，日夕流衍"；而長安"府庫及倉，庶事實缺，皆藉洛京轉輸"①。於是高宗曾被歷史戲稱為"逐糧天子"。武則天臨朝改制，改東都為神都，在位二十年內，除兩年居於長安外，其餘時間均在洛陽。大足元年（701）在洛陽城內立德坊南漕渠上鑿新潭，安置諸州運米來的租船②；開元十四年（726）七月一次瀍水暴漲入漕渠，漂沒租米船數百艘③。這些都說明，大運河的通塞對政治中心的地位有何等重要的關係。

　　隋代通濟渠、邗溝的開鑿，使河淮之間興起一連串重要城市。開元十二年齊澣任汴州刺史，史稱："河南，汴為雄郡，自江淮達河洛，舟車輻輳，人庶浩繁。"④實由汴州是"當天下之要，總舟車之繁，控河朔之咽喉，通淮湖之通漕"。汴州向東的"睢陽當漕舟之路。定陶乃東達之衝"⑤，睢陽即今商丘，隋後改為宋城，縣北境即為汴河所經。定陶是京東廣濟河水運要衝，都是沿運重要的商業城市。再東南為宿州城所在，所治原為虹縣境內一個稱為埇橋的地方。後因其地"南臨汴河，有埇橋為舳艫之會，襟帶梁宋，運漕所歷，防虞是資，乃以符離、蘄縣並泗州之虹縣三邑立宿州，取古宿

① 〔宋〕宋敏求：《唐大詔令集》卷 79 儀鳳三年十月幸東都詔，中華書局 2008 年版。
② 〔後晉〕劉昫等：《舊唐書》卷 49《食貨志》，中華書局 1975 年版。
③ 〔後晉〕劉昫等：《舊唐書》卷 8《玄宗紀上》，中華書局 1975 年版。
④ 〔後晉〕劉昫等：《舊唐書》卷 190《齊澣傳》，中華書局 1975 年版。
⑤ 〔元〕脫脫等：《宋史》卷 85《地理志一》，中華書局 1977 年版。

國為名"①。元和四年 (809) 於此置宿州。因為運河所經，竟由一個
小地方升格為當時二級政區的州治所在，以後還在此置宿泗都團練
觀察使②。再往東南為汴河入淮口的泗州 (今盱眙縣淮河對岸，清康
熙時淪入洪澤湖中)，原為泗州徐城縣南境的沙塾村。因"南臨淮
水，西枕汴河"③，故"為南北御要之所"。唐長安四年 (704) 分徐城
縣地在此置臨淮縣。開元二十三年自宿遷縣將泗州治移於此④。這
兩處是典型運河開鑿由小村落而興起的城市。安徽柳孜鎮的隋唐
大運河遺址，發現大量瓷器和漕船遺骸，在當時也是一個小市鎮。

　　唐王朝是當時世界上最強盛、最富庶的國家，對外交通貿易十
分發達。長安是絲綢之路的起點，雖然向西走的是陸路，但其所輸
送的絲綢卻都是通過運河運入長安的，可以說沒有南北大運河，長
安不可能成為中國絲綢之路的起點。同時，長安也是大批西域人來
華聚居地。其中昭武九姓中的康國人"素以善賈著稱西域，利之所
在，無所不至""唐時波斯商胡懋遷往來於廣州、洪州、揚州、長
安諸地者甚眾"。這些胡商在"唐代由廣州向中原，大都取道梅嶺
以入今江西，而集於洪州，故《太平廣記》中屢及洪州之波斯胡人。
至洪州後，或沿江而下取道大江，或則東趣仙嶺，過嶺循錢塘江而
東以轉入今日之江蘇。大江道遠，風濤險惡，因是南下或北上者多
取錢塘一道；不惟富春江上風景清幽，足供留連，旅途實亦較大江
為平安也。至江蘇後則集於揚州，由此轉入運河以赴洛陽。是以揚
州之商胡亦復不少。田神功大掠揚州，大食、波斯商胡死者竟至數
千人。由洛陽然後再轉長安。故唐代之廣州、洪州、揚州、洛陽、

① 〔宋〕樂史：《太平寰宇記》卷 17 宿州，中華書局 2013 年版。
② 〔宋〕司馬光：《資治通鑑》卷 250 咸通三年八月，中華書局 2009 年版。
③ 《元和郡縣志》卷 9 泗州臨淮縣："長安四年分徐城南界兩鄉於沙塾村置臨淮縣。"
④ 〔宋〕樂史：《太平寰宇記》卷 16 泗州，中華書局 2013 年版。

長安，乃外國商胡集中之地也"。而長安之胡商集中於"西市"[①]，絲綢之路當以此為起點，故唐代長安因運河成為一國際大都市，在東方貿易的主要對象是新羅和日本。新羅商人或在山東半島登州上岸，或由楚州（今江蘇淮安）入淮河，自此西去汴、洛，或南下揚州。揚州地處長江三角洲北端，又是運河和長江交匯口，是南來北往、西去東下的水陸交通總樞紐。海外商船來華，都在揚州登陸，換船將貨物裝上北上的運河船。所謂"廣陵當南北大衝，百貨所集"[②]。當時揚州是全國商業最繁榮的城市。沿着水路上建有不少"新羅坊""新羅館"，都是提供新羅客人之便。日本遣唐使也大都是從揚州溯運河上去長安、洛陽的。至於波斯、阿拉伯商人來華主要在廣州登陸，然後溯北江、贛江而上，再順江而下至揚州，再由運河至中原各地。當時揚州是胡商蕃客集居之地，不少大食、波斯商人在揚州寄居設店，坐市賣買。揚州成為國際商品的集散地。可以想像，當時有不少胡商蕃客來往於大運沿線。杜甫有《解悶》詩云："商胡離別下揚州，憶上西陵故驛樓。為問淮南米貴賤，老夫乘興欲東遊。"揚州奢侈繁華的生活，使許多到過揚州的詩人留連忘返。杜牧曾在揚州任職，直到晚年，仍不能忘懷在揚州的一段生活，"十年一覺揚州夢，贏得青樓薄幸名"。唐代詩人張祜《縱遊淮南》寫道："十里長街市井連，月明橋上看神仙。人生只合揚州死，禪智山光好墓田。"在唐代可以說揚州是最宜居城市。宋人洪邁說："唐鹽鐵轉運使在揚州，盡於利權，判官多至數十人。商賈如織，故諺稱揚一益二，謂天下之盛，揚為一而蜀次之。"[③]唐代揚州的盛況不能不歸功於運河。唐代宋州商丘"邑中九萬家"。宿州

① 向達：《唐代長安與西域文明》，三聯書店 1957 年版，第 13、25、34、35 頁。
② 〔宋〕王溥：《唐會要》卷 86 市，中華書局 1955 年版。
③ 〔宋〕洪邁：《容齋隨筆》卷 9《唐揚州之盛》，上海古籍出版社 2014 年版。

城南臨汴河，為"舳艫所會"，商旅所經。揚州因地處長江與運河交會處，其繁榮昌盛，在唐代為天下第一商業都會。其他如楚州、淮陰與日本、新羅有商業來往，城內有新羅坊，為新羅聚居之所。汴淮交會的泗州"商販四衝，舳擊柂交"，都是重要商業都會。

揚州以北的楚州，為一大重鎮。揚州以南州（今江蘇鎮江）、常州、蘇州、杭州及其所屬各沿運的縣、鎮、市，隨着江南商品經濟的發展，更趨繁榮，自不待言。日本學者宮崎市定認為：宋代是運河中心的經濟時代，宋以後至近世變為運河地帶中心的時代[①]。20世紀五六十年代以來，國內外明清經濟史學界在這方面的研究成果汗牛充棟，無需在此多言了。

在河北地區，也因運河的發展，形成不少商業都會。例如永濟渠沿線的魏州（宋大名府），即今天大名縣東北大街鄉一帶，唐時永濟渠繞城、夾城而成聚落，沿河有樓百餘間，以貯江淮貨物，稱為天下"雄鎮"[②]。高適有詩形容魏州的繁華，有"魏郡十萬家，歌鐘喧里閭"句。貝州位於今清河縣西北，也是永濟渠沿線重要城市，唐代在此貯藏江淮租布甲仗，以備河北軍需，史稱"天下北庫"。臨清縣（今山東臨西）西門外即永濟渠，亦為運河上要隘，宋時在此設驛館以候宋遼使臣。由於永濟渠在唐宋時主要任務是運輸軍用物資，"有河漕以實邊用，商賈貿遷，芻粟時積"[③]。故尚未出現重要的商業城市。

五代時期除後唐外，四代均建都汴州開封，北宋繼之。其原因就是"開封地平四出，諸道輻輳，南與楚境，西與韓境，北與趙境，東懷齊境，無名山大川之限。而汴、蔡諸水參貫，巾車錯轂，蹄踵

---

① 轉引自孫洪升：《唐宋茶業經濟》，社會科學文獻出版社 2001 年版，第 96 頁。

② 〔宋〕樂史：《太平寰宇記》卷 54 魏州大名縣，中華書局 2013 年版。

③ 〔元〕脫脫等：《宋史》卷 86《地理志二》，中華書局 1977 年版。

交道，舳艫銜尾，千里不絕，四通五達之郊也"[1]。其中汴河是宋代最主要的運河，從《東京夢華錄》等宋人筆記裡，可以讀到北宋東京的繁榮，就是汴河所起的作用。而一幅張擇端的《清明上河圖》，則更具體展示了 10 世紀北宋首都汴京城內的繁華景象，該圖所顯示的是清明時節東京城內汴河兩岸的市井風情，鱗次櫛比的房屋，熙攘的人群，林立的酒肆商鋪，興旺的市場和往來繁忙的車輛船隻，顯示了開封無限生命力。宋代開封府作為京都其商業之繁榮自不待說。

北宋運河格局與唐代相同，故其沿運城市的佈局也基本相似。但由於北宋時代南方經濟進一步發展，漕運體制又略有不同，故有的城市的地位有所變化。如宋代定制，江南的漕糧由揚州起運，長江上游諸地的漕糧，由真州（今江蘇儀徵）起運，於此置發運司，又在揚子縣置為真州，"隋唐以前，江都之盛甲於天下，儀真於古未聞也"。後因"真州當運路之要"[2]，於此置發運司，"四方賓客往來者"集於此[3]，地位超過揚州。

四、元明清時期的運河和城市

元明清三代的京杭大運河的主體部分是由隋唐大運河發展而來的，主要變化是由縱貫今山東地區的會通河代替了汴河，大運河的走向由"弓背"改成"弓弦"。會通河開通以後，在中國東部平原上形成了溝通南北的京杭大運河，穿越直隸、山東、江蘇、浙江數省，連接了海、黃、淮、江、錢塘五大水系，事實上已成為明清時

---

① 〔明〕李濂：《汴京遺跡志》卷 8《藝文五》，中華書局 1999 年版。
② 〔元〕脫脫等：《宋史》卷 88《地理志四》，中華書局 1977 年版。
③ 〔宋〕王象之：《輿地紀勝》卷 38 真州《風俗形勝》引《壯觀記》，中華書局 1992 年版。

期的南北交通大動脈。位於山東境內的會通河是由人工開挖而成的，從根本上改變了山東西部地區交通閉塞的局面。流過山東及鄰近省份的自然河流無不為其提供水源，於是這條人工河溝通了起源於河南流經河北進入山東的漳衞河，發源於河南的馬頰河、徒駭河，山東境內東西走向的大清河、汶河、泗河與柳林河等，形成了以會通河為軸心的水路交通網。同時，山東境內的幾條官道、大道或與運河平行，或與運河相交，形成運河區域的陸路交通網[①]。

　　在中國東部平原上形成了以會通河為軸心縱貫南北的京杭大運河，從而將中國東部平原上東西流向的河流都連接起來，形成幾乎覆蓋大半個中國的水陸交通網。大運河北起北京，南迄杭州，全程一千七百千米。縱貫京、津、冀、魯、蘇、浙等省市，沿運形成一系列人物殷阜的城市，如通州、天津、德州、聊城、張秋、濟寧、韓莊、淮陰、揚州、鎮江、常州、無錫、蘇州、嘉興、杭州等，即便濱河小城鎮，均有層樓疊閣，聳立河濱。茲後中國的商品流通、人口聚散、南北經濟和文化的交流，幾乎都集中在這條運河沿線的城市帶上。明萬曆《歙志‧貨殖》：當時天下稱為都會者，"大之而為兩京、江、浙、閩、廣諸省，次之而為蘇、松、淮、揚諸府，臨清、濟寧諸州，儀真、蕪湖諸縣，瓜洲、景德諸鎮"。說明除了都城、諸省省會外，運河沿線城市是當時最繁盛的都會。

　　明清兩代漕運船隻北上或回空船南返，都要在沿線各城鎮停泊，明永樂二十一年（1423）規定"淮安、濟寧、東昌、臨清、德州、直沽，商販所聚。今都北平，百貨倍往時。其商稅宜遣人監榷一年，以為定額"。這說明京杭大運河形成之初，沿線城市商品流

①　王雲：《明清山東運河區域社會變遷》，人民出版社 2006 年版，第 41 頁。

通已經十分繁榮，以至需要定額徵稅[1]。同時也反映隨運軍丁水手也乘機出售攜帶的南北貨物和購買各地積集來的土產雜貨，而各地商賈客旅也紛紛雲集，與運丁水手和押運官吏進行貿易。同時也吸引了大量流動人口，從事裝卸和搬運工作。由官吏、富商、軍丁、役夫等不同層次的人等，形成一大幫不同層次的消費群體，吸引了各種消費行業集中於這些城鎮碼頭經營謀生，於是沿運的城鎮碼頭便成為南北物資集散地和貿易市場，同時也是各類服務行業集中地，從而促進了會通河沿線各城鎮商業的繁榮。

　　沿運城鎮的繁榮和發展，大體上有幾種類型：

　　一類是原已為州縣級政區治所所在，由於運河所經，商業繁榮，城市更為興旺。如濟寧是會通河開通後最早興起的城市。元為濟寧州，清代升為直隸州。明清時期濟寧地處漕運中樞，漕船南北往返重要停泊碼頭，又是總河衙門所在，有龐大的官吏機構，物資需要當甚於其他地方。官私商賈都麇集於濟寧，進行貿易。明成化、弘治年間人程敏政云："幸勳戚之家貿易於兩淮、於三吳者，聯檣大舶，必駐濟寧。"[2] 清中葉包世臣說："閘河自臺莊入東境，為商賈所聚，而夏鎮，而南陽，而濟寧，而張秋，而阿城，而東昌，而臨清為水馬頭，而濟寧為尤大。"[3] 每年漕船運丁水手與當地商販交易的南北貨物，不下數百萬石，"商品糧民之至者樂而忘返，流寓之人恆多於土著"[4]。於是"百物聚處，客商往來，南北通衢，不分

①　〔清〕張廷玉：《明史》卷 81《食貨志五·商稅》，中華書局 1974 年版。
②　《篁墩文集》卷 25《贈送工部主事程節之序》，轉引自王雲《明清山東運河區域社會變遷》，人民出版社 2006 年版，第 82 頁。
③　包世臣：《安吳四種》卷 6《中衢一勺》。
④　民國《濟寧直隸州志續志》卷 5《建置志》。

畫夜"[1]。清乾隆年間,濟寧城市人口達到一萬七千零一十二口,其中
"車者、舟者、負者、擔者日不下千萬計,每年至少有四五十萬人次
之多"[2]。城市人口的增加,必然促進城市商業、服務行業的發展。

又如聊城在元代為東昌路治所,明改為東昌府,是會通河沿線
唯一的府級政治中心城市,由於地理位置不如臨清和濟寧處於南
北交通的樞紐地位,其發展規模不如上述二城市。盡管如此,聊城
畢竟在運河沿線,其過境貿易還是很發達的。南來北往漕船所帶
土宜特產,多在此銷售。明代記載,"由東關溯河而上,李海務、
周家店居人陳椽其中,逐時營殖"[3]。在清代仍是會通河北段的商貿
城市,各省商賈雲集,南北貨貿易繁盛,每年漕船過往,僅收購特
產薰棗一項,即達數百萬石之多[4]。乾隆至道光年間是聊城商業最繁
榮時期,嘉慶年間記載,稱"東昌府治,東省之大都會也。……人
煙輻輳,士商雲集",又言"東昌為山左名區,地臨運漕,四方商
賈雲集者,不可勝數"[5]。咸豐年間,聊城城內山陝商人的店鋪多至
八九百家[6]。當時聊城是山陝商人集中的地方,至今還保留山陝會館
一處,不僅建築宏偉,還是保存的最好的一處會館,1988 年被定
為全國重點文物保護單位。始建於乾隆八年(1743),歷朝均有修
繕,亦可見當時山陝商人資金的豐厚。

又如元代的臨清縣原治曹仁鎮(今臨清市西南舊縣鎮),起初

① 乾隆《濟寧直隸州志》卷 2《街衢》。

② 許檀:《明清時期山東商品經濟的發展》,中國社會科學出版社 1998 年版,第 175 頁。

③ 萬曆《東昌府志》卷 2《物產》。

④ 宣統《聊城縣志》卷 1《方域志》。

⑤ 聊城山陝會館藏嘉慶十四年《春秋閣碑文》,轉引自許檀《明清時期山東商品經濟的
　　發展》,中國社會科學出版社 1998 年版,第 183 頁。

⑥ 聊城山陝會館藏同治四年《山陝眾商會續發厘頭碑記》,轉引自王雲《明清時期山東
　　運河區域社會變遷》人民出版社 2006 年版,第 84 頁。

地位並不重要，開會通河後，於是在今臨清市會通河和衛河交匯處形成會通鎮。明洪武二年（1369）臨清縣就從曹仁鎮遷至會通鎮即今臨清市治。次年即在臨清城內設置臨清倉，以供轉運。從此臨清處於會通河和衛河交匯處，成為漕運咽喉之地。永樂中移都北京後，又移德州倉於臨清永清壩，宣德中，又增造臨清倉，容三百萬石①。時臨清有三倉，"歲受山東、河南之賦幾三十萬（石），以節漕力，以望京儲，厥惟重哉！"②為會通河沿線最大倉庫群，南方來的漕糧必先儲於此，然後轉入衛河，以達京師。故而"財賦雖出乎四方，而運輸以供國用者，必休於此而後達。商賈雖周於百貨，而懋遷以應時需者，必藏於此而後通"。時人謂："臨清實南北要衝，京師門戶，舟車所至，外連三邊，士大夫有事於朝，內出而外入者，道所必由。"③在明弘治二年（1489）升為臨清州，商業特為繁榮。前一年即弘治元年，朝鮮人崔溥自杭州由運河來到臨清縣，那時臨清縣城人口迅速增加，商業繁榮日甚一日，所謂"四方貿易地，溯河之民，生聚日衍，城居不能十一"④。故而在嘉靖二十一年（1542）臨清城擴建了包括中洲，橫跨會、衛二水、延袤二十餘里的土城，與磚城相接。因兩城相連，又稱連城。連城控扼會、衛咽喉，"北起塔灣，南至頭閘，綿亙數十里，市肆櫛比，有肩摩轂擊之勢"⑤。城內商賈輻輳，商鋪林立，"十九皆徽商佔籍"⑥，外籍居民多於土著

① 〔清〕張廷玉：《明史》卷 79《食貨志三·倉庫》，中華書局 1974 年版。
② 乾隆《臨清直隸州志》卷 3。
③ 乾隆《臨清直隸州志》《建置》。
④ 范金民：《朝鮮人眼中的中國運河風情》，載中國地理學會歷史地理專業委員會編《歷史地理》第 20 輯，上海人民出版社 2004 年版。
⑤ 乾隆《臨清直隸州志》卷 3。
⑥ 謝肇淛：《五雜組》卷 14。

十倍①。乾隆四十一年臨清升為直隸州，轄武城、丘縣、夏津三縣，其時臨清商賈輻輳，城內商號鱗次櫛比，有雜糧店九十餘家，當典百餘家，旅店數百家，商店內南北貨物雜陳，此實由會通河通漕，對臨清經濟發展起決定性作用，"歲漕江南北米糧數百萬石，悉由此河，便至京師""不僅南北貨物可以附載而止，達官富商亦皆取道於此"②。其盛時"每屆漕運時期，帆檣如林，百貨山積，經數百年之取精用宏，商業勃興而不可遏。當其盛時，北至塔灣，南至頭閘，綿亙數十里，市肆櫛比，有肩摩轂擊之勢"③。城外煙火萬家，舳艫千里，"精美輕賚之物附糧舟而麋至"，貿易興盛④。無疑在明清兩代臨清是會通河北端最大的商業都會⑤。

　　其他如淮安府，為漕運總督駐地。各省漕船均在此盤驗，商品上下為必然之事。"淮北綱鹽頓集之地，任醵商者皆徽、揚高資巨戶，役使千夫。商販輻輳。秋夏之交，西南數省糧艘銜尾入境，皆停泊於城西運河，待以盤驗，牽挽往來，百貨山列"⑥。再南如揚州、蘇州、杭州，唐宋以來即為運河沿線大都會，明清更盛。明朝弘治年間朝鮮使者崔溥來華，回國後進呈《漂海錄》，其中詳細記錄了大運河沿運的風情，他見到當時杭州的繁榮，謂"杭即東南一都會，接屋成廊，連袵成帷，市積金銀，人擁錦繡，蠻檣海舶，櫛立街衢，酒簾歌樓，咫尺相望，四時有不謝之花，八節有常春之景，真所謂別作天地也"。從杭州而南，走江東運河，"溫州、處州、

---

①　乾隆《臨清直隸州志》卷 2。

②　民國《臨清縣志·疆域志·河渠》。

③　民國《臨清縣志·經濟志·商業》。

④　乾隆《臨清直隸州志》卷 2。

⑤　楊正泰：《明清臨清的盛衰與地理條件的變化》，載中國地理學會歷史地理專業委員會編《歷史地理》第 3 輯，上海人民出版社 1983 年版。

⑥　光緒《淮安府志》卷 2《疆域志》。

臺州、嚴州、紹興、寧波等浙江以南商舶俱會，檣竿如簇。"他過蘇州閶門，"接屋連檐，舳艫如櫛""閶門碼頭之間，楚商閩舶，輻輳雲集"①。有關明清時代揚州、蘇州、杭州因運河通暢，造成人口的繁衍、經濟的興盛、文化的繁榮，在明清以來文獻記載和歷代研究成果極多，就不在此詳述了。

一類是原為縣級或縣級以下的一些居民點，由於運河所經，逐漸發展成為重要商業城鎮。如天津一地興起與大運河有密切關係。天津在元時為直沽，為南北運河交匯處。明代的天津衛，原為軍事據點。清雍正年間升為天津府並置附郭天津縣，成為下級政區治地。原因是南方各種物產往往先運至天津，然後再販運至京師。天津"城西北沿河一帶，舊有雜糧店，商賈販糧百萬，資運京、通，商民均便。河東新創雜糧店，商賈販糧通濟河東一帶村莊"②。天津城北門外是南北運河交匯之區，"百貨倍受往時"③。因為天津"為漕運孔道，冠蓋之所，往來商賈之所輻輳，舟車絡繹，百貨駢填，鼓瑟管弦之聲不絕於耳"④。直至民國，天津仍是北方第一都會，實因天津地處大運河和北方諸水交匯處。

其他，如山東嶧縣原遠離運河，自開泇河以後，嶧縣為運河所經，糧艘過境，運丁水手"多挾南貨以易邑煤米"，商旅"歲時往還不絕，奇物珍貨衍溢"，本地的麥豆及煤炭諸物易得善價，而行銷數千里。清代乾嘉時，"縣當幹道，商賈輻輳，炭窯時有增置，而

---

① 范金民：《朝鮮人眼中的中國運河風情》，載中國地理學會歷史地理專業委員會編《歷史地理》第 20 輯，上海人民出版社 2004 年版。

② 康熙《天津衛志》卷 1《建置》。

③ 李文治、江太新：《清代漕運》（修訂本），社會科學文獻出版社 2008 年版，第 397 頁。

④ 乾隆《天津縣志》卷 7《公署》。

漕運數千艘，連檣北上，載煤礦動數百萬石，由是礦業大興"[1]。

　　山東今微山縣治的夏鎮，原為夏村，隆慶元年（1567）開鑿南陽新河後，即位於會通河西岸，旋即改稱夏鎮。嘉靖四十五年，"移沽頭分司於夏鎮"[2]。萬曆年間夏鎮還築有城，過往漕船在此過閘，商務客旅多在此歇息，服務行業由此而盛，一躍成為運河沿線重要商業城鎮。談遷《北遊錄·紀程》："工部郎分司徐州者，駐節夏鎮。自新河成，夏鎮為都會，康阜樓、會景門並雄踞河上。"入清以後，夏鎮仍為運河沿線重要商城。

　　今微山縣南陽鎮，明清時屬魚臺縣。自南陽新河開鑿後，原來置於谷亭的閘署、驛、遞運所均移於此，後來守備及魚臺縣管河主簿亦駐於此，南陽地位日顯重要。明清時商業比較繁榮。明人談遷《北遊錄紀程》《北遊錄後紀程》：南陽鎮"地產菽，多大賈""居人三千餘家"。如以每戶五人計，則有一萬五千餘人，在今天也是一個大鎮了。由於微山湖的擴展，清初形成為湖中小島，運河穿島而過，只有水路與外界相通，形成十分獨特的地理景觀。

　　現屬山東陽谷縣的張秋鎮，明清時因地處會通河和大清河交匯處，為南北樞紐，兩岸成聚落。故為陽谷、壽張、東阿三縣共同管轄。設有管河主簿。明清兩代多次遭受黃河東決的沖毀。明弘治二年河決張秋，沖毀會通河。五年河復決張秋。六年由副都御史劉大夏治河，先在張秋鑿渠為月河，先通漕，再堵塞決口，運道無阻，乃改張秋鎮為安平鎮[3]。因為經常受到黃河決口的毀壞，所以在明萬曆前未曾築城。《治水筌蹄》卷 2《運河》："張秋，固運河一

① 　光緒《嶧縣志》卷 7《物產略》。
② 　〔清〕顧炎武：《天下郡國利病書》卷 40《夏鎮河渠志》，上海古籍出版社 2012 年版。
③ 　〔清〕張廷玉：《明史》卷 85《河渠志三·運河》，中華書局 1974 年版。

大襟帶也。控汶上、陽谷、壽張，鼎足之中，而西為梁山，故宋東盜藪。闤闠萬家，富商大賈萬集，跨運河東西居之。……眾流所交也，貨財所萃也，豈直中原一大縣，而不城，則胡以護運，亦胡以控群盜？余料之，此丁夫六千，匝二月之役耳，城中可籍也。"萬曆七年（1579）都御史趙賢修築鎮城，"跨運河之上，周八里……四門有樓，南北渡口設敵臺四座，規制宏壯，為漕河重鎮"[1]。在清一代，張秋仍然多次遭到黃河決水的侵害，但由於其地理位置的特定，在沒有黃河干擾的年代，張秋的經濟仍然是十分繁榮的。乾隆《張秋志》記載："鎮城幅員數里，自北而南，則漕渠貫其中；自東而西，則譙樓綰其口，城中街市，以此定其界焉。"這些巷市分屬壽張、陽谷、東阿三縣，所謂"一街而分隸三邑"[2]。張秋鎮商品來源遠及閩廣、吳越、山陝，輸入商品以雜貨、綢緞為最大宗，分銷和集散範圍主要是位於濟寧、臨清之間的兗州府北部和泰安府西部諸縣，輸出商品主要有棗梨、棉花、棉布、糧食等。張秋附近州縣出產的棗梨，"凡販鬻江南者多從鎮發"，成為山東地區水果、糧食、棉花的集散地[3]。

　　除了上述各較大城鎮外，沿運各壩閘處，亦因漕船的來往滯留，形成不少的商業聚落。例如汶上縣的開河閘，元時所建，到明代已成為會通河沿的一個集市，每逢十月下旬"百貨萃焉"。陽谷縣的阿城上閘是"鹽賈鶩焉"。下閘亦為小市，"梨棗彌望"[4]。濟寧州趙村閘旁有居民數百家，新店閘"居人更盛"。再五里至新閘，"亦百餘家"。魯橋鎮原先就是商業城鎮，更是"復灶重枅，商賈奔

① 康熙《山東通志》卷 4《城池》。

② 《張秋鎮志》卷 2 街市。

③ 許檀：《明清時期山東商品經濟的發展》，中國社會科學出版社 1998 年版，第 181 頁。

④ 〔清〕談遷：《北遊錄·紀程》，中華書局 1981 年版。

鶩""度南陽鎮閘,居人三千餘家"。宋家閘有"茆舍百餘家,有土
堡。南風勁,且重運絡繹"。泇河上的"韓莊閘,有土堡,居人百
餘家"。就是運河入黃口的"董家口,廣十餘丈,居人二百餘家"。
下游"二十里白洋河,鎮人數千家。西隸宿遷,東隸桃源。宋俊伯
市豆三百斛。……十五里古城,居人三百餘家"[1]。這些集市規模都
很小,不過是因運河所經,人們集居此處以謀生,或從事飲食住宿
等服務行業,或向往來公私客商軍丁人員銷售生活用品,未必為土
著人口。

由此可見,明清時代京杭大運河沿線形成的城市帶,可能是
除了京師以外,人口最為集聚、商業最繁榮、經濟最發達的地區。
同時也是中國兩千多年來,城市佈局開創的一大新的局面,至今
未變。

第三節
加強全國各地區間經濟的聯繫和文化交流

中國是一個地域遼闊,自然環境地域差異明顯的國家。由於自
然環境之差異而形成的人文之差異,也十分突出。商周以降,雖然
名義上在黃河流域漸趨於統一,如西周分封,實際上各封建諸侯國
都各具自己的政治、經濟和文化特點。春秋五霸、戰國七雄,都是
各具有個性的國家。秦始皇統一六國,推行車同軌、書同文、統一
度量衡,這些因政治、軍事、經濟的需要,必定較快推行,而各地
人們的經濟生活、文化、語言、風俗、行為觀念等,仍然保存很長

---

[1] 〔清〕談遷:《北遊錄後·紀程》,中華書局 1981 年版。

時間的各自特色。司馬遷寫《貨殖列傳》時，離戰國已有兩三百年，但他對漢朝的區域分割基本還是按戰國各國的舊域。《漢書·地理志》後序引西漢末年劉向《域分》、朱贛《風俗》，則離戰國更遠，然其區域仍因戰國之舊劃分。自漢代以降，在大一統國家內仍然保持"百里不同風，千里不同俗，戶異政，人殊服"的特點[①]。

　　春秋戰國以來，各地區之間商品流通已具相當規模。范蠡史稱"朱公"，"以為陶天下之中，諸侯四通，貨物所交易也。……十九年之中一致千金"。西漢時代商業貿易最易致富，諺曰："夫用貧求富，農不如工，工不如商，刺繡文不如倚市門，此言末業，貧者之資也。"[②]此類商品的流通，大多藉助於運河自不待言。

　　從西晉末年永嘉之亂，到北宋末年靖康之亂，八百年的歷史時期裡，中國發生過三次大規模的北方人口南遷，北方人的飲食起居、生活習俗、行為觀念也隨之進入南方社會，影響了南方社會中經濟、文化；同時誘發了北方社會對南方豐富多彩的精神文化和物質文化的強烈渴求。故一旦南北統一王朝的建立，南北文化和物資的交流，成為社會各階層強烈需求。運河的開鑿和南北大運河水系的形成為這種需求提供了交通上的便利。

　　歷史上運河的開鑿及其與天然河流的連接，形成了可以通過水路抵達全國任何一個地點的水運網。上文第一章曾述，在曹操時代，由於白溝、平虜渠、泉州渠、新河的開鑿，連接上黃河以南的鴻溝水系，再溝通秦始皇時代的靈渠，從理論上講，從珠江北上，通過水路可以到達河北平原的北部。當然，實際上由於水情、船隻、季節等自然和社會條件不同，不大可能成為現實。但

---

① 〔漢〕班固：《漢書》卷72《王吉傳》，中華書局1962年版。

② 〔漢〕司馬遷：《史記》卷129《貨殖列傳》，中華書局1959年版。

在人們觀念裡對水運可達地點必有渴望而嘗試，因此，每一時代為謀求利潤的行商，必定曾攜帶商品希望通過運河到達當時可以到達的最遠處，從而使運河帶動了水運發展作用的最大化。尤其隋唐以後系統的大運河格局的定型，遂使海、河、淮、江、錢塘諸水系及其溝通的各天然河流，形成了一個固定的全國性水運交通網。由於水運的成本低廉，於是藉助運河水系的便利，除了朝廷最關注的漕運外，附於漕運的各種物資以及商賈以贏利為目的各地物資交流大大加強，東西南北商品的流通，實際就是含帶着各地文化的交流。隨着社會財富的增加，城民階層的出現，對商品需求空前增加，這種形成規模的商品交流促進了宋朝全國商品市場的形成[①]。

在傳統農業社會，各地物資交流有多種形式，比較穩定的是官方通過以漕運為主的運河，送運全國各地作為貢品的各種土特產品，歷代皆有。不過這類物品主要提供給皇家、貴戚享用，中下級官員和廣大民眾不僅無法享用，甚至連看也是沒有看到過。所以對各地文化的交流作用不大。在唐代還有一種比較特殊的土特產流通，則是士大夫之間將土貢特產作為禮物互相饋贈的流通。這種流通有的在同一州內流通，有的在同一道內流通，還有遠距離的流通，而遠距離的流通往往是通過運河的。由於互相饋贈的都是士大夫階層，也就能在互相答謝的詩文中反映其文化意義[②]。此外，以商業貿易為驅動的民間日常商品的貿易流通，則對地區之間經濟、文化交流影響較大。

魏晉南北朝時期雖然大部分時間處於南北分裂狀態，但由於南

---

① ［日］斯波義信：《宋代商業史研究》，莊景輝譯，臺灣稻禾出版社 1997 年版。
② 夏炎：《試論唐後期土貢物產的地方流動》，《史學月刊》2014 年第 8 期。

北朝各新修了不少運河，而在非戰爭時期利用水運的商品貿易仍有進行，故各地的物資和文化交流並未停止。北魏晚期洛陽城內，"自蔥嶺以西，至於大秦，百國千城，莫不歡附，商胡販客，日奔塞下，所謂盡天下之區矣"[①]。東晉南朝時，由於社會相對穩定，水運便利，商品流動相當發達。以長江為水運主幹連接其支流以及三吳地區的運河綱，都是當時大宗貨物運輸的主要交通線。在通往首都建康的水道上，"貢使商旅，方舟萬計"。

隋唐統一政權的建立，南北大運河的修鑿，為各地區之間物資和文化的交流提供了歷史上從未有過的便利。"如天下諸津，舟航所聚，旁通巴、漢，前指閩、越，七澤十藪，三東五湖，控引河洛，兼包淮海。弘舸巨艦，千里萬艘，交貿往返，昧旦永日"[②]。有一次在官方主持下的全國性物資交流，那是唐代。天寶元年（742）在長安城東九里長樂坡下、滻水之上築有望春樓，樓下穿廣運潭以通舟楫，二年而成。從東京、商丘等地取小斛底船兩三百隻置於潭側，每隻船都表上南方各地的署牌，並陳列該地土特產品。如在表為廣陵郡（今江蘇揚州）的船上，即堆積滿廣陵所出錦、鏡、銅器、海味；丹陽郡（今江蘇鎮江）船上，堆滿京口綾衫段；晉陵郡（今江蘇常州）船上，陳列的是官端綾繡；會稽郡（今浙江紹興）船上，即陳列的是銅器、羅、吳綾、絳紗；南海郡（今廣州）船上，陳列的是南海特產玳瑁、珍珠、象牙、沉香；豫章郡（今江西南昌）船上，則是名瓷、酒器、茶釜、茶鐺、茶椀；宣城郡（今安徽宣城）船上，是當地特產空青石、紙筆、黃連；始安郡（今廣西桂林）船上，有蕉葛、蚺蛇膽、翡翠等奇珍。各船中皆載有米，吳郡（今江

① 〔北魏〕楊衒之：《洛陽伽藍記》卷 3 城南，中央編譯出版社 2010 年版。
② 〔後晉〕劉昫等：《舊唐書》卷 94《崔融傳》，中華書局 1975 年版。

蘇蘇州）是三破糯米、方文綾。這樣表有各地署牌的船隻，地域包括了南方數十郡。駕船人皆戴大笠子，穿寬袖衫、芒屨，如吳、楚之制。陝縣尉崔成甫又作歌詞十首，自衣缺胯綠衫，錦半臂，偏袒膊，紅羅抹額，於第一船作頭號唱之，以助興。和者有婦人一百人，皆鮮服靚妝，齊聲接影，鼓笛胡部以應之。這些船隻循序漸進，在望春樓下、廣運潭上，連檣彌亙數里，觀者山積。京城百姓沒有見過南方的航船檣竿，人人駭視①。這是中國歷史上第一次在首都興辦的全國物資展覽會，展出當然是當時各地的貢品。一個偏隅於西北黃土高原上的城市，居然能通過運河展示了南方各地的土特產，讓京城長安人民大大開了眼界。這一舉措顯示了唐王朝炫耀富有四海的心態，今天還可以從這些文字中領略到當時的盛景，不能不驚歎南北大運河在發展南北經濟、文化交流中，起着何等重大的作用！

　　由於南北大運河之暢通，南北通過水運的商品物資交流，顯得十分興旺，所謂“八方通貨溢河渠”②。疏闊了三百多年的身居北方的南方人又開始能夠享受到南方的佳味。汴州貴族、官僚“陸珍熊掌爛，海味蟹螯鹹”③。最典型的南北文化交流是，飲茶之風由南向北的流傳，成為唐代士大夫間最流行的習俗，所謂當時“風俗貴茶”④。唐人封演說：“南人好飲茶，北人初不多飲。開元中，泰山靈岩寺有降魔大興禪務於不寐，又不夕食，皆恃其飲茶。人自懷挾，

① 〔後晉〕劉昫等：《舊唐書》卷 105《韋堅傳》，中華書局 1975 年版。
② 〔清〕彭定求等：《全唐詩》卷 360 劉禹錫《令狐相公見示河中揚少尹贈答兼命繼之》，上海古籍出版社 1986 年版。
③ 〔清〕彭定求等：《全唐詩》卷 477 白居易《奉和汴州令狐相公二十二韻》，上海古籍出版社 1986 年版。
④ 〔唐〕李肇：《唐國史補》卷下，上海古籍出版社 1979 年版。

到處煮飲。從此轉相仿效,逐成風俗。起自鄒、齊、滄、棣,漸至京邑。城市多開店鋪,煎茶賣之,不問道俗,投錢取飲。自江淮來,舟車相繼,所在山積,色類甚多。"① 大量南方的茶自汴河運來,汴州"水門嚮晚茶商鬧,橋市通宵酒客行"②。

宋代商品經濟進一步發展,各地商品藉運河之便流通於各地,較唐代更為發達。開封是北中國的政治中心,又集中了當時社會上高層的消費人群。因此這個城市的物資供應最能反映當時南北各地經濟文化的交流。當時開封周圍的漕運四渠,不僅運送漕糧入京師,"又廣南金、銀、香藥、犀、象、百貨,陸運至虔州,而水運入京師。……川益諸州租市之布,自嘉州水運至荆南,自荆南改裝舟船,遣綱送京師"③。周邦彥《汴都賦》記集中於開封的全國各地商品:"安邑之棗,江陵之橘,陳夏之漆,齊魯之麻、薑、桂、穀、絲、棉、布、縷、鮐……"由於水運發達,開封城內市民只要有錢,也能吃到江浙的大米(粳稻)④。不僅如此,在首都開封,普通人也能吃到從運河運來的南方海鮮。歐陽修《京師初食車螯》:"纍纍盤中蛤,來自海之涯。坐客初未識,食之先歡嗟。五代昔乖隔,九州如剖瓜。東南限淮海,邈不通夷華。於是北州人,飲食陋莫加。雞豚為異味,貴賤無等差。自從聖人出,天下為一家。南產錯交廣,西珍富卭巴。水載每連舳,陸輸功盈車。溪潛細毛髮,海怪雄鬚牙。豈惟貴公侯,閭巷飽魚蝦。"⑤ 水產品中最普通的當然是魚,原是北

---

① 〔唐〕封演:《封氏見聞錄》卷六,中華書局 2012 年版。
② 〔清〕彭定求等:《全唐詩》卷 300 王建《寄汴州令狐相公》,上海古籍出版社 1986 年版。
③ 〔清〕徐松:《宋會輯稿》《食貨水運》,劉琳等點校本,上海古籍出版社 2014 年版。
④ 〔宋〕李燾:《續資治通鑑長編》卷 63 景德三年五月戊辰,中華書局 1979 年版。
⑤ 〔宋〕歐陽修:《居士集》卷六。

方人餐桌上稀見之物，但在北宋開封因黃運水運之便，市場鮮魚十分便宜。《東京夢華錄》卷4《魚行》："賣生魚則用淺抱桶，以柳葉間串，清水中浸，或循街出賣。每日早惟新鄭門、西水門、萬勝門，如此生魚有數千擔。冬月，即黃河諸遠處客魚來，謂之'車魚'，每斤不上一百文。"

　　其他最典型的要算南方的茶葉北銷及飲茶之風在北方社會之盛，對北方社會影響最大。《宋史·食貨志》："茶之為利甚溥，商賈轉致於西北，利致嘗數倍。"熙寧時北方茶業興盛[1]。北方人飲茶亦為南方帶來的風氣，其文化意義遠大於商品意義。飲茶自宋以後已成為南北士大夫階層一種生活方式、精神生活，甚至與佛教禪宗在士大夫間流傳有關。茶的北播無疑與運河有關。以後茶葉還由運河運至北邊出境傳入遼金境內，《封氏見聞錄》也說："始自中地，流於塞外。"宋代成為當時所謂"國際貿易商品"[2]，從中可見運河在發展各地經濟和文化方面的作用之大。

　　南宋時雖然南北分裂，但仍有通過各種渠道進行南北商品的交流。《宋會要輯稿》食貨三十八貨市，孝宗隆興二年二月二十一條亦云："西北必用之物，而本處（四川總領所）所無，如乾薑、絹、布、茶貨、絲、麻之類。"列舉了西北必需品乾薑、絹、麻布、茶貨、生絲、麻。將上述貨物綜合起來，再補之南方的特產——各種藥物、砂糖、漆器、瓷器、竹木藤器、金銀器、文具、書籍，那麼，所謂南貨便有米、茶、耕牛、絹製品、麻葛製品、木棉、砂糖，南方舶來的香料、藥物、寶貨、銅錢、武具、武器材料、金銀器、竹木藤漆器、陶瓷器、文具、書籍等；北貨則有北珠、北方產藥

① 〔宋〕李燾：《續資治通鑑長編》卷236熙寧五年閏七月丙辰，中華書局1979年版。
② 孫洪升：《唐宋茶業經濟》，社會科學文獻出版社2001年版。

物、絹製品、馬、毛皮等。當時這些南北貨的中轉交換地點是作為海港的密州、澉浦鎮、明州，內陸城市開封、長安、江陵、壽春、成都、杭州、紹興等；南宋方面有盱眙軍、楚州北神堰、楊家寨、淮陰縣磨盤、安豐軍水寨、花靨鎮、沽立（化）縣封家渡、信陽軍齊昌鎮、棗陽軍、光州光山縣中渡市；金國方面有泗州、壽州、潁州、鄧州、唐州、蔡州、鳳翔府、秦州、鞏州、洮州、密州膠西縣榷場。然而，雖說是南北貨的交換，但除北方產的絹、藥物之外，基本上乃是南方產的物資流入北方，供人們消費或轉賣給北族。而且，如米、鹽、茶、香藥等這些能獲取巨額利潤的重要流通物資幾乎全是南方產的物品[1]。

　　明清時代中國南北地區自然環境與人文環境之間的差異還是相當大的。明弘治元年（1488）朝鮮人崔溥來華，曾從杭州由運河直抵通州，一路上對運河沿線南北城市的風情差異，"將運河南北部之間在市井風貌、第宅質地、飲食起居、衣帽服飾、文化程度、儀容打扮、喪葬習俗、宗教信仰，以至對於農工商業的態度，從事程度、生產生活方式、生產生活用具、水利資源的運用等，均作了具體而又形象化的論述，一幅明代中期運河沿岸的市井風貌畫卷躍然而展現在人們面前"。同時也記述了運河南北各城鎮物資的交流[2]。

　　明清時期通過大運河而達到南北交流的物資，主要指政府規定運軍隨漕船所帶的土宜。明清兩代都規定漕運軍卒隨漕船北上時，可以隨船搭載一定數量"土宜"，沿途販賣，"免其抽稅"。這種土

---

[1]　[日]斯波義信：《宋代商業史研究》，莊景輝譯，臺灣稻禾出版社 1997 年版，第 145 頁。

[2]　范金民：《朝鮮人眼中的中國運河風情》，載中國地理學會歷史地理專業委員會編《歷史地理》第 20 輯，上海人民出版社 2004 年版。

宜的數額曾不斷地增加。明弘治規定每船"不得過十石"，嘉靖時增至四十石，萬曆時再增至六十石；在清代，康熙時六十石，雍正時增至一百二十六石，乾隆時又准江南、浙江漕船廠每船增帶四十石，嘉慶時增至一百五十石。道光時增至每船土宜一百八十石[①]。道光年間漕船以六千三百二十六艘計，共有免稅土宜一百一十三萬八千六百八十石[②]。明代因為軍官、運卒疾苦萬分，於是規定："北運者，帶酒米竹木弗禁，入茶城，屬酒米者自為剝，屬竹木者自為伐，浮於舟末。南還，則令易商貨，半載之。除搜括之禁，罷入官之罰，是官以餉舟市也，舟善而卒騰，餉務倍利。"[③]但各船往往超過此數，如萬曆某年江西、南饒二衛私帶木伐甚多，饒州衛糧船隻有三十七隻，尾隨木伐卻有八十三吊，以致濟寧天井閘塞滿河道，每船載木材過多，命其卸下為筏，結果南饒兩處運船卸木板重一百三十六萬五千一百餘斤，這在未盤之先，沿途發賣已多，所報僅存其半。船內還有磁鐵等器，不知幾何。且各船一到碼頭，"輒延綏數日，雖日挨幫，實為脫貨"。"運軍一貧如洗，烏得有此巨貨，盡繫運官通同把總。販賣營利，勢莊旗軍，分派裝載"。那些"重船而尾復曳以重筏，連綿之勢，撐駕又難，閘板既啟，待久水泄，又以河淺為名，延挨貨賣"[④]。據清楊錫紱《漕運則例纂》記載，土宜品類繁多，大致有農產品、絲織品、油類、酒類、乾鮮果品、各種食品、紙張、竹木藤器、各種雜貨、鐵銅器、藥材等 11 類，數百種。此外，有窯貨、掃把、木岸、竹子、杉篙、木頭等物，

① 《萬曆會計錄》卷 35《漕運》，光緒《大清會典事例》卷 207《漕運》。
② 李文治、江太新：《清代漕運》，社會科學文獻出版社 2008 年版，第 378 頁。
③ 〔明〕萬恭：《治水筌蹄》卷 2《運河》，朱更翎整理本，水利電力出版社 1985 年版。
④ 〔明〕潘季馴：《河防一覽》卷 12《官旗挾帶私貨疏》，明萬曆十八年刻本。

"俱不算貨"，即可任意攜帶而不納稅①。這些商品或沿途出售，或運至北方售賣，活躍了運河沿線經濟的流通，並通過運河沿線各城市各條水路或陸路，如同靜脈動脈血管一樣輸到北方各地。漕船至京師卸糧後，回空船所載各類貨物。回空船所載商貨主要是北方的農產品及農副產品，如梨、棗、核桃、瓜子、柿餅、豆、麥、棉花、煙草等。手工業品較少，攜帶數量，每船六十石免稅，仍按漕船六千三百二十六計，共有免稅商品三十七萬九千五百六十石。在規定數量外應納稅，每石稅銀四分。回空船所納稅很低，每一百石才收稅銀四兩，當時所帶貨物一定不少②。大量南北商品在沿運城市間流通，必定促進了南北的經濟和文化交流。

　　除了漕卒所帶土宜作為商品在運河沿線流通外，當然也有民間商人商業活動。但民間商船在大運河中運行十分不易，一則因為會通河每年可供通航的時間不多，十一月開始臨清以北的運河結冰，次年二月解凍，一年只有八個月通航時間③，而這段時間內主要供漕船航行，民船很難擠入，商人進行商品貿易，主要與運軍漕丁合作。因為民間商船在大運河上航行十分困難，明《一統路程式圖記》載："儀真開通上江運船，五壩過客貨須臨大江，晝夜無盜，鹽商時聚，地無所產，楠木商人聚於對江。自本縣至淮安，皆平水。邵伯之北，湖蕩多，人家少，西高而東卑。水大之年，最怕西北風，巨浪能倒塘岸，船不能過。賊有鹽徒，晚不可行，船戶不良。宜慎。自揚州以北，風景與江南大別矣。淮安五壩過客貨，開通運船。凡

---

① 《漕運則例纂》卷 15《通漕禁令・重運攬載》，轉引自李文治、江太新《清代漕運》484 頁，中華書局 1995 年版。
② 李文治、江太新：《清代漕運》，中華書局 1995 年版，第 485 頁。
③ 〔清〕賀長齡、魏源等：《清經世文編》卷 46 林起龍《請寬糧船盤詰疏》，中華書局1992 年版。

寫黃河大船進京，必須訪實，或有欠債攬此長載，中途脫逃，客顧
人夫而去，此常有者。黃河不可久延，四、五月有河走之防。徐州
入閘河，汶水泉出萊蕪、寧陽二縣，至南旺南北兩分。舊閘河自留
城至南陽，北高而南低，水易泄，閘常閉，所以客船難去，一閘曾
有坐一月者，且讓運船。自開新河，南高而北低，泉雖少而難泄，
閘不常閉，各船皆快，無阻遲之苦矣。揚州以北，食品賤而不佳。
臨清州出衛河，直抵直沽。泊船難擇地方。天津衛上水至通州，走
沙水淺，夜宜謹慎。……自淮安以北，冬歸宜速，守凍最難，日出
冰堅，陰霧即釋。"① 可見民間貨船一路上困難重重，宕延時日，運
輸成本太高。"緣軍船多裝私物，但遇市鎮，灣泊買賣，延住日久，
民船亦被淹留"②。劉基《過南旺守閘詩》："客路三千里，舟行二月
餘。壯顏隨日減，衰髮受風疏。"明人李流芳有詩云："濟河五十
閘，閘水不濡軌。十里置一閘，蓄水如蓄髓。一閘走一日，守閘如
守鬼。下水顧其前，上水顧其尾。帆檣委若葉，篙櫓靜如死。京路
三千餘，日行十餘里。迢迢春明門，何時能到彼。"③ 二則民間商船
走運河，一路上要十分注意防盜防欺。明《一統路程圖記》："自潁
州至大名府，響馬賊甚惡，出沒不時，難防。"從杭州至鎮江一段，
"凶年有盜……早晚勿行""由泖湖雙塔船至蘇州，有風、盜、阻遲
之憂"④。另外，民商必定要雇船載貨，《士商類要》告知："且雇船
一事，必須投牙計處，詢彼虛實，切忌貪小私雇，此乃為客之第一

① 楊正泰整理《明代驛站考》附錄《一統路程圖記》卷 5 江北水路，上海古籍出版社
　　1994 年版，第 182 頁。

② 《明英宗實錄》卷 234 景泰四年七月。

③ 李流芳《檀園集》卷 1《閘河舟中戲效長慶體》，轉引自王雲《明清山東運河區域社
　　會變遷》，人民出版社 2006 年版，第 37 頁。

④ 楊正泰整理《明代驛站考》附錄《一統路程圖記》卷 6、卷 7，上海古籍出版社
　　1994 年版，第 118、203、206 頁。

要務也。雖本地刁鑽之人，尚難逃其術，何況異鄉孤客哉！"這些船主或以舊船充好，或"中途得便盜賣"貨物，"或澆水濕而摻和，或剔船縫而稱漏"，故諺云"十個船家九個偷"。"又有一等欠債之船，狼心偷貨，價倍於船，送至地頭，尤恐債主催逼，少數難交，中途將船鑿沉，棄船逃走"[①]。種種惡劣遭遇，實難預防，可見民間商船運行承擔很大風險。三則商船過臨清鈔關手續十分麻煩，同時還要遭受鈔關官員、地方胥吏的敲詐勒索，妄加罪責，肆意誅求。沿運官員敲詐勒索，無以復加。明弘治年間倪岳上疏說："舊例，照得山東臨清州、直隸淮安、揚州、蘇州府、浙江杭州府、江西九江府等處俱係客商船隻輻輳之處，祖宗舊制，各設有鈔關，收受商稅，俱委本府通判等官管埋，行之百年，雖不能無弊，然課鈔亦未見其虧損，客商船隻，亦未見其留難了。蓋通判等官職卑職重，上受巡撫、巡按、分巡、分守等官節制，少有不才，隨加罪黜，故非極妄無知之人，則不敢在關生事，動擾客商。近年以來，改委戶部官員出理課鈔，其間賢否不齊，往往以增課為能事，以嚴劃為風力。籌算至骨，不遺錙銖，常法之外，又行巧立各色，肆意誅求，船隻往返過期者，指為罪狀，輒加科罰，商客資本稍多者，稱為殷富，又行勸借，有本課該銀十兩，科罰勸借至二十兩者，少有不從，輕則痛行笞責，重則坐以他事。連船折毀客商船隻，號哭水次，見者興憐。夫增課為國，雖稱聚斂，猶是有名。其科罰勸借者，或倚稱修理公廨，或倚稱打造船，皆借名入己，無可查盤。況此等官員，既出部委，各處巡撫官視為賓客，巡按官等以頡頏，是以肆無忌憚，莫敢誰何？以致近年客商懼怕徵求，多致賣船棄業。此豈

---

① 楊正泰整理《明代驛站考》附錄《士商類要》卷2《船腳總論》，上海古籍出版社1994年版，第294頁。

祖宗設關通商。足國裕民之初意哉？"①

　　清代榷司官員與胥吏勒索擾害商人的現象也是十分嚴重，胥吏們對過關商船，任意勒索，"飽其慾者，雖貨多稅重而蒙蔽不報者有之，或以重報輕者亦有之；不遂其慾，雖貨少稅輕而停滯關口，候至數日尚不得過"②。清初幾個皇帝都曾下詔予以嚴禁，但在傳統社會裡這種弊端是無法消除的。故而民間商人在京杭大運河貿易活動大受限制。當時民間商人主要利用淮陰以南的淮南運河和江南運河進行商業活動，過了淮陰則往往通過其他運輸工具進行商品的銷售。

　　儘管如此，然南北商賈進行貿易，京杭大運河仍是全國最主要的商品流通幹線。據研究，在明代全國八大鈔關除九江為長江關外，其餘七個均在運河沿線，從北至南依次為：崇文門、河西務（清時移至天津）、臨清、淮安、揚州、滸墅、北新。萬曆年間，運河七關商稅共計三十一萬餘兩，天啟年間為四十二萬餘兩，約佔八大鈔關稅收總額的 90% 左右。清初運河七關大體沿襲了明末稅額。隨着商品經濟的發展，商稅收入也不過逐漸增加。康熙年間增至六十餘萬兩，清代中葉，已增至一百四五十萬兩③。

　　據記載，清代臨清關，乾隆九年過關商船計有九千七百三十八艘，十年有五千八百一十九艘④。私商利用運河進行貿易主要是糧商，一是北方各地所產的小麥運往北京，每年有五十萬至六十萬

① 〔明〕倪岳：《明經世文編》卷 77《清溪漫稿》，中華書局 1962 年版。
② 《世宗憲皇帝上諭內閣》卷 10，轉引自王雲《明清山東運河區域社會變遷》70 頁，人民出版社 2006 年版。
③ 許檀：《明清時期運河的商品流通》，載中國水利學會水利史研究會編《京杭運河研究論文集》，中國書店 1993 年版。
④ 許檀：《明清時期運河的商品流通》引中國第一歷史檔案館館藏檔案：山東巡撫喀爾吉善乾隆十一年七月二十三日摺，《歷史檔案》1992 年第 1 期。

石，一是北方的豆、麥能過運河運往南方，當為更多。其他北方南來的貨物中棉花佔很大比例，而南方向北運送的主要有棉織品，其他還有茶葉、紙張、磁器、鐵鍋等。乾隆年間有人指出："商販船隻，亦資利濟"[①]"向來南省各項商賈貨船，運京售賣，俱由運河進行"[②]。

另一類也是通過運河向北傳佈的是向皇帝的貢品，主要是鰣魚與楊梅、枇杷等江南新鮮物品，是專供皇帝宗室享用的食品，這是一種特殊物資，既非商品，數量也少。但估計不至於僅皇帝一人享用，至少可以認為在皇室和宮廷範圍內作為一種南方文化的傳播。

至於隨着沿運人口的流動，沿運各地的區域人群、宗教信仰、飲食起居、語言習俗、地方戲曲等在運河沿線的流佈，則成必然之事。比較典型的像天津這樣一個原先只是一個軍事據點，由於地處大運河的樞紐，運河上南來北往的人員眾多，在天津附近能聽到的是南腔北調。明代在天津獨流鎮、楊柳青、直沽口等的運河上能聽到"吳歌""楚歌""閩語""南腔"。在清代天津城內有廣東、福建、寧波等人移居，成為"五方雜處"之區[③]。近代以來，天津成為北方曲藝中心，無疑是因為北方諸地勞動力都集中在天津碼頭之故。還有運河供奉的金龍大王神，為北方河道之神。《陔餘叢考》卷5謂："江淮一帶至潞河，無不有金龍大王廟""永樂中，鑿會通河，舟楫過河，禱無不應。於是建祠洪上"。運河沿線各地無不供金龍大王廟，可見大運河在沿線文化交流和傳佈方面起過重要的作用。

---

① 《清高宗實錄》卷1403乾隆五十七年閏四月，臺灣華文書局1969年版。
② 《清高宗實錄》卷1453乾隆五十九年五月，轉引自李文治、江大新：《清代漕運》，中華書局1995年版，第490頁。
③ 李俊麗：《天津漕運研究》，天津古籍出版社2012年版，第257—259、271—275頁。

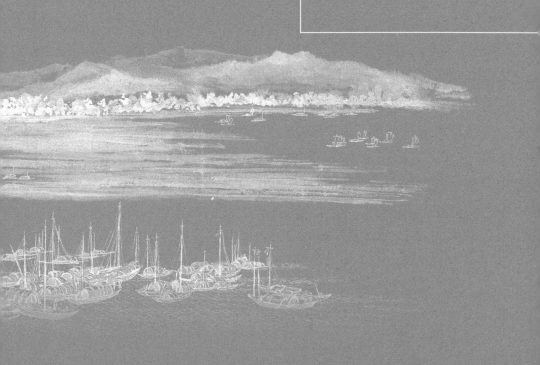

第五章

運河發展的局限及其造成的影響

中國運河的發展大致有三千年的歷史，其對中國歷史發展的積極方面，上面幾章已有詳細的記述。但任何事物都具有兩面性，運河也不例外。綜觀這三千年運河的歷史，由於運河發展在不同歷史階段的地理環境有過不同變化，而各時期的統治階層又有不同的利益需求。因此，運河在其發揮積極性一面的同時，也有過非積極性的一面，這不是運河本身之過——運河是自然地物，本身是通過人類活動才起作用的——而是不同歷史階段人類在利用運河時，只顧統治集團的私利，而不考慮當時的地理環境和整個社會的利益，從而使運河在發展過程中，產生了一些負面的影響。這方面必須要講清楚，以便對歷史上運河的作用有一個全面科學的了解。

第一節
黃河變遷對運河的影響

中國歷史上人工運河的主體部分位於長江以北地區，籠統地講就是在黃河流域。因此，運河發展的歷史性過程中，與黃河的變遷有着密不可分的關係。首先，黃河是中國北方最大的河流，也是流量最豐沛的河流。因此處於黃河流域的運河的水源無可選擇地大多取源於黃河。戰國時代中原主要的鴻溝運河水源主要引自黃河，隋唐時代的汴河（通濟渠）更是以黃河為主要水源。然而利用黃河為水源帶來的副作用很多。第一，黃河流量季節變化很大，春冬水枯，夏秋水漲，而每春上漕糧起運時，往往正值枯水時節，影響漕運，致使運河起不了應有的作用。第二，黃河含沙量高，引黃河為水源不免同時引入大量泥沙，遂使運河河床不斷抬高，運河河堤也隨之抬高，遂成地上河。於是運河每年都要修堤和疏浚，不僅是朝廷財政的一大支出，而且在疏浚和修堤期間，運河基本上停運就難以發揮作用。第三，黃河經常氾濫，侵犯運河。西漢末年，黃河決口，洪水氾濫於河濟之間 60 餘年，原先作為運河水系的汴、濟諸河河道、水門均遭摧毀。直至東漢明帝時經王景治河後，才恢復舊觀。北宋一代河患嚴重，決口後多禍及運河。慶曆以後黃河曾三次北流，下游都曾奪流永濟渠入海，使運道淤塞。建炎二年（1128）東京留守杜充決河，黃河南流，其南的汴河各水系都屢遭河患的侵犯。南宋以後，南北分裂，黃河分成多股，汴河受到黃河淤灌，且長期不加疏浚，不久即淤為平陸。所以元代以前，運河水源雖然得益於黃河，但其受黃河之患是屢見不鮮的。

元代開始在東部平原今山東境內修鑿的會通河，在元明清三代都有不斷受到黃河決溢的侵犯。黃河在徐州以上向北決溢，必然沖毀會通河，奪河東流，致使運河水流中斷。黃河在徐州以下向南岸決溢，在明代會威脅到鳳陽皇陵和泗州祖陵的安全，清代雖然沒有皇陵和祖陵問題，但泗州城的安危也是清王朝關心的問題。且徐州至淮陰的黃河即運河，故不論黃河南決還是北決，都能使運河斷流，不利漕運。故元明清三代都一致要將黃河河道維持在徐州至淮陰一線上，治黃和治運合一。治黃的目的是為了保運。然而明代中葉以來，黃河曾多次從河南銅瓦廂北決向山東入海，這是因為黃河自南宋以來長期東南奪淮入海，地勢南高北低，黃河北決乃自然之勢。明人萬恭就指出："河南屬河上源，地勢南高北下，南岸多強，北岸多弱。夫水趨其所下而攻其所弱。近有倡南堤之議者，是逼河使北也。北不能勝，必攻河南之銅瓦廂，則徑決張秋；攻武家壩，則徑決魚臺，此覆徹也。若南攻，不過溺民田一季耳。是逼之南決之禍小而北決之患深。"[1] 可見明清兩代統治者為本集團之利益，違反自然規律，硬是通過人為的修堤、築壩工程逼黃河循東南入淮之道。致使黃河屢屢北決，沖決運河，造成沿運地區的災難。晚清咸豐五年（1855）黃河在河南蘭陽銅瓦廂決口，東北沖向會通河，奪大清河於山東利津入海，時值太平軍戰爭期間，運河阻斷。清廷無暇顧及治河，只能聽任黃河東北經山東入海。其實明清時代黃河按其自然性而言，東北流向山東是符合當時河性的。但明清王朝為了漕運之利硬逼其東南走徐淮一線，實際上是違反了黃河的自然規律。由此造成黃、運之患，皆由統治集團私利所致，非運河之過。咸豐以後未積極恢復徐淮故道，一方面固然由於黃、運故道淤廢嚴重，重新疏浚費工太大，再由於自道光以來部分漕糧已改海運。不久漕糧改折，漕運停罷，大運河為朝廷服務的歷史使命已完成，也就聽其淤廢了。

　　由此可見，歷史上運河受害於黃河，也離不開黃河。而黃河之害又何嘗不是由保運而引起的？明人萬恭《治水筌蹄》卷1："我朝之運，半賴黃河也。""方今貢賦全給於江南，而又都燕，據上游以臨南服。黃河南徙，則萬艘度長江，穿淮、揚，入黃河，而直達於閘河，浮衛，貫白河，抵於京。且王會萬國，其便若是。苟北徙，則徐、邳五百里之運道絕矣。故曰黃河南徙，國家之福也。""今則餉事大半仰給江南，面江南之舟，泛長江，歷揚、淮而北，非河以濟之，則五百四十里當陸運耳。京師若何？故治水者，必不可使北行由禹之故道，必約之使由徐、邳，以救五百四十里餉道之缺。""今以五百四十里治運河，即所以治黃河，治黃河，即所以治

---

[1]　〔明〕萬恭：《治水筌蹄》，朱更翎整理本，水利電力出版社1985年版，第15頁。

運河，知行合一，不亦便哉？"[1] 萬恭這一段話正道出了黃運關係的
真實含義，其目的無非是為了保持運河的暢通無阻，然運河在歷史
上某時期出現了消極的一面，實由黃河影響所致。然而黃河為患，
又因運河所致。晚清咸豐五年黃河在河南蘭陽銅瓦廂決口，東北奪
大清河於山東入海，將運河一截為二，漕運阻塞。山東巡撫丁寶楨
奏："東省漕務之疲累，其故悉由於運道。而運道之梗阻，其患盡
在於黃河。河之病運以病漕，實為今日一大變局。昔人云：黃河者
運河之賊。又云：治漕以不用黃河為上策。臣於此時，目接情形，
益深信之。"[2] 將運河受阻，完全歸咎於黃河，亦非明鑑。這是當時
人一般的看法。實質這兩者關係的矛盾，則又與不同時代的自然背
景和整個社會環境問題有關。

第二節
運河變遷對中國東部平原環境的影響

　　運河是人類對自然界按自己的意願改造的水利行為，有的是順
乎自然規律的，有的則未必，甚至違反自然的規律，最後都要受到
自然界的報復。由於人類干擾自然行為水平的不斷提高，這種報復
有時會經過很長時間才反映出來。因此，往往是當代受其利，子孫
受其累，當政者往往為一時之利所趨，而不顧及後代了。

　　上文提到中國黃河流域東部平原的河流因受西高東低地形的
制約，大多自西向東流入大海。因此，中國歷史上運河大多是為了

---

① 〔明〕萬恭：《治水筌蹄》，朱更翎整理本，水利電力出版社 1985 年版。

② 水利水電科學院水利史研究室：《再續行水金鑑》運河卷 3 運河三十三引《丁文誠公
　　奏稿》，湖北人民出版社 2004 年版，第 1040 頁。

溝通這些自然河流而開鑿的。例如戰國時的鴻溝，隋唐時代的通濟渠、永濟渠，宋代的惠民河，元明清時代的會通河等。這些河流縱貫東部平原南北，攔截了許多東流入海的河流，日久運河河床抬高，加以築堤，形成地上河，遂使運西地區的河流下泄無路，氾濫成災。

　　戰國時期魏國所開的鴻溝是先秦時期規模最大、影響最深遠的運河工程。它自今河南原陽縣北開渠引黃河水南入圃田澤為蓄水庫，再自圃田澤築渠引水東流至大梁（今開封）城，折而南流至陳（今淮陽）南注入潁水。這樣一條縱貫南北的運河攔截了原先發源於嵩山山脈東南流入潁水、渦水等一些河流，如洧水、潩水、東汜水、魯溝水等，因下泄無路，就在鴻溝運河之西形成了許多小湖泊，如鴨子陂、獲陂、宣梁陂、逢澤、野兔陂、制澤、白雁陂、南陂、蔡澤陂、龐官陂等大小十餘個。在今中牟、尉氏、扶溝、鄢陵等縣境地內形成一片陂塘密佈的湖澤地帶[①]。宋代在鴻溝舊道基礎上開鑿了蔡河，為豐富水源，將蔡河以西諸陂塘均導入蔡河，然蔡河是一條人工運河，容量有限，秋汛期間，諸水暴漲，就發生氾濫，決及黎民[②]。到了元代蔡河已成地上河，蔡西諸水不能排入，於是在秋汛期間，積潦成災。明代後期黃河經常奪潁、渦河入淮，洪水帶來的泥沙，日久將這些湖陂填平，從而引起當地土壤高度鹽漬化。[③]

　　隋代開鑿的通濟渠，自今河南滎陽北引黃河水，東南流至今江蘇盱眙縣北岸入淮。唐宋時稱汴河。因以河水為源，故含沙量很高。至宋代已成地上河，橫貫於河淮之間，長達數百里。這條地上

---

①　〔北魏〕酈道元：《水經注·渠水》，中華書局 2009 年版。

②　〔元〕脫脫等：《宋史》卷 94《河渠志四·蔡河》，中華書局 1977 年版。

③　《河南省鹽漬土改良中的幾個問題的探討》，刊 1964 年中國科學院廣州地理研究所河南分所《地理彙集》。

河的形成，對兩岸地理面貌產生很大影響。宋人王曾說："汴渠分
派黃河，自唐迄今，皆以為莫大之利。然跡其事實，抑有深害，何
哉？凡梁宋之地，畎澮之制，湊流此渠，以成其大。至隋煬將幸江
都，遂析黃河之流，築左右堤三百餘里，舊所湊水，悉為橫絕，散
漫無所歸。故宋亳之地，遂成沮洳卑濕。"①汴河在未成地上河時，
開封以西至汴口沿岸有許多支流注入汴河，見於《水經·渠水注》
的就有十餘條。沈括說："異時京師溝渠之水皆入汴。舊尚書省《都
堂壁記》云：疏治八渠，南入汴水。"到了後來，汴河淤高，"京城
東水門下至雍丘、襄邑河底皆高出堤外平地一丈二尺餘，自汴堤下
瞰民居，如在深谷"②。當汴河河床淤高築堤以後，沿岸支流多不能
排入，於是在兩旁堤腳瀦積成許多陂塘，每逢雨季排泄受阻，常釀
成災。金代以後，汴河淤廢，但汴堤成了陸路交通要道，"車馬皆
由其中"，而且"亦有作屋其上"，在河底種上了麥子③。於是汴堤如
同一道土牆屹立地面，阻礙了兩岸地面瀦水的排泄，日久使地面土
壤鹽漬化，以後長期受害。以後豫東地區土壤惡化，實與唐宋以來
汴河的淤高有關。

　　西漢以前，河北平原上的主要河流，如黃河、滹沱河、泒河（上
游即今大沙河）、滱河（上游即今唐河）、治水（上游即今桑乾河）等
都是獨流入海的。以後海岸向前延伸，諸水漸次交匯。至東漢末曹
操開了自滹沱河注入派駐河的平虜渠（今南運河自青縣至靜海縣獨
流鎮間的一段），河北平原上主要河流都匯於天津入海④。年長日久，

① 〔宋〕王曾：《王文正公筆錄》，百川學海本。
② 〔宋〕沈括：《夢溪筆談》卷 25《雜志二》，胡道靜《夢溪筆談校證本》，上海古籍出
　　版社 1987 年版，第 795 頁。
③ 〔宋〕樓鑰：《攻瑰集》卷 111《北行日錄》，商務印書館 1936 年版。
④ 譚其驤：《長水集續編》，人民出版社 1994 年版。

眾河匯流天津的局面給海河流域眾水的排澇問題帶來困難。《魏書》
卷 56《崔楷傳》記載一段六世紀初河北平原中部洪澇災害的情景：

"正始中……於時冀定數州，頻遭水害，楷上疏曰：……頃東
北數州，頻年淫雨，長河激浪，洪波汩流，川陸連濤，原隰通望，
瀰漫不已，氾濫成災。戶無擔石之儲，家有藜藿之色。華壤膏腴，
變為舄鹵；菽麥禾黍，化作萑蒲。……自比定、冀水潦，無歲不
饑；幽、瀛川河，頻年氾濫。……良由水大渠狹，更不開瀉，眾流
壅塞，曲直乘之所致也。至若量其逶迤，穿鑿涓澮，分立堤堨，
所在疏通，預決其路。令無停蹙……鉤連相注，多置水口，從河入
海，遠邇徑通，瀉其磽潟，泄此陂澤。"疏文中很清楚講到河北平
原上頻年水災，是由於"水大渠狹，更不開瀉，眾流壅塞，曲直乘
之所致"。就是諸河水漲，下游河道曲直相加，使排泄不暢所致。
為何會使河流曲直相加，就是因為下游受阻，河道形成曲流，致使
排泄不暢，蓋海河水系諸河匯於天津入海，以致"眾流壅塞"，氾
濫成災。解決的辦法就是"多置水口，從河入海，遠邇徑通，瀉其
磽潟，泄此陂澤。"即分多支泄洪渠，使積潦各歸大海。這正是由
於曹魏以來白溝、平虜渠的開鑿，在河北平原上形成縱貫的大運
河，阻礙了運西河流的下泄。永濟渠在隋代上源接沁河，唐代上源
自清、淇等水，下游皆縱貫河北平原，由於築堤，西部發源於太行
山諸水皆被攔截入運。其中漳水、滹沱水、滱水都是洪量大、含
沙量高的河流，下游均合永濟渠至天津入海。夏秋季節，眾水匯
合，海河流域排澇成為一大問題。唐代前期永徽、神龍、開元年間
先後在滄州、景州境內開鑿過毛氏河、無棣河、陽通河、徒駭河、
靳河、毛河等 [①]，都是在永濟渠東岸開的分水渠，洪水來時以此分泄

---

① 〔宋〕歐陽修、宋祁：《新唐書》卷 43《地理志三》，中華書局 1975 年版。

入海，曾一度大大減輕了河北平原的水患。宋代慶曆八年（1048）
後，黃河北流三次奪御河（即永濟渠）入海，永濟渠因黃河泥沙之
大量輸入，河床淤高，堤防也隨之增高加固，這些分水渠道先後都
被堵塞。這一黃御合一的巨川，"橫遏西山之水，不得順流而下，
蹙溢於千里，使百萬生齒，居無廬，耕無田，流散而不復"①。元代
御河在滄州一帶，"水面高於平地"，以至"水無所泄，浸民廬及熟
田數萬頃"②。明代御河源於清淇之水，在山東館陶與漳水匯合後，
至臨清與山東運河匯合，至青縣又與滹沱河匯合。自洪武初開始，
漳河、滹沱河決口改道十分頻繁，原因就是下游因運河所阻，無所
渲泄所致。據記載，明清兩代僅深州（轄今河北深州市、武強、饒
陽、安平四市縣）一州境內，滹沱河決徙達八十五次之多③。明代從
永樂至弘治年間，在衛河東岸開了恩縣四女寺減河、德州哨馬營減
河、滄州捷地減河、青縣興濟減河等，為了運西漲水入運可有所分
泄。可是到了嘉靖年間這些減河都已淤塞，南北諸水，"流經千里，
始達直沽。每遇大雨行時，百川灌河，其勢沖決散漫，蕩析田廬，
漂沒糧運"，於是重開四條減河④。清初又淤廢，四女寺減河"閘座
廢壞不修，引河淤塞已平"⑤。雍正年間再度開挖四河，以匯衛洪⑥。
清末李鴻章奏云："直省河道，如永定河、滹沱河、大清河、北運
河、南運河，向稱五大河。其旁支別派，節節並注於五大河者，

① 〔元〕脫脫等：《宋史》卷 92《河渠志二·黃河中》，中華書局 1977 年版。

② 〔明〕宋濂等：《元史》卷 64《河渠志一·御河》，中華書局 1976 年版。

③ 同治《深州風土記》卷 2《河渠》。

④ 〔清〕傅澤洪：《行水金鑑》卷 114 引《明世宗實錄》嘉靖十四年七月癸未，商務印書館 1936 年版。

⑤ 〔清〕張伯行：《居濟一得》卷 54 四女寺減水閘條，商務印書館 1936 年版。

⑥ 〔清〕吳邦慶《畿輔河道水利管見》、陳儀《直隸河渠書》，見《畿輔河道水利叢書》，農業出版社 1964 年版。

又有六十餘河，皆經天津三岔口，由海河趨大沽而入海。是天津實為通省河道尾閭，而專賴海河一道為匯歸者也。嘉道年間，經費不支，河已不能修治。咸豐以後，軍需繁巨，各河淤廢益甚。每遇積雨盛漲，即漫決為災。而海河灣曲既多，又復窄隘，諸水爭赴，不能容泄。"[1]明清兩代治理運西水患主要着眼於衛河是否暢通無阻，如果衛河水流暢通，河堤無虞，當然不會考慮減河的開放。如逢衛河水漲有破堤之虞，才考慮減河的開放，故明清兩代海河平原水災十分頻繁。有人做過統計，海河在唐朝平均每逢三十一點五年鬧一次水災，宋朝為三十年一次，元朝增至每隔四點五年一次，清朝為五點三年一次[2]。直至近代，海河流域的洪澇災害仍是嚴重的問題。

在會通河未開之前，今豫東、魯西南、魯西北的瀝水有兩條出路：北面一條由今黃河左右的馬頰河、徒駭河、大清河等入海；南面一路由泗水等水匯入淮河，由淮入海。《徐光啟集》卷1《漕河議》："河以北之諸水，皆會於衡、漳、恆、衛，以出於冀；河以南之諸水，皆會於汴、泗、渦、淮，以出於徐，則龍門以東、大水之入河者少。入河之水少，而北不侵衛，南不侵淮，河得行中道而東出於兗，故千年而無決溢之患共也。有漕以來，惟務鑿之便，不見其害。隋開皇中，引洛穀水達於河，又引河通於淮海，人以為百世利矣，然而河遂南入於淮也，則隋煬之為也。自元至元中，韓仲暉始議引汶絕濟，北屬漳御。而永樂中潘叔正之屬，因之以成會通河，人又以為萬世利也，然禹河故道橫絕會通者，當在今東平之境，而邇年張秋之決，亦復近之。假令尋禹故跡，即會通廢矣，是會通成而河乃不入於衛，必入於淮，不復得有中道也，則仲暉之為

[1]　水利水電科學院水利研究室：《再續行水金鑑》運河卷3運河三十八引《李文忠公全書》，湖北人民出版社2004年版，第1185頁。

[2]　喬虹：《明清以來天津水患的發生及其原因》，《北國春秋》1960年第3期。

也。故曰：漕能使河壞也。"由會通河開鑿後，並不斷加高河堤，猶如一道土牆屹立東部地面，其北有狹窄的衛河所阻，南面有高於運河的黃河的攔截，於是這一地區的瀦水無處排泄，每遇暴雨時節，或黃、運並漲，河溢湖滿，洪水到處洶湧迴蕩，"氾濫於南，則自曹州、鄆城、定陶、曹縣、鉅野、嘉祥，以至濟寧、魚臺、滕縣、嶧縣，及江南沛縣、徐州、邳州均受其害。氾濫於北，則自濮州、范縣、朝城、莘縣、陽谷、壽張，以及聊城、東阿、博平、清平、堂邑、臨清、夏津、恩縣及直隸之清豐、南樂、清河、故城，俱被其災"[①]。可見其受災地區之廣，遍及整個豫東、魯西南、魯西北地區，還延及冀南、蘇北部分地區。洪水過後，積潦常渲泄無路，便浸沒良田。明代在會通河東岸也開了不少減水河、閘，然而效果不明顯，原因是由於山東丘陵山地的影響，減水閘分佈極稀，再則是減水閘的開啟是視運河的水理損益而定，而不是運西地區是否有澇情。如壽張縣張秋鎮西南原有魏河、洪河、小流中渠至三運河上堤堰，使這一帶瀦水難以排泄。遂使"曹州、鄆城、濮州、范縣遂苦水患。而鄰邑之受害者。變無窮矣"[②]。"當時為了運河航道的暢通，每年在漕運開始前和進行時，均要閉閘蓄水，而此時上游淮水支幹各河來量極大，無法宣泄，使得整個淮河中游成為滯洪區，只能任其淹沒洪澤湖以西的鳳陽、泗州、穎州等地區"[③]。故而自明清以來至中華人民共和國成立前，今黃河以南、淮河以北、會通河以西的地帶，水旱無常，鹽碱、沙荒、澇窪遍地，生產低下，是農民極端貧困的地區。

---

① 〔清〕張伯行：《居濟一得》卷 6《治河議》，商務印書館 1936 年版。
② 〔清〕張伯行：《居濟一得》卷 6《治河議》，商務印書館 1936 年版。
③ 馬俊亞：《被犧牲的局部——淮北社會生態變遷研究 (1680—1949)》，北京大學出版社 2011 年版，第 41 頁。

　　春秋時代開鑿的邗溝和隋代重修的山陽瀆、邗溝，原是利用江淮間高郵、寶應一帶天然湖泊進行通航的。後因途經湖泊中風浪較大，常有覆舟之患，以後在湖東岸開渠，避湖而行。宋代開始運河全線築堤後，運西諸湖不斷擴大，淹沒了大片農田，同時湖面抬高，形成了"漕河高於田，湖高於河"的局面①。元代以來，黃河奪淮入海，徐州以下黃運合一。淮陰地區為黃淮運三水交匯處。由於黃河含沙量高，黃強淮弱，淮河出口被阻，於是倒灌形成洪澤湖。而淮南運河更弱，漕船難以越淮入河（即運河）。故明代開始在洪澤湖東岸築高家堰，抬高洪澤湖水位，以冀達到蓄清刷黃的目的。明人萬恭指出："高寶諸湖周遭數百里，西受天長七十餘河，徒恃百里長堤，若障之使無疏散，是潰堤也。"②清代治黃專家陳潢說："下河高寶興泰七州縣之被淹也是，非淹於雨澤之過多，實淹於運河溢出之水也。"③江淮間湖泊相連，運河全靠運河東西兩岸河堤維持航行。光緒四年（1878）沈葆楨奏："竊運河東西兩堤，為維揚各屬民田保障。西堤禦高寶諸湖之水，東堤禦運河上游之水，情形同一吃重。然非東堤完固，則沂泗來源驟發，裡下河民田，已岌岌可危。非西堤加高培厚，重關屹立，則湖河連成一片，西風當今，駭浪橫擊，東堤亦獨立難支。"然由築堤"取土則兩岸向無隙地，西堤兩面皆水，所用之土，須於東堤之東民田中購用。既翻一堤，又隔一水，往返重滯，日得幾何！且民間惜土如金，又未便強不願者售取之。取土愈遠，費亦愈繁。或曰：挑河土以築堤，豈不一舉兩得。不知河底淤泥，必須曬乾之後，方能層坯層碪。若濕未盡去，堤將內潰，石無所附，貽禍更烈。緣堤無可攤曬，若運往他處曬

---

① 〔明〕談遷：《北遊錄紀程》，汪北平校點本，中華書局 1960 年版，第 15 頁。
② 〔清〕張廷玉：《明史》卷 85《河渠志三·運河上》，中華書局 1974 年版。
③ 〔清〕張廷玉：《明史》卷 85《河渠志三·運河上》，中華書局 1974 年版。

乾，再行運回，則運費過於購土之費矣"①。如此高的經費何處籌措，實為當局者一大難題。據 20 世紀 30 年代對高郵、寶應等地的調查，高郵房屋較運河堤頂為低，寶應縣城牆與堤岸齊平。邵伯、高郵、寶應、淮陰等裡下河地區，全恃運河大堤保護②。運堤一旦潰決，裡下河地區盡為魚鱉。江淮運河對淮北地區的負面影響，是十分清楚的。

地處水鄉澤國的江南運河，應該不存在排水問題。但是由於江南運河地勢平坦，漕船不挽縴無法行舟。北宋慶曆年間為了挽縴，在吳江縣東運河沿岸築石堤數十里，以為縴路，下設涵洞，以排太湖之水。日久涵洞為泥沙所淤，茭菰叢生，"蒹葭生則水道狹，水道狹則流泄不快"。於是太湖之水"常溢而不泄，浸灌三州（指蘇湖常）之田"③。蘇軾也曾指出："昔蘇州之東，官私船舫，皆以篙行，無陸挽者……自慶曆以來，松江始大築挽路……自長橋挽路成，公私漕運便之，日葺不已，而松江始艱噎不快，江水不快，軟緩而無力，則海之泥沙，隨潮而上，日積不已，故海口湮滅，而吳中多水患。"④ 由此可見，宋代以後太湖流域的水患，與江南運河堤岸（即縴路）的修築有重要關係。

綜上所述，可以認為歷代開鑿的南北大運河，如一地上長城，或橫貫於東部平原而阻隔南北，或縱貫於東部平原豎分東西，使運河兩岸諸河流下泄的地面瀦水的排除發生障礙。黃河以北的河流都集中在天津一處出口，黃河以南河流均集於淮河一道入海，於是

① 水利水電科學院水利史研究室：《再續行水金鑑》運河卷 4 運河四十二引光緒《再續高郵州志》，湖北人民出版社 2004 年版，第 1299 頁。
② 胡煥庸：《兩淮水利鹽墾實錄》，南京中央大學 1934 年版，第 7 頁。
③ 〔宋〕單鍔：《吳中水利書》，商務印書館 1936 年版。
④ 〔宋〕蘇軾：《東坡全集》卷 59《進單鍔〈吳中水利書〉狀》。

中國東部平原在歷史上洪澇災害不斷，不能不是歷史上運河修築後的負面影響。清代魏源早就看出了這個問題，他指出："人知黃河橫亙南北，使吳楚一線漕莫能達，而不知運河橫亙東西，使山東、河北之水無所歸。"① 咸豐黃河北徙後，"江北竟無一東出入海之幹川，而僅有一南下入江之運道"，獨承淮北諸水的排泄，淮北焉能不災。

第三節
運河通航和農業灌溉的矛盾

運河開鑿後欲其發揮作用，首先要解決的當然是水源，沒有足夠的水源，運河就無法正常運行。而中國自古以來是以農立國，水是農業的命脈。在黃河流域，中國歷史上運河的發展的早期，大致上可分為三個時期，先秦至南北朝為第一期，隋唐兩宋為第二期，元明清為第三期。

在第一期，中央朝廷對漕運糧食的需求量不高，再則政治中心與經濟重心地區都在黃河流域，遭運行程不遠，時間也短。如漢武帝元光中在關中地區引渭水開鑿的漕渠，一年中只有三個月的時間用於漕運，漕 "罷而渠下民田萬餘頃，又可得以溉"② 。因此開鑿的人工運河與農業灌溉用水在職能上無明顯區別。《史記河渠書》在記載春秋戰國各地運河後曰："此渠皆可行舟，有餘則用溉浸，百姓饗其利。至於所過，往往引其水益用溉田疇之渠，以萬億計，然

---

① 〔清〕魏源:《魏源集》上冊，中華書局 1976 年版，第 406 頁。
② 〔漢〕班固:《漢書》卷 29《溝洫志》，中華書局 1962 年版。

莫足數也。"故漕運用水與農業灌溉尚無明顯矛盾。

　　到第二期出現了新的情況。第一，是政治中心仍在黃河流域，而經濟重心開始轉移到了長江流域，漕運成為南北大運河的主要任務。封建王朝對漕運的依賴遠超過第一期，將保證運河的暢通成為朝廷第一要務。第二，漕運路程延長，漕糧在運河中運行中的時間也隨之增長。幾乎每年春上解凍到深秋禁運浚河時間內，全被害人漕運所佔。而兩岸農田也正是這個時候需要灌溉。於是漕運用水與灌溉用水開始出現了矛盾。

　　這種矛盾表現為兩個方面：一方面是運河用水佔用了大量農業耕地，與民爭地。這是從宋代開始的。宋代主要運河是汴河，源出黃河，因為流量不均，在沿運設置了一些調節流量的水櫃（水庫），夏秋水漲時蓄水，以備春運時所用。這些水櫃原先仍是一些沼澤窪地，有的久已闢為農田，築為水櫃後，侵佔了民田。元祐元年（1086）曾經調查汴河沿線侵佔民田的情況，決定可退出的，即還本土，水佔民田由官田退還，"無田可還，即給元直"，並於該年停辦水櫃[1]。但是汴河水源問題不解決，這類禁令是堅持不久的。紹聖年間，在"中牟、管城以西，強佔民田，瀦蓄雨水，以備清汴乏水之用，僅"中牟一縣，佔田八百五十餘頃"[2]。另一方面是漕運用水與農業灌溉用水的直接矛盾。唐代汴河所經為黃河下游農業發達地區，沿河人口集中，農業用水量大。春耕時沿運農民不時引用汴河水進行灌溉，使汴河"每至春夏之時，多被兩岸田萊盜開斗門，舟船停滯"[3]。官府"遣官監汴水，察盜灌溉者"[4]，也無法制止。此

---

①　〔元〕脫脫等：《宋史》卷 93《河渠志三·汴河上》，中華書局 1977 年版。

②　〔宋〕蘇轍：《欒城集》卷 37《乞給還京西水櫃所佔民田狀》，中華書局 1989 年版。

③　〔宋〕王溥：《唐會要》卷 87《漕運》，中華書局 1955 年版。

④　〔宋〕歐陽修、宋祁：《新唐書》卷 59《食貨志三》，中華書局 1975 年版。

外，汴河沿線的汴州、宋州，是"梁宋之地，水陸要衝，運路咽喉，王室藩屏"[①]，唐代為保護漕運的安全，在沿運駐紮了大量官兵為供守衛，並置官田，以為屯兵軍食。這些"屯兵居卒，食出官田，而畎畝夾河與之俱東，仰澤河流，言其水溫而泥多。肥比涇水"。每逢春四月時，農事興作，沿河屯兵就紛紛派決灌田，使汴河"視其源綿綿，不能通槁葉矣"。朝廷因"兩河兵食所急，不甚阻其欲"，遂使汴河上"舟艫曝滯，相望其間，歲以為常。而木文多敗裂，自四月至七月，舟傭食盡不能前"[②]。可見在唐代運河漕運用水與沿運農田用水的矛盾已經十分尖銳了。宋代每年漕運六百萬石糧食至汴京，運費浩大。熙寧二年（1069）有人建議利用汴河兩岸的牧馬地和公私廢田進行屯田，在汴河兩岸設置斗門，分汴河水進行灌溉，"歲可得穀數百萬以給兵食，此減漕省卒，富國強兵之術也"[③]。自後沿岸引汴灌溉之風盛起，經汴流所溉的瘠土，"皆為良田"[④]。沿汴經過灌溉以後的良田有八萬頃，農業生產確實獲利，然運河的通運卻由此大受影響。例如，熙寧六年六月，正當旺水時節，也是漕運最繁忙的時候，汴河水位突然減落，"中河絕流，其窪下處，才餘一二尺許"。查訪結果原來是上游放水淤田，"下流公私重船，初不預知"，致使水位驟落，船隻"減剝不及數，皆閣折損壞，至留滯久，人情不安"[⑤]。唐宋時代運河用水和沿線農業灌溉的矛盾相當突出，已非一事一時，因為沿汴灌溉的往往都是官田，官方不敢

---

①　〔唐〕白居易：《白氏長慶集》卷 40《與韓弘詔》，上海古籍出版社 1994 年版。

②　〔唐〕沈亞之：《全唐文》卷 736《淮南都梁山倉記》，中華書局 1983 年版。

③　〔清〕徐松：《宋會要輯稿》卷 287《食貨七》，劉琳等點校本，上海古籍出版社 2014 年版。

④　〔元〕脫脫等：《宋史》卷 355《楊汲傳》，中華書局 1977 年版。

⑤　〔清〕徐松：《宋會要輯稿》卷 443《方域十六》，劉琳等點校本，上海古籍出版社 2014 年版。

採取斷然措施，統治者想兩者兼顧，但是某一特殊時間往往不能雙全。

到了第三期情況就大不同了。元代開始興建的南北大運河，淮河以北各河段都缺水。元代通惠河水源白浮、一畝等泉原來並不充足，沿途寺觀權家往往私決堤堰，澆灌稻田、水碾和園圃，妨礙漕糧的運行。元朝曾因此而下過禁令，然未必見效。河北平原御河沿線是重要農業區，為了不使御河"走泄水勢""澀行舟""妨運糧"，不惜影響農業生產，嚴禁沿河園圃之家，穿堤作井，引水溉田[①]。元代着水利學家郭守敬在河北西南部廣開水田，引滏、漳等水灌溉滏陽、邯鄲、洺州、永年、雞澤等縣農田，成效顯著。可是滏、漳原為御河水源之一，被截來灌溉後，"御河淺澀，鹽運不通"，於是盡將引水灌溉的渠道堵塞，使滏、漳水全注入御河[②]，這一帶水田由此衰落。清代衛河水流細微，沿河農民往往私泄以為灌溉之用，致使衛河更淺，糧艘難行。康熙年間靳輔規定每年五月初一盡堵渠口，嚴禁民間放水灌田。但日久法弛，"重運難以北上"。乾隆初又重申禁令，"務使衛水涓滴不至旁泄，糧運遄行無阻"[③]。這樣對沿運農民是沉重的打擊，因為這一帶農民除了衛河沒其他較大的河流可供灌溉了。

元明清時代會通河所流經汶泗河流域，在古代是農業發達區。《漢書·地理志》後序："魯地……地陿民眾，頗有桑麻之業。"漢武帝時代也是曾引汶水溉田萬餘頃[④]。唐宋時代這裡仍然是農業發達區。到了明清兩代，會通河全賴魯中山地西側各山泉為源，先後

① 〔明〕宋濂等：《元史》卷 64《河渠志一·御河》，中華書局 1976 年版。
② 〔明〕宋濂等：《元史》卷 164《郭守敬傳》，中華書局 1976 年版。
③ 〔清〕王先謙、朱壽明：《東華續錄》卷 2 乾隆二年六月，上海古籍出版社 2008 年版。
④ 〔漢〕班固：《漢書》卷 29《溝洫志》，中華書局 1962 年版。

攔截入運的泉眼四百餘處。因為沿運設置了水櫃，需用不時將汶泗流域的各泉引納入湖蓄積，以備漕船通過時放水入運濟漕。所以在非漕運期間嚴禁沿運農戶引用泉水。明廷下令規定："凡故決山東南旺湖、沛縣昭陽湖堤岸及阻絕山東泰山等處泉源者，為首之人並遣從軍，軍人犯者徙於邊衛。"[①] 清代規定："盜決山東南旺湖、沛縣昭陽湖、蜀山湖、安山積水湖、揚州高寶湖……首犯先於工次枷號一個月，發邊遠充軍"，"其阻絕山東泰山等處泉源有干漕河禁例，軍民俱發近邊充軍"[②]。康熙六十年（1721）玄燁巡視山東河工時就指出："不許民間偷截泉水，則湖水易足，湖水既足，自能濟運矣。"[③] 上文已指出，明清兩代沿運均置有專管泉源的官員，以開發泉源多少及保護泉水入運為升遷的標準之一，於是當塗者"盡括泉源，千里焦爍"[④]。"總之，漕在東省，出入郡境者十居其七，而汶泗沂洸諸水，挾百八十泉之流，轉輸以入於運，環千里之土，居名山大川之列，以奉郡水，涓滴之流，居民無敢私焉。兗之於國家亦不輕矣"[⑤]。明清兩代又規定沿運人民不能盜種湖田，可見為了漕河的水源豐足，是以犧牲兗州地方人民農業利益為代價的。明嘉靖中河道都御史王廷奏言："今山東地方鄒、滕、沂、費、泰安等州縣，即東平、汶上之間，拋荒地土，不知幾千百萬頃，即安山湖外荒地，亦不幾千百頃。"他認為因為"以民田納糧，養馬當差，寧拋荒而不顧。而湖地止認納籽粒，更無別差"[⑥]。然天下何處不納糧？

---

① 〔明〕謝肇淛：《北河紀》卷 2《河政紀》。
② 〔清〕阿桂等：《大清律例》卷 39《工律河防》，中華書局 2015 年版。
③ 〔清〕蔣良騏：《康熙東華錄》卷 21，清光緒官刻本。
④ 〔清〕顧祖禹：《讀史方輿紀要》卷 30 會通河，中華書局 2005 年版。
⑤ 〔清〕顧炎武《天下郡國利病書》卷 38《山東四·兗州府志》引《漕河圖說》，上海古籍出版社 2012 年版。
⑥ 〔清〕傅澤洪：《行水金鑑》卷 116《北河續記》，商務印書館 1936 年版。

由於規定沿運農民一不准引泉，二不准墾湖田，農民何以為生？不逃亡又何出路？對於這個問題，一般士大夫不敢直言不諱地揭露，個別比較關心國民生計的也只能用隱晦曲折的語言提出問題的嚴重性。明末顧炎武指出："漕在山東省出入郡境（指兗州府），十居其七，而汶、泗、沂、洸諸水挾百八十泉之源，互相轉輸，以入於運，環千里之土，居名山大川之列，以奉郡水。涓滴之流，居民不敢私焉。"就是說沿運的汶、泗、沂、洸諸水的地表地下水全部囊括入運，農民不得私引溉田，農業就無法正常進行。他又專門談了嶧縣人民貧困的原因，說："吾嘗觀於古今之際，而知嶧民之所由貧也。考《元和志》：唐貞觀中，丞地有陂十三所，歲灌田數千頃。青徐水利莫與為匹。及觀元大德中，峰州蓋學正所撰《計地泉記》，猶稱泉水散漫，四郊灌溉稻田無慮萬頃，民受其利。計考《玉海通考》：彭城以北，利國監及丞縣並有鐵官。宋吳居厚為京東轉運判官而其地鑄鐵錢，民得仰鼓鑄為業。今縣治及丞水上有遺鐵存焉。勝國時州西北四十里有陶數千家，歲以陶器致宣饒。《一統志》猶稱嶧產黑瓦。此在往昔，章章特著者也。自元末兵亂以後，數罹傷殘，人民轉徙，河渠故道，歲久湮沒，且接濟漕渠，國家亦有明禁焉。方今小民一切罷陶鑄諸業，而獨仰給於農，百畝之田，計贍父母妻子，而更徭徵賦出其中，一遇旱乾水溢，則徵徭連負，流亡繼之矣。流亡者眾，則田不受犁者愈多，榛莽彌望，常數十里無炊煙，鄰邑有司尤謂嶧人利茂草市厚利，此何說也？《通志》云：嶧土曠人稀，一望荒落，在嘉靖初已然，況今日乎？戶口土地日凋於前，而更徭雜賦日增於舊。"①泰山地區地表和地下水資源的無節制的引用，造成水資源枯竭，農業凋敗，人民逃亡，環境惡化，不能

---

① 〔清〕顧炎武：《天下郡國利病書》卷38《賦役志》，上海古籍出版社2012年版。

不是會通河"盡括泉源"的結果。同時沿運農民不勝勞役之苦,明
嘉靖元年九月丙辰,"南京貴州道監察御史譚魯奏言:河南山東修
河人夫,每歲以數十萬計,皆近河貧民,奔走窮年,不得休息。請
令管河官通行合屬地方,均派上中二則人戶,徵銀雇役,便。工部
覆議。從之"[①]。沿運農民既無水源可以耕作,又需任勞役之苦,除
了逃亡,還有甚麼出路?

　　江淮運河雖貫穿於諸湖之中,可是在界首一帶,"放水灌田,
則舟苦難行,蓄水行舟,則民苦無水"[②]。明談遷《北遊錄紀程》中
說:"自江都來,水贏而出絀,民多苦舍,田多污萊,魚蝦頗貴,岸
苗欲枯,懼分溉病漕,誠河無全利也。"清時江淮運河水高陸低,
一遇運河水漲,河堤岌岌可危,官府為保運堤,開閘門放水,裡下
河地區變為澤國,農業遭受嚴重破壞。可見江淮運河沿線農業與通
運的矛盾也是十分尖銳的。江南運河地處水鄉澤國,一般說來,農
業灌溉與運河通運沒有甚麼問題,但在個別河段,如"自常州至丹
陽地勢高仰","自丹陽至鎮江地形尤高"[③],還有"京口閘底與虎丘
塔頂平"的說法[④]。這一段運河自唐以來多靠練湖水補給,嚴禁引湖
水灌田,"盜決者罪比殺人"。宋代"立為盜決侵耕之法,着於令"[⑤],
明代"塞沿堤私設涵洞"[⑥],目的就是杜絕沿河農民私引運河水以灌
田,影響漕運。總之,整個歷史時期,運河用水與沿線農業灌溉始
終是矛盾的。

---

① 〔清〕傅澤洪:《行水金鑑》卷112《明世宗實錄》,商務印書館1936年版。

② 〔元〕脫脫等:《宋史》卷97《河渠志七·東南諸水下》,中華書局1977年版。

③ 〔元〕脫脫等:《宋史》卷97《河渠志七·東南諸水下》,中華書局1977年版。

④ 〔清〕張廷玉:《明史》卷86《河渠志四·運河下》,中華書局1974年版。

⑤ 〔元〕脫脫等:《宋史》卷97《河渠志七·東南諸水下》,中華書局1977年版。

⑥ 〔清〕張廷玉:《明史》卷86《河渠志四·運河下》,中華書局1974年版。

第四節
漕運改制和海運的興起對運河的影響

晚清漕運改制，實出於多種原因：一是南方經太平軍戰爭，農村遭受嚴重戰亂，殘破凋敝，民戶根本無力完納漕糧，只能減賦；二是咸豐河決後，運河受阻，每年運往京倉的漕糧日益減少；三是隨着商品經濟的發展，漕糧折銀後，商品糧的運銷緩和了京師市場對漕糧調劑的需求 [①]。更要緊的是原漕運制度運行多年，各級管理機構已經極端腐敗，已到了非改不可的地步了。晚清黃維夢在《停漕論》中說："夫南漕自催科、徵調、督運、驗收，經時五六月，行路數千里，竭萬姓無數之脂膏，聚胥吏無數之蟊賊，耗國家無數之開銷，險阻艱難，僅而得達京倉。每石之值約需四十兩，或二十兩，或十兩八不等，而及歸宿，乃為每石易銀一兩之用，此實絕大漏卮，徒以冗官蠹吏所中飽，相沿不改，此真可為長太息者也。" [②]

漕運改制的一個重要方面就是運輸方式的改變。由於南北大運河的梗阻，不得不考慮采用海運辦法。海運之議，在道光年間就已開始，但阻力很大。因為一則官方運卒，不習海運，有所畏懼。當政者習於河運，認為"海運涉歷重洋，風波無定。即使輪船堅利，駕馭得法，確有把握，萬有不測，所關匪細。河運雖覺迂滯，而沿途安定，漕糧可克期抵通" [③]。二則漕糧改海運，損害了各漕務衙門

---

① 李文治、江太新：《清代漕運》（修訂本），社會科學文獻出版社 2008 年版。
② 《新輯時務彙通》卷 67，轉引自李文治、江太新：《清代漕運》（修訂本），社會科學文獻出版社 2008 年版，第 342 頁。
③ 水利水電科學院水利史研究室：《再續行水金鑑》運河卷 4 運河四十三引《東華續錄》，湖北人民出版社 2004 年版，第 1309 頁。

以及地方官的利益，故遭到各級漕務官吏的反對。三則運河不通，
臨清稅關收入短絀[①]。四則"運河之設，上供天庾，下利行商，數省
沿河州縣窮民，賴此食力以活者，不知其幾千萬。於地勢為流通血
脈，利用富強，意美法良，無過於是。自漕運偶停，失業者眾。大
河南北，兵燹踵至。健黠遊民，凶歲多暴。不裹於發，即脅於捻"[②]。
大量失業流民遊蕩在民間，造成社會不安定因素，這對朝廷是莫大
的威脅。由於種種原因，不少人反對海運。後經江蘇巡撫陶澍等
人的堅持，終於道光六年（1826）初試海運。後一度又行河運，效
果很差。道光二十八年再次議行海運。當時海運江蘇運糧以上海
的沙船為主，有時增雇天津衛船。浙江則以寧波船為主。每船每
年可往返天津兩次，蘇浙道及浙江道漕糧即可全部運完[③]。到了同治
年間，平定了太平軍，曾一度試恢復河運，但實際困難很大。因張
秋至濟寧八里廟河身幾成平陸。自八里廟經陽谷、郇城、堂邑以
至臨清州，二百餘里運道幾全部淤墊[④]，雖經勉強疏浚通運，效果極
差，"直至同治四、五年間，始以江北漕糧數萬石，雇用民船，由
河運京。然米數太微，於漕河利弊，未克講求"[⑤]，最後還是走海運。
光緒二年（1876）山東巡撫丁寶楨仍堅持河運，該年六月初，河道
已淤淺日甚，只能邊挑挖，邊牽挽，然"本年天氣亢旱，水絕來源，

① 水利水電科學院水利史研究室：《再續行水金鑑》運河卷 3 運河三十一引《東河奏
　稿》，湖北人民出版社 2004 年版，第 968 頁。
② 水利水電科學院水利史研究室：《再續行水金鑑》運河卷 3 運河三十二引《清穆宗實
　錄》同治四年九月甲子引陳錦上淮軍統帥《請疏通運河書》，湖北人民出版社 2004
　年版，第 997 頁。
③ 李文治、江太新：《清代漕運》（修訂本），社會科學文獻出版社 2008 年版，第 346 頁。
④ 李文治、江太新：《清代漕運》（修訂本），社會科學文獻出版社 2008 年版，第 365 頁。
⑤ 水利水電科學院水利史研究室：《再續行水金鑑》運河卷 3 運河三十四引《黃運兩河
　修防章程》，湖北人民出版社 2004 年版，第 1048 頁。

河身淺澀異常。節節灌塘蓄達送，撈剝兼施，竭盡人力"[1]。以致光緒中期仍有部分漕糧走運河北上。直至光緒二十七年漕糧正式改折後，江蘇、浙江、山東三省正式停止徵漕，漕糧改折銀兩。其背景是原先漕糧主要負擔區江、浙地區，從晚明以來已從糧食主產區轉變為以蠶桑、棉織業為主。農民靠出賣蠶絲、棉織品來購買糧食完納漕糧。同時當時商業已經非常發達，完全可以由商貿來完成北京糧食需要問題。再則漕糧改折後，"而一切漕河之工程，海運之經費，漕督、糧道以下員弁兵丁，倉場侍郎監督糧廳以下之胥吏差役，皆可一律裁汰蠲除。是國家開銷歲省奚啻千萬，而反多數百萬盈羨"[2]。

　　漕糧改折，漕運停止，運河的職能也就隨之改變了。錫良說："今既漕米改折，運河從此無事。"[3] 咸豐五年（1855）黃河在銅瓦廂決口，改道東北奪大清河入海，將大運河一截分為南北，黃河以南至江蘇界為南運河，運河沿線的南旺、蜀山、馬踏、南陽、昭陽、微山諸湖，當年原為調節運河水量，如今則恐其受黃河倒灌而淹沒沿岸農田，當年唯恐其淤塞而影響漕運，而如今則疏浚排水以求變為農田。正如民國三年山東南運湖河疏浚事宜籌辦處所編報告中所言："昔之治運在以湖河為支脈，今之湖河轉以運道為尾閭；昔則蓄泄一歲之水求濟一歲之運，今則疏浚一分之水求涸一分之田；昔以交通為主，體非有水利之觀感也，今以水利為範圍，交通之利

---

① 水利水電科學院水利史研究室：《再續行水金鑑》運河卷 3 運河四十引《申報》，湖北人民出版社 2004 年版，第 1236 頁。

② 〔清〕鄭觀應：《停漕》，《清朝經濟文編》卷 52。

③ 水利水電科學院水利史研究室：《再續行水金鑑》運河卷 5 運河五十九引《豫河志》，湖北人民出版社 2004 年版，第 1799 頁。

自連帶而生也。"① 由於對運河通運功能的不重視，未加疏浚，再加上處於戰亂時期，到了 20 世紀 30 年代濟寧以北至臨清的運河基本已經淤廢了。

唯有臨清以北的衛河即南運河，水流尚暢，仍能航行。據同治十年（1871）山東巡撫丁寶楨稟報，"查衛河水勢暢旺，斷無淺阻。棕船也是絡繹前來。統計前後共十九批，據東阿縣稟報，均已全數出境，入運北駛"②。但是由於南來船隻稀少，"稅源僅存其半，復因水勢淺滯，兼以上游各處設局抽厘，商民怵於節節輸納，率皆繞越而行，船隻益形稀少"③。但到了光緒年間，"凡東北各省貨物之北來者，皆用輪船裝運，由海口直達津沽。汶河久無船隻往來，稅源因而斷絕。近年臨關稅庫專恃衛河一路，歷年徵收銀兩，均已不能如額"④。當時有人認為"今南糧皆由海運，而運河遂無關緊要"，以致沿衛河堤岸多不加修治，減河亦不疏浚，任民間破壞，以致洪水一直氾濫成災⑤。

漕運改折後，承載了兩千多年以漕運為主要職能的運河的歷史任務已經完成，代之而起的是人們正常的經濟和人文交流的功能。這樣原來在漕運功能出現以前已經存在的自然條件較好的運河，如江淮運河、江南運河，則繼續發揮其航運作用。隨着近代

① 《山東南運湖河疏浚事宜籌辦處第一屆報告》，民國四年，第 36 頁。
② 水利水電科學院水利史研究室：《再續行水金鑑》運河卷 3 運河三十五引《山東河工成案》，湖北人民出版社 2004 年版，第 1099 頁。
③ 水利水電科學院水利史研究室：《再續行水金鑑》運河卷 3 運河三十九引光緒元年十月二十三日《申報》，湖北人民出版社 2004 年版，第 1219 頁。
④ 水利水電科學院水利史研究室：《再續行水金鑑》運河卷 4 運河四十五引光緒七年閏七月十四日《東華實錄》，湖北人民出版社 2004 年版，第 1411 頁。
⑤ 水利水電科學院水利史研究室：《再續行水金鑑》運河卷 4 運河四十七引《山東河工成案》，湖北人民出版社 2004 年版，第 1458 頁。

運輸工具的改進，如輪船替代了木帆船，這時運河在社會經濟、文化發展中的作用遠遠超過了漕運時代。

中國大運河

第六章

近百年來的運河及其展望

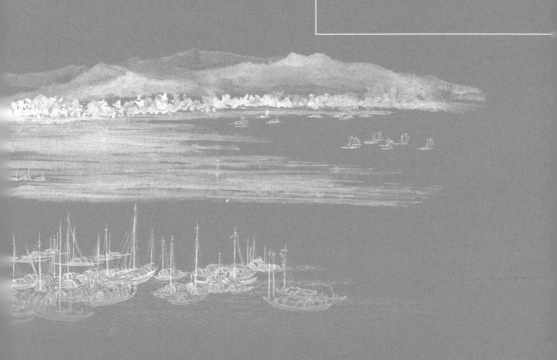

第一節
近現代以來的運河

　　輝煌了兩千多年的大運河，隨着漕運制度的停止，開始逐漸在歷史舞臺上失去其主要角色的地位。地處黃河流域的許多著名運河，或淤廢而成土垠，或隨着農田墾殖而完全消失於地面，需用考古普查才可能略知其蹤跡。例如唐宋時代的汴河，曾經是大一統國家興衰的支柱、命脈所在。而如今卻已成為一條殘破的土垠屹立平原上，影響了排水，阻礙了交通。1984 年中國唐史學會、杭州大學、江蘇社會科學院、安徽社會科學院和河南省歷史學會聯合組織唐宋運河的考察，歷時四十三天，從浙江寧波起，至河南鄭州市止，行程三千千米，歷經四十三市縣，可謂是實地考察現代運河的一次壯舉。這裡我們只介紹已經消失了的通濟渠。通濟河的南端，古代在今盱眙縣北岸泗州城下。泗州城在康熙年間淪入洪澤湖中，今天能看到的只是泗縣東北二里處的枯河頭，為古汴河流經的殘存地點，今已不能通舟楫。在古汴河靈泗段遺跡表現了公路兩邊較路基明顯低窪，在濉溪縣三鋪鄉位於宿（縣）永（城）公路的北側。村東兩百米有一個長年燒窯取土的大坑，該坑剖開汴河北堤及河床，可以清楚看出汴堤逐年加高的土層和河床淤積泥沙的土層分界。汴河堙廢後，河床與南北兩堤形成一凹形大道，俗稱槽子路。宿永公路多數地段在槽子路中心。在濉溪至臨渙的公路交叉處，地當汴堤之上。1962 年曾在百善槽子路下面發現汴河河床。從永城至商丘沿公路可以斷續見到古河道堤岸。永城東西向的中心路就在其堤上，當年的汴河而今成了鬧市街衢 [①]。今天看到這些古

[①]　閻守誠：《考察紀程》，載唐宋運河考察隊編《運河訪古》，上海人民出版社 1986 年版。

汴河道的遺跡，難以想像當年舳艫往來之盛，滄桑之變，無甚於此！

　　元明清大運河最艱難的一段山東運河，距今雖近，由於自然條件的變化，也是面貌全非。自清咸豐五年（1855）黃河決口，由東北奪大清河於山東入海後，被一截為二，濟寧以北因水源斷缺，逐漸淤廢。濟寧以南因有南四湖和泗水故道仍可通航。民國三年（1914）山東實業司司長潘復考察南運湖河水利，在濟寧成立山東南運湖河疏浚事宜籌辦處，潘復任總辦，籌辦處組織實測了金口壩以下泗河以及牛頭河、蜀山湖、馬場湖、南陽湖等平面圖或剖面圖，編制完成湖邊築堤、蓄水濟運、涸田計劃，工作成果彙編為《山東南運湖河疏浚事宜籌辦處第一屆報告》，民國四年出版。該報告指出了民國時運河情形不同於以往，以往運河以漕運為主，"昔則蓄泄一歲之水求濟一歲之運，今則疏浚一分之水求涸一分之田；昔以交通為主，體非有水利之觀感也，今以水利為範圍，交通之利自連帶而生也。……如濟寧、南陽、夏鎮、臺莊、安山、開河等地，求如往歲盛時之十一何可得耶？"民國時期，北平至通州間運河，"旱季淺處水深僅半公尺，舟楫遂不復通行"。白河下游所謂北運河，"自清季平津鐵路告成，此河交通驟形減色"。天津至臨清間衛河，"因地勢平衍，河流易變"。而山東的會通河北段因無水源，"僅恃坡水為水源，盈涸無定，漕運既廢，河身乾涸，本年勘察所見，已盡為麥田矣"。江淮運河因運鹽需要，"猶能保持殘喘至於今日"。鎮江杭州間江南運河，雖仍能通航，然"京口至丹陽，專恃江水為源，並定一年小挑，六年大挑之制，然舊制久墮，河身淤塞日甚，非根本籌治不能為功矣""自杭縣城北湖墅至閘口錢塘江，相距一四千米，其間設有新河壩、得勝壩、日暉壩、草壩、泥壩、豬圈壩、永昌壩等數道，以阻截水量，貨物往來，均須盤壩二三次，繁苦特甚，不可不謀改革也"[1]。

中華人民共和國成立後，對山東運河分段進行過一系列的整治。

1. 第一階段 1949 年至 1980 年

（1）臨清至聊城段。1951 年重新治理運河，分兩個水級進行治理：周店以南作為一個水級，以陶城鋪為黃河、運河聯運站，以張秋鎮北金堤閘口作為金堤河濟運水源之一，沿運河兩岸的夏秋坡水作為濟運水源之二；周店以北至臨清與衛河相接，為第二個水級，在陶城鋪和牛屯設虹吸管，並在金堤河設張秋泄水閘，補充運河水量，以利通航。還維修了臨清船閘（頭閘口）、周店船閘和李海務、龍灣、閘口、辛閘、梁鄉閘、土閘六座橋樑，以及土閘北右岸三孔泄水閘。上述工程 1952 年 11 月完工。1954 年恢復航運。1954—1957 年，利用運河發展灌溉事業，灌溉面積十六萬畝。

1958 年六月建位山灌區，老運河系統因此被打亂，有的河段作為輸水通道，從此老運河由各縣分段管理，再沒有作為通航河道統一治理過。

1959 年 10 月至 1960 年 4 月，又新開挖了南起位山北至臨清的位臨運河。因當時正處在經濟困難時期，位臨運河沒按標準完成就下馬了，所以位臨運河只有其名，從沒有作過運河航道。1970年位山灌區恢復後，位臨運河經過整修做了引黃三幹渠。

1962 年位山引黃停止後，小運河主要作為排澇河道，金堤河水大時，可從張秋閘引水灌溉。20 世紀 70 年代，為免除和減輕沿運地區的洪澇災害、改造鹽鹼、發展灌溉，對小運河進行了分段治理。會通河聊城段南段用於排澇，中段基本淤廢，北段經治理後主要擔負引黃灌溉任務。

---

[1]　李書田等：《中國水利問題》，商務印書館 1937 年版，第 414—424 頁。

（2）聊城南至濟寧段。1951 年 6 月，運河東堤歲修工程開工，由濟寧市、濟北縣人民政府組織施工，調集民工六千五百人，工程自濟寧至長溝，長二十六千米。

1952 年 4—5 月，治理明清時期濟運水道洸府河，洸河於濟寧西入運，府河於濟寧南入運，河槽窄淺，加之南陽湖及運河洪水位高，澇水排泄不暢。此次治理，從夏營至石佛南，平地開新河二十千米，直接入南陽湖，因匯合洸河與府河，故稱洸府河。1957 年，洪水過後，根據沂沭泗流域規劃和濟寧專區治淮指揮部編制的濟寧專區南四湖結合開挖大運河治理工程補充方案，大運河開挖，結合湖西大堤修築工程。1958 年 3 月，湖西築堤結合疏通京杭運河工程開工，北起石佛，南至蘇魯邊界。

1959 年 10 月，開始挖鑿黃河以南至南四湖段運河，即梁濟運河。該段運河上起梁山縣路那里村，向南流經梁山、汶上、嘉祥、濟寧任城區，在李集村西南入南陽湖與湖內運河相接，全長八十七點八千米。1970 年梁山至濟寧開始通航，但由於河道淤積和入黃船閘達不到黃河防汛要求等原因，1981 年封堵船閘，停止航運。梁濟運河開挖後，京杭運河原保留段，分為南北兩段，長二十千米，稱作老運河。

1970 年 8 月 1 日，梁濟運河發生四百六十立方米每秒洪峰，導致蜀山湖水倒漾，淹地兩萬畝。1973 年春，在原蜀山湖內開挖了小新河，坡水直接入梁濟運河，蜀山湖隨之退湖還耕。

1976 年 10 月，濟寧地委組織濟北三湖（蜀山湖、馬場湖、馬踏湖）農田進本建設大會戰。1980 年，濟北三湖農田進本建設大會戰結束。會戰自 1976 年 10 月 20 日開始，至 1980 年 3 月結束，每年組織三萬五千人上陣。此次會戰以改土治水為主攻方向，以建設穩產高產田、實現大地園田化為目標，對溝、渠、田、林、路、井、站、橋、涵、閘全面規劃，綜合治理[①]。至此，原先作為運河水庫的北四湖演變成了高產農田，完全改變了角色。

2. 第二階段 1980 年至 2010 年

（1）臨清至聊城段。1983 年冬季疏浚了四河頭至辛閘段老運河，長十一點八千米，建橋三座、涵洞八座、攔河節制閘一座，這段河道對美化城市起了重要作用。

時至今日，聊城、臨清城區內進行了開發改造，兩頭被堵上，中間段注滿清水，作為旅遊，可通小型的旅遊船舶。而市郊河道乾涸、雜草叢生，有的地段甚至河形全無，部分低窪處有積水，水量小，水質差。聊城至臨清段古閘保存較好，分佈在農田村鎮，距離公路較遠，新閘（永通閘）、梁鄉閘保存基本完整；原先深埋沙上中的土橋閘是 2010 年十大考古發現之一，已經清理出來，破壞較嚴重；魏灣閘只有底座保持原樣，上面為中華人民共和國成立後重建，接築了橋樑。在聊城以北地區，南水北調工程幾乎與運河故道平行，位於運河故道的西面。

（2）聊城南至周店段。由於自周店運河分為兩道，一道是位臨運河新開挖部分，一道是會通河，又稱小運河。小運河河道基本淤廢。周家店船閘保存較好，民國二十五年時重新修過。

（3）周店至張秋段。水源來自金堤河，通過 1955 年新建的張秋北金堤涵洞引金堤河水入小運河，功能以灌溉和排澇為主。1975 年以張秋閘和小運河為基礎，建立了張秋灌區。2010 年，筆者前往調查，見小運河河道有較淺的水，水質較差，部分地段百姓可以用來洗衣服。沿途保存大量閘座，七級下閘、阿城閘、張秋下

---

① 以上參見《濟寧市郊區水利志》《濟寧市仕城區水利志》《聊城地區水利志》《聊城東昌府區水利志》《臨清市水利志》。

閘、張秋上閘原物保存較好。

（4）今黃河以南至濟寧段老運河以及梁濟運河。20 世紀 60 年代，自南旺至濟寧段運河，"舊運道尚存河形，寬窄不一，河內斷續有水，古代所建各閘已杳無痕跡"[①]。

1982—1988 年，濟寧港至石佛老運河，由於河槽彎曲，年久失修，堤岸坍塌，河槽淤積嚴重。為了擴大貨運，保證安全度汛，濟寧市抗旱防汛指揮部、濟寧市航運局、濟寧市郊區水利局，共同制訂了全線砌石護岸的整體方案，先後進行了五次治理。老運河沿線有戴廟、大安山、袁口、南旺、長溝、濟寧等地名，曾是京杭大運河上小城鎮最集中的地區。由於年久失修，淤塞嚴重，自 1958 年後因失去通航、排水作用而湮廢。

梁濟運河開挖於 1959 年，北起梁山縣路那里村東，南至濟寧郊區李集村，全長八十七點八千米。經過二十餘年的運行，梁濟運河淤積嚴重，防洪除澇標準大為降低。梁濟運河主體部分位於舊運河以西，完全脫離老運河線路，沿東平湖西經梁山，穿過金線嶺和南旺湖窪地，於濟寧西南入南陽湖。流經黃河至南四湖之間的低谷地帶，充分利用了地形的特點，將眾多河流水系溝通起來，由於水源相對充足，梁濟運河滿足了航運需求。梁濟運河開挖後，南旺、馬踏、蜀山、馬場等湖和常年積水窪地涸為良田，山東南部運河得以通航，黃河南岸濟寧以北的老運河逐漸廢棄。梁濟運河開鑿後，濟寧至梁山間的古運河航道全部廢棄。

（5）今濟寧市區以南、南四湖區以及韓莊、臺兒莊段運河。自從 1958 年在濟寧城郊開挖新運河以來，老運河失去航運的功能，

---

① 姚漢源：《一九六六年京杭大運河南段見聞》，載中國水利學會水利史研究會編《京杭運河研究論文集》，中國書店 1993 年版。

目前僅有城市排洪的功能，水質較差，市區段成為市民休憩旅遊的去處。

　　南四湖湖西運道開挖於 1958—1959 年間，是為配合徐州以下運河整治並結合修築南四湖湖西大堤而開挖。運道緊鄰湖西大堤，自濟寧西郊梁濟運河入湖處向南改線，沿南陽湖中部、昭陽湖東部，在二級壩折向西岸，接微山船閘，過閘後入下級湖，自微山船閘下沿湖西線航道直達藺家壩，全長一百二十六千米。其中，梁濟運河湖口至微山二級壩長六十八千米，二級壩至藺家壩長五十八千米。二級壩是微山湖上的重要樞紐工程，位於微山湖與昭陽湖交匯處，將微山湖分割成上下兩個湖區，二級壩以下京杭運河分為東西兩線。根據 20 世紀 90 年代的資料，當二級壩以上水位蓄水三十四點二米時，可以通行一百噸船隻，二級壩以下的京杭運河，因江蘇沛縣境內部分河道被截斷，影響了通航能力[①]。每逢枯水季節，南四湖水源不足，嚴重影響上述東西兩線通航。

　　韓莊運河的前身是歷史上的泇河，運河衰落後嚴重淤塞。中華人民共和國成立後進行了三次治理，主要功能是航運，此外還有行洪排澇、灌溉和輸水的功能。1985 年建有韓莊節制閘。

　　臺兒莊老運河位於臺兒莊城區南部，全長三千米，是歷史上泇河的一部分。中華人民共和國成立後運河截彎取直，裁下的老運河位於城區內，成月牙狀，又稱月河，但並非設在閘座旁的用於泄水的月河。已失去通航功能，僅有防洪排澇、景觀河道的功能。多年前，上游部分曾被開發為月河公園。如今，已經進一步開發為重要的運河古城旅遊區，這裡有保存較好的丁字街、月河街、順河街等。

---

① 　山東省抗旱防汛指揮部辦公室：《山東淮河流域防洪》，山東科學技術出版社 1993 年版，第 186 頁。

京杭大運河黃河以南即山東濟寧到浙江杭州一千餘千米河道，由於水源得到保證，並經過多年的整治，其航運功能一直保留至今，在中國交通運輸系統中發揮着舉足輕重的作用，成為中國"二橫一縱"內河航運網的重要組成部分。然而與之形成鮮明對照的是，京杭大運河黃河以北段七百餘千米運河其航運功能不斷萎縮，最終於 20 世紀六七十年代最後一條船從運河消失，運河從此斷航[①]。京杭運河縱貫山東西部，自魯冀邊界的德州第三店入境，魯蘇邊界的陶溝河口出境，流經山東省德州、聊城、泰安、濟寧、棗莊五市，全長五百二十九千米。京杭運河山東段被黃河一分為二，黃河以北段長二百六十五千米，20 世紀 70 年代因航道枯水斷航至今。黃河以南段二百六十四千米，其中濟寧以南段為三級航道，長一百七十二千米，是目前山東省內河主要通航河段。"九五"期間，國家和省投資十四點九六億元建設了濟寧至臺兒莊段航道工程，擴挖主航道長一百六十四千米，由六級提高到三級，建設支流航道四條，新建韓莊、萬年閘兩座二級船閘，新建、擴建港口七個，航道通過能力得到提高。2008 年內河通航里程一千零一十二千米，運輸船舶一萬四千八百三十二艘、六百五十六萬噸位，貨物運輸量四千八百九十一萬噸、二百三十八億噸千米，港口吞吐能力四千二百七十一萬噸，港口吞吐量五千零五十九萬噸。京杭運河山東段濟寧以南航運呈現一派繁忙景象，黃河以南至濟寧段因水資源等多種原因而斷航。

就濟寧段運河而言，1990 年，山東運河機動貨駁已航行至湖北宜昌，湖南長沙、株洲，安徽亳州，浙江富陽、桐廬等廣大地區，

---

① 　沈燕雲：《推進京杭大運河全線性恢復通航》，《中國遠洋航務》2012 年第 4 期。

運輸物資包括棉花、玉米、豆粕[①]。

　　2008 年，山東運河港口貨物吞吐量完成五千零五十九萬噸，運河航運業已成為拉動魯西南經濟發展的重要支柱產業[②]。2009 年，濟寧港有一百二十萬噸的鋼材、密度板、大理石、糧食、化工等貨物，運往江蘇、上海及浙江杭嘉湖地區和重慶、廣州等沿江沿海港口。同時，每年經濟寧港進入濟寧腹地的礦石、紙漿、石粉等貨物也達數百萬噸[③]。濟寧、棗莊兩市還大力發展運河物流業，加快運河物流節點和港口物流園區的規劃建設，大力發展臨港經濟。2009 年，山東全省運河航運上繳國家稅收和各種規費 14 億元，濟寧、棗莊兩市由航運生產及配套設施建設貢獻的 GDP 近兩千億元[④]。

　　山東運河港口吞吐量由 2000 年的九百三十八萬噸提高到 2005 年的二千二百八十五萬噸。2007 年完成五千四百萬噸。2009 年，全國運河港航工程建設投資五億元，新增港口吞吐能力一千二百萬噸。截至 2009 年，全省運河水運企業已發展至數百家，航運從業人員二十多萬人，完成貨運量三千五百萬噸，港口吞吐量四千八百一十三萬噸，貨運周轉量一百二十二萬四千六百七十一億噸千米。山東運河已形成集船舶運輸、港口裝卸、港航工程、物資營銷、船舶製作與檢驗、海事、水路交通稽查和航政、運政管理於一體的綜合航運體系，上繳國家規費和稅收數億元，航運業已成為山東國民經濟發展的重要特色產業之一[⑤]。

---

① 　王棟：《山東運河航運史》，山東人民出版社 2011 年版，第 506 頁。
② 　王棟：《山東運河航運史》，山東人民出版社 2011 年版，第 507 頁。
③ 　王棟：《山東運河航運史》，山東人民出版社 2011 年版，第 461—462 頁。
④ 　王棟：《山東運河航運史》，山東人民出版社 2011 年版，第 466 頁。
⑤ 　王棟：《山東運河航運史》，山東人民出版社 2011 年版，第 444—446 頁。

　　蘇北運河原自蘇魯交界的大沙河口起,今起南四湖二級壩,沿微山湖西,經沛縣於蘭家壩入不牢河,再經徐州、銅山至大王廟,循中運河南下,經邳州、新沂、宿遷、泗陽、淮陰、淮安、寶應、高郵、江都、揚州、邗江,至六圩接通長江,全長四百六十一千米。全線分十一梯級,蘭家壩、解臺、劉山、皂河、宿遷、劉老澗、泗陽、淮陰、淮安、邵伯、施橋均建有船閘。河道都達到二、三級航運標準。

　　中華人民共和國成立之初,公路運輸還未得到很大發展,水上運輸仍然是蘇北地區旅客往來物資進出的主要運輸方式。京杭大運河蘇北段承擔着絕大部分南來北往的客貨運量,尤以客運最為顯著。1952 年淮陰一地客運量就達三十萬五千二百人次,貨運量也是隨着國民經濟的恢復而逐年上升。“文化大革命”期間,航運業受到較大衝擊。改革開放以來,江蘇公路大發展,陸運逐步分流了絕大部分水上客運量,但就貨物運輸而言,水運量度仍佔一定的比例。水運不僅已為北煤南運和各類物資流通的重要水上通道,在國民經濟中仍具有不可替代的作用[①]。

　　京杭運河蘇南段,即歷史上江南運河,為京杭大運河全線通過量度最大的河段,全長二百零八千米,是鎮江、常州、無錫、蘇州四個市的水上主要通道。從蘇北運河自六圩或瓜洲,至鎮江進入江南運河,古代有五個通江口門:依次為大京口、小京口、甘露港、丹徒口、諫壁口,大京口、甘露港在明末清初已淤塞,改由小京口(平政橋)進口,穿過鎮江市區,出丁卯橋東行接徒陽段運河。後因鎮江市區運河淤塞嚴重,改由丹徒口進口。現運河

---

① 京杭運河江蘇省交通廳蘇北航務管理處史志編纂委員會:《京杭運河志(蘇北段)》,上海社會科學院出版社 1998 年版,第 490、491 頁。

改由諫壁為通江口門，江口建有船閘。可在 20 世紀若干年內，蘇
南運河未經很好整治，河道窄淺，又有許多低矮的橋樑，嚴重阻
礙水上運輸事業。但京杭運河蘇南段整治十分困難，沿河二十四
個集鎮段落需要拓寬，拆遷量度較大，改建橋樑多，且多半集中
在市河和集鎮段，增加了改建的困難^①。而由於蘇南運河連接長江
三角洲的江、浙、滬兩省一市，是中國經濟最發達、文化最繁榮
的地區之一，大量煤炭、建材、農產品、工業原材料和產成品，
均通過本段運河進進出出。1992 年河道整治前，經本段運河運輸
的年貨運量達九千多萬噸。1997 年對蘇南運河河道的整治工程全
面完成，航道條件大為改善，船舶向大型化發展，年貨運量度平均
增長率達 7.7%，至 2005 年已達到一億九千一百萬噸，比全面整
治前翻了一番。從長江和蘇北運河下行的運輸船舶，多從諫壁船
閘取道蘇南運河，比經江陰船閘進口既可避風濤之險，又縮短航程
三十五千米。蘇南運河的煤炭年通過量比整治前增加了近三倍，
2005 年達四千一百五十六萬噸，佔全線總量的 21.8%，為南方製
造業中心提供了可靠的支撐。蘇南運河全面整治後全線佈設港口
碼頭三百五十五座，擁有岸線四萬三千五百八十四米，2005 年完
成吞吐量達一萬二千七百萬噸。沿河四市實行“一城一港”管理體
制後，內河港區與長江港區聯動，以河江海直達、公鐵水聯運的優
勢，為區域經濟社會發展提供了更加便捷的物流運輸服務^②。

　　就整個京杭大運河而言，季節性通航里程達一千千米以上，僅
2005 年就完成貨運量二億二千萬噸，貨物周轉量五百二十億噸千

---

① 京杭運河江蘇省交通廳蘇北航務管理處史志編纂委員會：《京杭運河志（蘇北段）》，
　上海社會科學院出版社 1998 年版，第 18、19 頁。
② 江蘇省交通廳航道局、江蘇省航道協會：《京杭運河志（蘇南段）》，人民交通出版
　社 2009 年版，第 10 頁。

米，分別佔全國內河貨運周轉量的 20.7% 和 19.1%，而運河通航里程只佔全國內河通航里程的 1.14%，京杭運河貨運量僅次於長江，高於珠江，居全國第二位[①]。

第二節
21 世紀大運河定位的思考

進入了 21 世紀的今天，中國航空、鐵路、高速公路交通的空前發展，幾乎遍及全國，大運河在交通上的作用的衰退是必然的。但由於水運的廉價優勢，運河在某些地區的貨運上仍有一定的經濟價值。今天在魯南運河、江淮運河、江南運河上都能看到往來如織的航船可以證明。不過，今後大運河在中國社會經濟和文化發展過程中，應該如何定位，是值得深入思考的問題。

第一，雖然由於航空、鐵路、公路等現代化交通設施的遍及全國，大運河在交通上的作用，不可能恢復到歷史上的輝煌，但水運的廉價的優勢則是其他交通方式所無法取代的。尤其是如煤炭、礦石、建材等低值物資，水運更有它的優勢。更重要的是它在中段與長江黃金水道的交叉，在地理區位上的優勢，將隨着中西部地區經濟騰飛，長江水運的發展，由長江南北延伸的大運河必將在溝通東部地區與中西部地區經濟互動的過程中，發揮更大的作用。因此，對大運河河道的整治和沿運碼頭、港口設施的興建、維護，仍是沿運城市的重要任務。

第二，在繼續發揮大運河運輸功能的同時，千萬不能忘記對大

---

① 王棟：《山東運河航運史》結束語，山東人民出版社 2011 年版。

運河的環境保護。今天存在的大運河段，從濟寧的魯南運河到江南運河的南端杭州，正是中國經濟最發達、文化最繁榮、人口最密集的地區之一。更重要的是京杭大運河部分河段將作為南水北調東線的渠道，其水質的保護責任重大。因此，大運河對美化和調節中國東部平原的環境，起着不可替代的作用。決不能夠為了發展大運河航運作用，而以犧牲環境為代價。如果無節制、無規範地發展，其結果將是污染了河水，淤塞了河道，破壞了沿運城市的環境。如果長江三角洲地區的江南運河像幾十年前那樣，河道泥沙淤填，河道狹窄，河水污染，太湖流域之美就無從談起。

　　第三，應該根據文獻資料和實地遺跡調查，繼續對大運河歷史進行深入的研究，研究其在歷史上不同階段的歷史和地理背景，研究其在開鑿、運行過程中，在工程設施、組織和管理制度上重大創新，研究其在中國歷史發展過程中，如何促進不同地域間的經濟、文化交流，在國家統一、政權穩定、經濟繁榮、文化交流和科技發展等方面發揮的不可替代的作用。同時歷史上的大運河曾是中外文化交流的通道，隋唐以降，大批外國僧人、使者通過大運河沿線城市：北京、臨清、德州、淮安、揚州、鎮江、蘇州、杭州，一路上對中國留下深刻的印象，有的甚至終老於此。這說明大運河不僅是中華民族發展的功臣，還是中外交流的媒介，是中國歷史發展現存的活的見證。它集中反映了中華民族祖先在適應自然和改造自然過程中所表現的艱苦奮鬥的精神和卓越聰明才智。這是世界其他國家和民族所沒有的。總之，應全面研究大運河的歷史，並以此傳授給後人，以顯示歷史上中華民族對人類文明的貢獻。

　　第四，大運河正可以帶動旅遊業的發展。大運河沿線的許多城市，都有深厚的文化沉澱。北端的北京自不用說，向南的天津是近代中國北方第一大工商業城市，又是晚清已下野的各類政治人物和文化名人聚居之地，租界五大道又有許多名人故居，成為天津旅遊重要資源。再南的濟寧太白樓、聊城山陝會館、德州的蘇祿王墓、棗莊臺兒莊大戰遺址、梁山水泊遺址，再南從淮陰、揚州至蘇杭寧紹文化遺址名跡，多不勝數，都成為當地積極發展運河旅遊的資源，並取得良好的經濟效益。如果能在保護環境的前提下，加強沿運歷史文化景點的開發，這將是中外旅客了解中國歷史文化最理想的旅遊路線。

第三節
開發與保護──世界文化遺產的意義

2007 年開始，沿大運河 35 個城市聯合在揚州成立大運河申報世界文化遺產辦公室，運河沿線各城市人民政府成立了大運河保護與申遺城市聯盟聯合申請。經過多年的準備，2013 年 2 月中國大運河申報世界遺產文本由聯合國教科文組織世界遺產中心審核通過，並予受理。同年世界遺產中心組織專家來華對中國大運河進行現場考察評估。2014 年 6 月 22 日在卡塔爾首都多哈舉行的第 38 屆世界遺產大會上，中國大運河，中國與哈薩克斯坦、吉爾吉斯斯坦聯合申報的絲綢之路，相繼獲准列入世界遺產名錄。至此，一條是現存世界最長的人工運河，一條是世界最長的文化遺產路線，大運河和絲綢之路的申遺成功，凝聚了幾代人努力奮鬥的結晶。

大運河具有河道距離長、流域範圍廣、修建年代久遠、遺產類型豐富、利用功能多樣、保存現狀複雜的特點，保存下來的與大運河相關的遺存總數已達一千一百處。最終列入申遺範圍的大運河遺產分佈在中國兩個直轄市和六個省的二十五個地級市。申報的系列遺產分別選取了各河段的典型河道段落和重要遺產點,包括河道遺產二十七段,總長度一千零一十一千米,相關遺產共計五十八處。

　　世界遺產委員會認為:大運河是世界上最長的、最古老的人工水道,也是工業革命前規模最大、範圍最廣的土木工程項目,它促進了中國南北物資的交流和領土的統一管轄,反映出中國人民高超的智慧、決心和勇氣,以及東方文明在水利技術和管理能力方面的傑出成就。

　　大運河申遺成功是對中國人民極大的鼓舞,反映了世界人民對中華民族先人用辛勤和智慧所創造的大運河突出而普遍的文化價值的認同。申遺的目的就是為了保護。於是如何保護好這份世界遺產,則是中國人民永遠的任務。

　　保護好大運河世界遺產,可以說是任重而道遠。第一,影響大運河遺產的主要環境因素,是外界對大運河水質的持續影響,因為大運河及其附屬水利設施有一定的水儲量,往往會被作為經處理後的污水排放口,且大運河沿線都是人口密集、工業發達的城市,航船的油污、工業污水、生活用水的排放,以及工業、城市活動污染空氣的排放,都會直接影響大運河的水質。然而沿運城市的發展又是不可避免的。於是如何協調好兩者的關係是一個棘手的難題。恐怕還是要建立環境第一位、發展第二位的觀念,只有環境保護好了,發展才可以是持續的。但這要在地方行政領導觀念裡牢固樹立起來,實在不易。這要從如何考察地方幹部政績和觀念的根本問題上解決。第二,今天要保護的大運河是一條上千千米的巨型線性遺產,不僅僅是過去地方上保護某一處古跡的問題。因此這種保護要沿運幾十個城市以及交通、水利、環境、旅遊部門共同協作。這就有一個在利益上共同協調的問題。因此保護好大運河這份世界

文化遺產，應該由有關城市和水利、交通、環境、旅遊各部門成立
一個委員會，對長期保護大運河過程中出現的問題，定期進行協調
和檢查，以避免出現矛盾和問題。第三，為了讓中國人民和世界人
民對中國大運河有深刻的了解，不免要進行宣傳和開發。當然包括
旅遊的開發，這是一個十分複雜的問題。不能因為短期的經濟利
益，而忽視長期和根本的民族利益。有許多因過度開發而造成景點
環境破壞的教訓，如何適當開發旅遊業而同時保護好大運河沿線的
環境，則是一個要十分用心的研究課題。

結束語

　　大運河是中華民族可以稱譽世界的偉大業績。兩千多年來，隨
着中華民族的興衰起落，她也經歷了崎嶇曲折的道路。今天來回顧
她的歷史，其實也是回顧中華民族的歷史。近代以來，隨着人類科
技的發展，航空、高鐵、公路等新的交通方式的捷便，使水運不能
像已往那樣在交通上佔主要地位。但是大運河的使命也起了質的
變化，從原先主要為統治集團服務轉而為廣大人民服務，她的職能
也不僅限於運輸物資，美化環境、發展旅遊又賦於她新的使命。因
此，運河的生命力不僅沒有消失，而是更具有活躍的魅力。這就看
如何去打造她、愛護她，讓她古老的軀體發揮更光輝的青春。

責任編輯	正　圓
書籍設計	彭若東
責任校對	江蓉甬
排版印務	馮政光

書　　名	舟楫往來通南北——中國大運河
叢 書 名	文史中國
作　　者	鄒逸麟
出　　版	香港中和出版有限公司 Hong Kong Open Page Publishing Co., Ltd. 香港北角英皇道 499 號北角工業大廈 18 樓 http://www.hkopenpage.com http://www.facebook.com/hkopenpage http://weibo.com/hkopenpage Email: info@hkopenpage.com
香港發行	香港聯合書刊物流有限公司 香港新界荃灣德士古道 220－248 號荃灣工業中心 16 樓
印　　刷	美雅印刷製本有限公司 香港九龍官塘榮業街 6 號海濱工業大廈 4 字樓
版　　次	2021 年 12 月香港第 1 版第 1 次印刷
規　　格	16 開（152mm×230mm）248 面
國際書號	ISBN 978-988-8763-66-5 © 2021 Hong Kong Open Page Publishing Co., Ltd. Published in Hong Kong